中国式阿米巴之
项目制人单合一
精益绩效管理

● 熊坚 编著

华南理工大学出版社
·广州·

图书在版编目（CIP）数据

中国式阿米巴之项目制人单合一精益经营管理／熊坚编著．—广州：华南理工大学出版社，2018.10（2019.3重印）
 ISBN 978－7－5623－5806－0

Ⅰ．①中… Ⅱ．①熊… Ⅲ．①企业经营管理-研究-中国 Ⅳ．①F279.23

中国版本图书馆 CIP 数据核字（2018）第 218627 号

Zhongguoshi Amiba Zhi Xiangmuzhi Rendanheyi Jingyi Jingying Guanli
中国式阿米巴之项目制人单合一精益经营管理
熊　坚　编著

出 版 人：卢家明
出版发行：华南理工大学出版社
　　　　　（广州五山华南理工大学 17 号楼，邮编 510640）
　　　　　http://www.scutpress.com.cn　　E-mail：scutc13@scut.edu.cn
　　　　　营销部电话：020-87113487　87111048（传真）
责任编辑：林起提　李　夏
印 刷 者：虎彩印艺股份有限公司
开　　本：787mm×1092mm　1/16　印张：20.75　字数：429 千
版　　次：2018 年 10 月第 1 版　2019 年 3 月第 2 次印刷
定　　价：58.00 元

版权所有　盗版必究　　印装差错　负责调换

代 序

认清未来经济发展趋势　创新组织成为人力资本家

　　从当前中国经济的发展态势走向看，未来十年中国的经济发展可能出现三大发展趋势。

　　这可能是不以人的意志为转移的社会经济发展的客观规律。可以说是天道自然；也可以说是大道当然。所谓天道自然，就是当社会与经济发展到一定的阶段后，社会与经济的发展就会从量的发展、规模的发展走向质的发展，这是不以人的意志为转移的客观规律，当这个客观规律出现以后，就要顺其自然，把握其发展规律，跟随其发展步伐。所谓大道当然，就是当经济发展趋势形成后，就给我们奠定了一条创业发展的康庄大道，这就需要我们在这条发展的大道上去创新，去寻找自己的发展机遇和落脚点。俗话说"条条道路通北京"，就是说，去北京有很多很多条路可以走，可以坐飞机、坐高铁、开汽车、骑自行车，也可以徒步，等等。虽然最后都可以到达目的地北京，但由于选择的交通工具不同，走的方式不同，所用的时间是决然不同的。尤其在当今"时间就是金钱，效率就是生命"的时代，选择什么样的道路和什么样的方式去实现自己的目标，是决定企业发展速度、甚至生死存亡的关键。所以，"大道"也就是大道人为。所谓人为，就是事在人为。当趋势已经来临，大道已经出现，走什么道，选择什么样的交通工具去实现预期的目标，就全靠我们自己了。这里讲的选择，就是创新，包括创新组织形式、创新经营体制、创新管理技术、创新业务模式、创新科学技术和创新劳动报酬分配激励机制等。

　　什么是趋势？就是天下大势运动的趋向，也就是常说的"风口"。如果把天下比作大海，风向就是时，因风向而动的潮流就是势。小米创始人雷军说"站在风口上，猪都可以上天"。所谓站在风口上，就是只要把握时和势，就能在风口上弄潮。换句话来说，就是趋势来临后，企业如果能顺着趋势而上，就可能会成功，就可能会快速发展；但是，如果在趋势来临后还无动于衷、因循守旧，甚至逆势而动，可能会被淘汰，甚至相当于等死或送死。

　　下面就未来中国经济已开始出现的三大发展趋势作一些浅析。

第一个趋势，也是第一个风口：中国已从人力资源经济时代进入人力资本经济时代。

2012年，中国的新生劳动力人口出现下降拐点，连续三年减少近千万新生劳动力，而到2015年老年人口增加到2个亿，2015年中国的年轻劳动力人口红利基本消失，年轻劳动力供给大幅下降，人力成本大幅上升，廉价劳动力时代一去不复返。这就预示着自这个时候开始，中国已经从人力资源经济时代进入人力资本经济时代。什么是人力资源经济时代？什么是人力资本经济时代？这其实是一个企业经营哲学的理念认识问题。在人力资源经济时代，由于人口红利，劳动力的供需关系中供大于求，人力资源是需求侧，僧多粥少，劳动力便宜，企业雇佣劳动者容易，劳动力在企业的生产力构成中仅仅就是生产资料的一项资源，因此叫人力资源经济时代。在这个时代，企业在经营中为获取利润最大化，普遍都是将人工成本当作用工成本来管控，没有成本投资意识，在员工使用上也都是将员工当劳动力使用，没有当作人力资本来经营。而进入人力资本经济时代后，劳动力总量人口红利虽然还有，但新生劳动力人口红利消失，新生劳动力供求关系发生逆转，供小于求，人力资源是供给侧，无论是城镇劳动力成本还是农村劳动力成本，每年都在以15%～25%的幅度上升，预计在现有人力成本的基础上到2020年会翻一番，这就预示着廉价劳动力时代从此一去不复返。如果在这个时代，企业在经营中还把人工成本仅仅当作用工成本来管控，就势必会雇不起人，不敢雇人。因此，在人力资本经济时代，货币资本可以雇佣人才，人才也可以雇佣货币资本，这就要求企业要改变原有的货币资本雇佣人才的关系，把雇佣劳动关系转变为合作与经营关系，把人力成本的投入当作资本来投资，把员工的能力当作能力资本来经营。在人力资本经济时代，企业家不仅是经营货币资本的资本家，还应该成为经营人力资本的资本家。

在这个企业人力资源经营和管理的哲学理念认识问题上，既是一个理念认识问题，也是对中国未来经济发展时势的认识问题。天下时势，扑朔迷离，瞬息万变，变幻莫测。谁能把握时势，因时用势，谁就是弄潮儿，谁就能从人力资源的使用者，成为经营人力资本的资本家，谁就是赢家。

第二个趋势，也是第二个风口：中国已从产品资本经济进入金融资本经济。

中国自1978年12月改革开放以来，历经37年的产品资本经济发展，到2015年11月已基本实现完全的市场经济，并开始迈向金融资本经济发展之路。在这37年的产品资本经济发展历程中，中国的市场经济探索大致经历了三个发展阶段。

第一个阶段：从1979年至1992年邓小平"南方谈话"，是有计划的商品经济发展时期。这个时期，政府主要做了三件大事，一是在农村实行了土地承包责任制，解放了农村劳动力，出现了大量的乡镇企业；二是进行了第一轮国有企业改革，允许企业承包，出现了第一批企业家，并同时进行了第一轮劳动用工制度改革，破"三铁"（打破"铁饭碗——能进不能出",实行"双向选择";打破"铁工资——能高不能低",实行企业工资制度,自主分配;打破"铁交椅——能上不能下",实行干部考核制,能上能下);三是放开农牧市场,允许农副产品自由交易,出现了大批专业户、个体工商户和万元户。这个时期的市场经济发展探索,极大地丰富了轻工业商品和农副业商品的供给,奠定了有计划的社会主义市场经济发展的基础。

第二个阶段:从1992年3月邓小平"南方谈话"至2001年10月中国加入世贸组织(WTO),是有计划的社会主义市场经济发展时期。这个时期,政府主要做了五件事,一是1992年3月邓小平"南方谈话"后,政府鼓励全民经商,政府机关事业单位、部队、学校等各行各业都办企业,大批优秀人才下海经商,涌现了一批民营企业。二是有限度地开放国内市场,引进外国资本开展合资合作,出现了大批合资合作企业。三是进行了第二轮国有企业改革,将全民所有制企业改为国有企业,产权与经营权分离,同时大规模改革劳动用工制度,减员增效、下岗分流,全面实行全员劳动合同制和社会保险制度改革。伴随着国有企业职工大量下岗和大量农民工进城打工,为促进劳动力和人才的有序流动和就业,政府各级劳动行政部门和人事部门纷纷开设劳动力市场和人才市场,为国有企业下岗职工、农民工提供职业中介、档案挂靠和社保代理服务,并由此催生人力资源服务业萌芽。四是改革土地使用制度和住房分配制度,将福利分房改为货币分房,实行住房商品化,催生了房地产业市场化,从而带动制造业、加工业、零售业、原材料等市场化,涌现了一大批民营企业家,社会财富开始出现两极分化。五是进行了第一轮金融体制改革,将国有银行、城市信用社改为商业银行,并催生了保险业和股票市场的快速发展,随着金融业改革使企业的融资从银行贷款单一渠道,又多了一条股市融资渠道,从而大力推动了大量高新技术企业的发展。以第一轮金融业改革为标志,完成了有计划的社会主义市场经济的发展使命,为中国加入WTO,进入完全的市场经济奠定了坚实的基础。

第三个阶段:从2001年11月至2015年,中国经济进入了完全的市场经济。这个时期,政府主要做了四件事情,一是借助中国加入WTO,在对外资有限度地开放中国的市场外,对内全面放开了所有行业市场,使民营经济获得了快速发展;二是对医疗、教育行业实行了产业化市场发展,大幅度整合医疗、教育产业资源,有效地提升了医疗、教育水平和拉动了中国经济的高速发展;三是大力发展服务经济,各类服务产业得到了快速发展,尤其是人力资源服务产业异军突起,在全国建立了五家国家级产业园,正在朝着万亿级服务产业发展;四是大幅度放开金融服务市场,各类商业银行、互联网银行、公募基金、私募基金如雨后春笋般遍布中国大地,并在全国建立了四个融资平台(上海主板、深圳创业板、北京新三板、广州股权交易板),为大众创业、万众创新提供了广泛的融资渠道，也为中国向金融资本市场经济发展奠定了坚实的基础。未来在中国地区做企业，第一，必须要做好企业；第二，要尽快让企业证券化。

第三个趋势，也是第三个风口：从消费互联网经济时代进入产业互联网经济时代。

中国的互联网经济发展经历了两个发展阶段，现在进入到第三个发展阶段。第一个阶段，从1995年到2005年左右，互联网的发展主要以网站建设为主。在这个阶段，基本上各行各业都建立了自己的互联网站，宣传自己的形象和品牌，公共网站的突出代表有谷歌、新浪、网易等。第二个阶段，从2005年到2015年，这个时期的互联网发展，主要以SaaS软件服务和消费互联网为主。SaaS软件服务解决了工作结果管理的问题，而消费互联网颠覆了传统的零售实体店的消费模式，使消费实现了零距离消费，也改变了人们的生活方式，更重要的是实现了财富大转移。在这次财富大转移中，突出的代表有马云的阿里巴巴、马化腾的腾讯、李彦宏的百度、刘强东的京东等。消费互联网的发展和推动，为产业互联网的发展奠定了坚实的基础。

从2015年下半年开始，随着政府倡导大众创业、万众创新，产业互联网（实体经济＋互联网工具）的开发与运用已开始风起云涌，传统企业、传统行业普遍都拉开了进军产业互联网的序幕，并将逐步形成三大发展方向，一是企业经营管理平台化；二是产品营销、服务交易平台化；三是精益制造物联平台化（精益制造、精益劳动和精益物流＋互联网，实现互联网平台化操作监控），并正在朝着人工智能商业经济发展。

这三大经济发展趋势，就是中国未来十年的经济发展时势。中国兵法始祖鬼谷子说："天下时势，扑朔迷离，神鬼莫测，瞬息万变。"所谓时，就是天时，就是大势的运动趋向、风向；所谓势，就是推动天下大势的各种力量。知时识势，因时用势，就能抓住发展机遇。

随着中国未来的三大经济发展趋势被越来越多的人所认同，各种力量都会投入到发展趋势中去抢占市场，去争得一席生存与发展之地。企业怎么办？俗话说："创新者昌，固执者亡。"在这大好机遇来临之际，我们做企业的不能因循守旧，而是应该勇敢地迎着潮头大胆创新，成为趋势发展中的弄潮儿，只有这样我们才能走上一个新台阶，才能不断做大做强。

所谓人力资本经济时代，就是在这个时代，要用人力成本投资思维去经营员工的思维、去经营员工的劳动能力；所谓金融资本经济时代，就是在这个时代，要扎扎实实做好自己的企业，使企业证券化，去拥抱又一轮金融资本泡沫周期；所谓产业互联网经济时代，就是在这个时代，要实现实体经济＋互联网，建立本企业的圈层经济体，为这个圈层经济体中的客户，提供更个性化、更专业的服务，以实现企业持续发展。

随着人力资本时代、金融资本经济时代和产业互联网时代的来临，企业员工的个性化需求也在发生变化。据美国等西方发达国家企业对员工的福利激励调查数据显示，学习与成长、弹性工作制和现金激励这三大福利政策，已成为员工福利激励的首选。这就预示着在新的经济发展趋势下，如何解决员工为谁干的问题，已成为企业经营管理的重大课题。过往企业与员工的关系是雇佣劳动关系，员工与企业的关系是打工关系。在这种雇佣与被雇佣的关系中，政府为保护劳动者的合法权益立了很多法规，企业也为如何做好人力资源管理煞费苦心，什么目标管理、工作分析、岗位评估、360度考核、平衡记分法等各种管理工具层出不穷，但依然未能很好解决雇佣劳动关系和员工心态问题。红海创造的"项目制人单合一"就是在这种时势和背景下推出的一项重要的企业经营体制、经营机制改革。红海以项目为单位作为经营实体进行独立经营核算和管理，是学习借鉴稻盛和夫的阿米巴经营模式，并结合中国企业实际的一种变革。所谓阿米巴经营模式，其核心就是划小经营单位，以每一个阿米巴为一个经营单位。而红海的项目制，就是以项目形式划小经营单位，以一个个项目作为经营单位，然后将一个个项目作为员工的创业平台去经营自己，把雇佣劳动关系转变为合伙人关系；人单合一结算，是红海对企业薪酬分配制度的一种创新。人单合一，就是将员工个人或班组、项目单位、公司经营班子作为一个"人"，与个人或班组、项目单位、公司经营班子完成的工作量、经营指标作为一个"单"进行合一结算，这样就把员工的激情付出、能力付出与劳动报酬分配紧密捆绑在一起，使员工劳动报酬分配更透明化、更自主化，把员工的工作与企业的人工成本支付关系转变为合作经营关系，从而从根本上解决员工为谁工作的问题。

经过一年多的实践摸索，我们发现，实施项目制人单合一的关键前提，是企业各级经营管理者和员工的思维理念转变问题，是建立信任、信赖的文化渗透问题。因此，要有效实施项目制人单合一精益经营管理，首先是各级经营管理者的思想要转型，尤其是公司的各职能部门和各分公司、子公司领导要带头从思想上转型，要转到为员工提供创业服务的心态上来，把管理角色转变为服务角色，真正从组织形式上建立起"倒三角"的服务型组织；其次，要教育、引导员工进行思想转型，从雇佣心态转变到创业思维上来，真正实现自我经营、自我管理、自我发展。

这就要求企业的各部门、各单位领导者应做好以下关键工作：一是要传文化，当好企业文化的宣传者，经营员工思想，植入企业的核心价值观；二是要建平台，当好项目制平台的构建者，将所有工作设置成项目，为员工提供创业平台；三是要经营团队，当好团队经营者，用民主的方法推荐、选拔项目经理（组长）和项目成员，制定好人单合一结算标准，让员工真正实现自我经营、自我管理、自我发展；四是要管控项目经营目标，当好项目经营目标的监控与指导者，项目人单合一经营结算是一件新生事物，市场环境瞬息万变，各单位领导者应盯紧各个项目的运营，对各种风险的突然袭击，适时给予指导和控制;五是要授技术,当好经营技术、管理技术传授者,各单位领导者应经常深入项目现场调研,指导项目经理(组长)做好经营与管理,不断提高项目组织经营效益。

企业实施项目制人单合一经营,是为了让员工在项目组织平台上创业,同时也是为了让员工能够以"经营者"的身份受益,增加他们的主人翁精神和经营意识,从而形成企业内众多深具战斗力的作战单元,为企业攀登新的高峰增添无穷的战斗力。

熊 坚

目　　录

上篇　项目组织建设与经营管理

第一章　经营哲学 / 3
　　第一节　项目制人单合一经营哲学 / 4
　　第二节　项目组织进化经营哲学 / 7
　　第三节　人单合一员工进化经营哲学 / 10
　　第四节　项目制人单合一文化经营 / 11
　　第五节　实施项目制人单合一精益经营应遵循的原则 / 15

第二章　项目组织立项与划分 / 19
　　第一节　项目制的组织形式 / 19
　　第二节　项目的立项 / 20
　　第三节　项目组织的划分 / 24
　　第四节　项目组织管理与经营目标设立 / 29
　　第五节　项目组织领导人选拔 / 47

第三章　项目组织的预算、结算管理 / 55
　　第一节　预算前的业务经营盈亏测算 / 55
　　第二节　项目组织经营预算方法 / 60
　　第三节　项目组织经营管理预算 / 66
　　第四节　项目组织经营会计管理 / 73
　　第五节　项目组织的量化分权 / 96
　　第六节　单位时间附加值的核算 / 101

下篇 项目制人单合一精益经营管理法

第四章 精益经营管理法 / 111
　　第一节 精益经营管理法的概念 / 111
　　第二节 精益经营管理法的内涵 / 115

第五章 业务项目商业模式选择 / 122
　　第一节 按业务量单价结算 / 122
　　第二节 按固定总价结算商业模式 / 130
　　第三节 浮动固定总价结算商业模式 / 134
　　第四节 按工时单价结算商业模式 / 139
　　第五节 业务项目商业模式与报价的选择 / 146

第六章 精益现场管理 / 149
　　第一节 周计划、月计划管理 / 149
　　第二节 精益班组会议管理 / 153
　　第三节 精益安全管理 / 160
　　第四节 精益机器设备管理 / 168
　　第五节 精益经营管理活动统计 / 170
　　第六节 精益后勤保障管理 / 173

第七章 精益员工劳动管理 / 180
　　第一节 精益有效工时管理 / 180
　　第二节 精益员工业务量管理 / 195
　　第三节 精益劳动力调配管理 / 197
　　第四节 精益员工动作管理 / 202
　　第五节 精益员工工作轨迹管理 / 204
　　第六节 工艺流程标准管理 / 208

第八章 精益人力资源管理 / 211
　　第一节 人力资源管理概念 / 211
　　第二节 精益人力资源管理 / 215
　　第三节 精益定岗定编管理 / 226
　　第四节 工时定额和有效工时利用率的核定 / 234

第五节　班（组）长管理幅度的确定 / 237
　　第六节　精益招聘管理 / 239
　　第七节　精益入职管理 / 247
　　第八节　精益劳动合同管理 / 253
　　第九节　精益工资核算 / 257
　　第十节　精益社保管理 / 267

第九章　精益用人、留人机制构建与执行 / 270
　　第一节　精益用人机制构建 / 270
　　第二节　精益留人机制的构建 / 271
　　第三节　精益用人、留人机制执行操作 / 273

第十章　精益人单合一结算管理 / 282
　　第一节　人单合一结算概念 / 282
　　第二节　人单合一结算模式与运行机制 / 283
　　第三节　超额超量计酬 / 295
　　第四节　精益绩效管理 / 297
　　第五节　精益员工人文关怀管理 / 301

第十一章　精益风险管理 / 304
　　第一节　业务项目在运营中的风险特性 / 304
　　第二节　业务项目运营流程风险分析与防范 / 306
　　第三节　业务项目经营的风险控制 / 313
　　第四节　应急预案管理 / 314

参考文献 / 317

上 篇

 项目组织建设与经营管理

第一章　经营哲学

　　企业组织创新的时代发展是经济社会持续发展的产物。在不同的经济发展时代，就会出现相对应的企业组织形式。自工业革命以来，在200多年的企业发展历程中一直在持续不断地进行组织创新。工业时代最深刻的观察者彼得·德鲁克，把过去200多年的组织创新总结为三次革命：第一次是工业革命（industrial revolution），其核心是机器取代了体力，技术（technology）超越了技能（skills）。第二次是生产力革命（productivity revolution），大致从1880年到第二次世界大战，其核心是以泰勒制为代表的科学管理的普及，工作被知识化，强调的是标准化、可度量等概念。公司这种新组织也正是随着科学管理思想的发展而兴起。第三次是管理革命（management revolution），知识成为超越资本和劳动力的最重要的生产要素。与体力劳动相比，知识工作者是否努力工作很难被直接观察和测量，相应地，管理的重心转向激励，特别是动机的匹配（incentive alignment）。期权激励就是这20年高科技企业大发展最主要的组织创新。

　　沿着这个思路观察，随着互联网从PC互联网到移动互联网，从云计算到大数据，再到物联网、虚拟世界、智能机器人，未来企业的一个基本特征已经非常清楚地展现在我们面前，那就是基于机器学习的人工智能和虚拟技术，将成为未来企业的基础。而随着产业互联网向人工智能商业经济的发展，我们已经又开始面临一个时代的大变革，那就是第四次革命——"创意革命"（creative revolution）。随着"创意革命"浪潮的逐渐到来，未来的社会最有价值的人，是以"创造力、洞察力和对客户的感知力"为核心特征。在"创意革命"时代，创意者最主要的驱动力，是创造带来的成就感和社会价值，自激励是他们的特征。

　　在迈向"创意革命"时代的前夜，中国经济的发展态势已呈现出三大发展趋势：一是已从人力资源时代迈向人力资本时代；二是已从产品资本经济时代转化为金融资本经济时代；三是已从消费互联网经济快速向产业互联网和人工智能经济转型。在这个重大的转型期，企业的组织进化、企业的绩效管理、企业的薪酬激励的最重要功能，就是怎样为员工提供一个"赋能"的平台和机会，而不再是纯粹的管理，而应该是以经营员工为主导，以管理员工为辅助的一种新型的经营管理体制的建设。红海的"项目组织经营和人单合一经营"就是在这样的时代背景下诞生的。

项目组织经营和人单合一经营是为了顺应人力资本时代和产业互联网经济的发展而创的一种新的企业组织经营形式和劳动报酬分配方式。在企业实施项目组织经营和人单合一精益经营管理，是一个系统工程。因此在实施中，企业的各个部门、各个单位都需要有一个统一的经营管理哲学理念进行指引，转变经营管理思维，并遵循基本的流程步骤，把握工作重点要求，才能取得预期的效益。

第一节　项目制人单合一经营哲学

一、哲学的概念及内涵

（一）哲学的概念

哲学，按照字义解释，是一种使人聪明、启发智慧的学问。然而，这并不足以表明哲学的实质。哲学作为一门学问，是人们认识世界形成的世界观的理论表现形态。因此，哲学是理论化、系统化了的世界观，或者说，是人们世界观的理论体系。

作为理论形态的世界观，同人们自发形成的世界观是有所不同的。任何一个健全的成年人都会在其生活实践过程中形成一定的世界观。所谓世界观，就是人们对于生活在其中的整个世界以及人与世界关系的根本观点、根本看法。

（二）哲学的内涵

人类从其诞生时开始，为了自身的生存和发展，时刻都需要同周围的现实世界打交道。为了获得生存所必需的衣、食、住等物质资料，就必须进行变革自然界的生产活动。在这个过程中，人们不仅要认识周围的自然界，也要逐渐地积累对自己同自然界之间的关系的认识。在实践中人们就是凭借这些认识向自然界索取人类所需要的一切。世界观的形成是一个过程。开始，人们只是对个别的具体事物有所认识，久而久之，这种认识逐渐丰富并连贯起来，就形成了对诸如世界的本质、世界上各种事物之间的联系、人在这个世界上的地位和作用等问题的看法，这些根本观点、根本看法就是世界观。但人们自发形成的世界观一般是不系统的，缺乏理论的论证和严密的逻辑性。哲学则是将人们的世界观用理论的形式加以高度的抽象和概括，通过一系列特有的概念、范畴和系统的逻辑论证而形成的思想体系。所以，哲学是系统化、理论化的世界观，是以总体方式把握世界以及人与世界关系的理论体系。人人都有自己的世界观，但哲学作为世界观的理论体系，不是自发的，而是要通过自觉的学习和训练才能掌握的。

当人们形成了一定世界观之后，就会按照这些观点去解释一切现象，处理各种问题。世界观也就成为指导人们观察、思考和解决各种问题的基本原则，这就是我们通常所说的方法论以及与此相联系的思想方法和工作方法。一般来说，有什么样的世界观，也就有什么样的方法论，世界观和方法论是一致的。

人们的世界观并不都是一样的。因为：第一，在人类发展的各个历史阶段上，由于实践水平、科学技术发展水平的不同，人们对世界以及人与世界关系的认识在深度和广度上也有所不同。第二，人们的经济地位、根本利益和在社会生活中分工的不同，使得各自对社会发展、人生追求的看法和态度有所不同，因而他们的世界观也会有明显的区别。特别是在阶级社会中，不仅不同阶级有不同的世界观，即使同一阶级内部的不同阶层，同一阶级的不同发展时期，其世界观也会呈现出差别性。所以，作为理论形态世界观的哲学，在不同历史时期和不同阶级之间，其内容和形态也有许多不同。在阶级社会中，一定的哲学只是一定阶级的世界观的理论表现，是从属于一定阶级并为该阶级的利益服务的。哲学作为一种理论体系，只能在社会分裂为对立的阶级，一部分人得以摆脱繁重的体力劳动而专门从事脑力劳动的条件下才能产生。因此，哲学从其产生的那天起，就深深地打上了统治阶级的烙印，是为统治阶级服务的。直到在马克思主义哲学诞生后，劳动人民才真正有了自己的哲学。

哲学，是教会人们运用唯物辩证法、对立统一、一分为二等辩证思维方法，去观察、认识世界和事物的学问。通过运用辩证思维去观察、认识世界和事物，形成了人们看待世界和事物的价值观。因此，价值观对人们的思维方式起着决定性的作用，有什么样的价值观，就有什么样的思维方式。

1. 什么是价值观

价值观是基于人的一定的思维感官之上而做出的认知、理解、判断或抉择，也就是人认定事物、判定是非的一种思维或取向，从而体现出人、事、物一定的价值或作用；在阶级社会中，不同阶级有不同的价值观念。价值观具有稳定性和持久性、历史性与选择性、主观性的特点。价值观对动机有导向的作用，同时反映人们的认知和需求状况。通俗地说，就是一个人认为什么是对的什么是错的，什么是好的什么是不好的，什么是你认为重要的什么是你认为不重要的……为什么价值观要放在第一位？有个著名的判断句式是：思想决定行为，行为决定结果，结果决定命运。所谓思想，其核心就是一个人的价值观。一个人认为自己的命运主要掌握在自己手里，他就会选择对自己负责，自我奋斗；一个人认为命运由他人和不可预知的力量控制，他就会选择消极懒惰、听天由命或怨天尤人。价值观对人们自身行为的定向和调节起着非常重要的作用，它的作用大致体现在以下两个方面：

（1）价值观对动机有导向的作用，人们行为的动机受价值观的支配和制约。价值观对动机模式有重要影响，在同样的客观条件下，具有不同价值观的人，其动机模式不同，产生的行为也不相同，动机的目的方向受价值观的支配，只有那些经过价值判断被认为是可取的，才能转换为行为的动机，并以此为目标引导人们的行为。

（2）价值观反映人们的认知和需求状况，价值观是人们对客观世界及行为结果的评价和看法。因而，它从某个方面反映了人们的人生观和世界观，反映了人的主观认知世界。价值观形成有一个漫长的过程和复杂的背景，那么它们能不能改变呢？答案当然是肯定的，不过也不是一蹴而就的。

2. 什么是思维模式

思维模式，是指人对事物的思维角度。主要分三种类型：一元思维、二元思维、多元思维。

一元思维，是指人对事物、对问题的看法，一就是一，二就是二，要么是对要么是错，要么是黑要么是白，只存在一种情况、一种判断、一种方法、一个原因，等等。比如，杀人都是错的、偷东西的都是贼，孩子都要听家长和老师的，女人必须从一而终……

所谓二元思维，就是类似辩证思维，就是对同一个事物往往会从正反两方面去看，对与错可能同时存在，利与弊会混在一起，等等。比如，身为平民百姓，缺乏权力和地位，但也少了很多压力和危机；孩子外向，有活泼大方的一面，也可能有好动不专注的一面等。

所谓多元思维，是指能从三个及三个以上角度看问题。比如，黑白之间还有灰色，同样是黑色又分几百种。一个结果可能有好多种原因，一个难题可能有好多种解决办法。比如，配偶出轨怎么办？多元思维模式的结果可能想出很多应对方法，而不只是离婚一个选择。用同一个问题来比较三种思维模式会更容易懂。比如孩子偷钱的原因是什么？一元思维会认为，孩子变坏了；二元思维会认为，孩子变坏了，家长也有问题；多元思维则认为，除了孩子、家长有问题之外，孩子所处的社会环境等可能也有问题。总的来说，一元思维是感性思维，相对比较简单幼稚甚至偏执；二元思维介于感性和理性之间，是大多数成年人的思维模式；多元思维是高度理性思维，也是发散思维，是分析和解决问题的有力武器，是成熟的思维模式，但能熟练地运用这种思维模式的人不多。

日本企业经营之圣稻盛和夫说：价值观决定思维方式，思维方式决定激情，激情决定付出，付出决定能力。

因此，思维方式与激情，激情与付出，付出与能力之间不是相加的关系，而是相乘

的关系。其公式如下:

$$思维方式 = 激情 \times 付出 \times 能力$$

这就是"思路决定出路"的基本原理。

第二节　项目组织进化经营哲学

一、项目的概念与内涵

项目（project），是指面向需要资源和努力的、事先界定的目标或目的所做的有组织的工作，是一种具有预算和时间进度的独特（因而有风险）事业。

依据项目的定义，项目就是以一套独特而相互联系的任务为前提，有效利用资源，为实现一个特定的目标所做的努力。

项目具有以下特征。

（1）项目有一个明确界定的目标——一个期望的结果或产品。一个项目的目标通常包括以下四个因素：工作范围、项目成本、项目进度计划和客户满意度。

（2）项目需要运用各种资源来执行任务。资源包括但不限于：人力、组织、设备、原材料和工具。

（3）项目有具体的时间计划或有限的寿命，它有一个开始时间和目标必须实现的到期日。

（4）项目作为一种组织形式，其运行可以周而复始。

（5）每个项目都有客户。客户是提供资金达成目标的实体，管理项目的人员和项目团队必须成功地完成项目目标，以使客户满意。

以项目作为一个独立核算的经营实体，是企业投资经营实现有效管控的一种重要的组织形式。项目这种组织形式的诞生，最早出现在工程建筑施工行业。后来逐步发展到研究、管理咨询、软件设计，以及一些临时活动，如生日晚会、大型文艺演出、奥运会等都采用项目制组织形式运营。对于项目制这种组织形式的发展趋势，项目管理认证委员会主席保罗·格雷斯（Paul Grace）说："在当今社会中，一切都是项目，一切也将成为项目。"

项目制这种组织形式的最大特点和最大优势，就是除受资源的限制外，不受地域、时间、业务种类的限制，项目可以周而复始地重复。

二、红海项目组织进化经营哲学

(一) 红海项目组织进化的概念与内涵

1. 红海项目组织进化概念

所谓项目组织进化,是指企业以项目组织作为独立经营核算的单位,去多层级、去中心化、去KPI考核,实现组织管理扁平化,将每一个项目组织作为员工创业、创新、经营的平台,让员工在项目组织平台上实现自我经营、自我管理、自我发展。

所谓项目组织,就是在一定的时间内,在适当的投资预算、一定的资源约束下,去完成特定目标要求的有限任务。

项目的构成要素:①工作任务标的或业务量标的;②组织结构;③质量;④费用;⑤时间进度。

2. 红海项目组织进化的内涵

红海提出采用项目组织形式去经营管理企业,就是指在企业内部可以根据经营和管理的需要,将各类工作、各类业务划分为一个个能独立核算的经营单位去经营管理。这种组织进化思维变革,来源于学习借鉴稻盛和夫阿米巴经营模式的成功经验。所谓阿米巴经营模式,其核心就是划小经营单位,以每一个阿米巴作为一个经营单位,进行独立的经营会计预算、核算、结算,而红海的项目制,就是以"项目组织"代替阿米巴。以项目形式划小经营单位,就是以每一个项目作为一个独立经营核算的单位。其目的就是通过划小经营单位,提高企业对经营管理成本和利润的可控度,提高经营效益。通过以"项目"形式划小经营单位,一是可以有效地精细化经营成本、人工成本、管理成本等各项成本的核算,经营单位越小,各项成本支出透明度越高,对成本的控制就越准确;二是可有效控制管理幅度,减少管理层级,在流程控制上去集权命令链、去中心化,减少管理成本;三是可有效提高利益分配透明度,激发员工全员经营管理参与度和创新,提高劳动生产率和人均效益。

(二) 项目组织与员工的关系

项目组织与员工的关系,就是项目组织与员工的生产关系。

生产关系,是人们在物质资料生产过程中所结成的社会关系,是生产方式的组织形式。

1. 金字塔层级组织与员工的关系

传统的企业组织形式,是金字塔层级管理组织形式,企业与员工的关系是雇佣劳动关系。这种雇佣关系,在商业模式上是购买支付与报酬收益的关系。因此,其在企业的实际运营中，给企业的经营管理带来了许多困扰：一是企业必须支付员工的工资和福利，而员工又会随着工作年限的增长不断地要求企业涨工资，而不是依据贡献涨工资，但随着廉价劳动力时代一去不复返，人力成本又必然会大幅上涨，因此如何减少人力成本浪费，就成了企业经营管理的重要课题；二是管理的困扰，雇佣与打工就需要管理，要通过管理来提高效率，而管理，就需要有制度、有规矩、有纪律来约束，而要约束，就需要有部门、有层级、有人来抓执行、抓落实，结果就会给企业带来大量的管理成本上升压力；三是法律的困扰，雇佣是资本，是强者，打工是出卖劳动力，是弱者，政府为保护弱者，就会制定许多劳动法律法规、政策去约束企业的雇佣用工行为，结果就给企业带来了许多法律风险成本压力；四是如何调动员工工作积极性的困扰，在雇佣关系的支配下，为调动员工的工作积极性和提高劳动效率，西方发达国家出了很多管理大师，各种先进的管理工具也层出不穷，如工作分析法、岗位评估法、岗位绩效工资、平衡记分法、360度评价法、股权激励法等管理工具，但都未能从根本上解决员工的工作积极性和主动性问题。

2. 项目组织与员工的关系

项目组织，就是在企业的经营管理中，依据经营与管理的需求，将企业内部的各类工作、各类业务，划分为一个个能独立经营核算的项目组织经营单位，使组织形态扁平化，以取代传统的金字塔形行政层级组织；然后，再将一个个独立经营核算的项目经营单位，作为员工的创业平台去经营自己，在企业内部进行公开演讲、民主投票竞选项目经理（组长），再由项目经理（组长）优化组合项目组织团队成员，这样就把企业与员工的雇佣劳动关系，通过项目组织创业经营形式转化为合伙人关系。

采用项目组织形式，从组织形态看，是一种去多层级、去中心化的扁平化组织进化转型，减少了传统的金字塔行政层级组织管理的许多弊端。

对企业来说，采用项目组织形式，可对"人才""资金""时间""方法"进行最有效的资源整合。通过每一个项目组织的独立经营预算、内部会计经营和结算，去层级、去中心化、去KPI考核，可以使公司快速摆脱管理困境，大幅度提高公司的经营业绩及人均产出，从而为企业的持续发展打造强劲的机制引擎。

对于员工来说，项目组织为员工打造了一个新的创业平台。项目组织经营，在经营体制上是一种赋权、赋能式经营管理模式，人人都可以成为项目组织的经营者和参与者，这样就激发了员工的创新、创业积极性和责任心。每个员工通过参与项目组织的策划、测算、预算、经营会计分析和项目组织业务结算等工作，掌握了更多的技能，工作能力得到了显著提高。每一个员工都能根据公司项目组织需求结合自身条件加入不同项目组织，经营自己的能力和劳动过程，合理安排和管理自己的劳动时间，提升自己的劳动价值，从而实现自我价值。员工成为公司的主人，更加明晰企业的经营状况，员工更能贯彻经营者的经营意志。项目组织与项目组织、员工与员工之间的交流增加、感情加深、公司的凝聚力增加，提高人力效能及减少浪费，对公司发展有很大促进作用。

员工通过项目组织平台成为经营者，员工的思维也会发生变化，就会从原来的打工意识转变为经营意识。他们思考问题的角度与方式，就会在原有横向思维方式的基础上增加纵向思维方式。以往，员工在进行业务拓展时，是以打工完成任务的心态和思维去做业务，专注的是横向业务的拓展，实行项目组织经营后，则会向上下游流程的行业进行纵向拓展，拓宽业务领域。通过表面看到问题的实质，将横向思维延伸到纵向思维，更迅速地抓住问题关键点，对症下药来解决问题。他们的价值观从打工者向经营者转变，从"让我做"到"我想做"，从原来的被动应付转变为主动解决，思考怎么做才能把项目组织的业务经营得更好。项目组织为员工提供了实现自我的舞台，能够激发他们的主观能动性与创造性，全面提高了员工的工作热情和工作能力。

实施项目组织经营模式，打造了员工与公司交互式信任关系，以信任感、情感认同提升员工幸福感，直接影响员工对团队和组织的忠诚度，影响员工对工作的满意度，进而影响整个团队的凝聚度、和谐度和工作效率，促进整个团队健康发展，实现共同目标。

第三节　人单合一员工进化经营哲学

一、人单合一经营结算的概念与内涵

（一）人单合一经营结算概念

人单合一经营结算，是指企业在实施项目组织经营时，运用人单合一结算方式结算员工的劳动报酬而所采用的一种新的劳动报酬分配模式和制度。

（二）人单合一经营结算的内涵

所谓人单合一，是指将员工个人、班组、项目组织单位或者公司经营班子视为一个"单个人"，然后将员工个人、班组、项目单位或公司经营班子每月、每年应完成的经营收入指标、利润率、工作量、业务量、工时等视为一个"单"进行合一结算。这样就把公司经营班子、项目团队、班组和员工个人的激情付出、能力付出，与劳动报酬分配紧密捆绑在一起，使员工劳动报酬分配透明化、自主化，把员工与企业的人工成本支付关系转变为经营关系，从而从根本上解决员工为谁打工的问题。

（三）实施人单合一经营结算目的

"人单合一经营结算"，是指企业或项目组织在员工完成工作任务指标或超额完成任务指标后，采用对标形式进行劳动报酬分配的一种计酬方式，也是员工经营自己的劳动能力，实现自我经营、自我管理和自我发展的激励制度和激励机制。

中国从人力资源廉价劳动力时代进入人力资本和金融资本时代后，员工对现实利益看得越来越重，对利益的诉求欲望也越来越强，这是人的经济性本性和资本市场经济特性所决定的，是资本市场经济社会不可逾越的鸿沟。对此，员工没有对错，更不能用道德意识、道德标准来解决。俗话说"解铃还须系铃人"，经济的问题，还得用经济的手段和经济的方法来解决。

采用人单合一结算员工的劳动报酬，就是用经济手段解决员工追求利益最大化的有效方法。其方法就是将过往的用货币资本雇佣员工与员工被雇佣关系转化为合伙人与经营关系；将雇主发工资与被雇者领工资转化为雇主投资人工成本聘用合伙人，员工凭能力完成工作任务指标和超额任务指标后计发劳动报酬。

实施人单合一经营结算的目的就是去除过往人为的、主观的KPI考核，让经营管理者和员工通过多劳多得形式直接获得财富收入、精神收入和情感收入。"多激励，多指导，守承诺"是激发员工创业、创新经营心态的支柱。员工的劳动报酬分配与项目组织的经营收益挂钩，用人单合一进行结算分配，是"多劳多得"分配的一种创新，能较好地调动员工自主经营、自我管理、自我发展的工作激情。

第四节　项目制人单合一文化经营

日本企业经营大师稻盛和夫说，最理想的企业经营就是全员经营，人人都是经营者。经营企业的核心就是经营人、经营人心。经营的真谛，就是以正确的思维方式、核心价值观和有效的经营管理模式来经营人心、经营员工的能力。

要在企业内部实施项目组织经营体制，首先要抓住经营原点，这个经营原点，就是从树立员工正确的思维方式、正确的核心价值观开始，即经营人心，做好文化植入，培养员工正确的价值观和经营理念。

积极向员工灌输正确思维方式、核心价值观和文化理念，是成功实施项目制经营的前提。项目制人单合一精益经营管理的真谛，就是经营员工的心、经营员工的能力。让员工从"打工者"心态转变成"经营者"心态，由"被动做事"转变成"主动经营"。

因此必须着重抓好以下经营理念的宣传灌输。

一、合作伙伴经营理念

稻盛和夫认为，阿米巴经营的精髓就是，阿米巴经营=（信任×信赖）×信心，是以心为本的经营。

红海运用项目组织和"人单合一"来经营企业，就是将过往传统的企业与员工的雇佣劳动关系通过项目组织平台转变为合作伙伴关系，其实质也是经营人、经营员工的思想，经营员工的人心，经营员工的能力。以"信任×信赖"为基础，建立公司与项目组织、项目组织与员工、员工与员工之间的相互信赖关系，共同促进公司和员工的事业发展，进而走向公司与项目组织之间、项目组织与员工之间，共同分享项目业务发展带来的收益成果。这就是合作伙伴经营的理念。

合作伙伴经营理念，直观地说，就是共同进退、共同分享的理念。而建立起相互信赖关系，是构建与发展合作伙伴经营关系的基础。

首先，公司与项目组织之间、项目组织与员工之间要建立起相互信赖关系，只有这样才能建立起真正的合作伙伴经营关系，这就需要企业的各级经营管理者深入理解合作伙伴经营理念。要抛弃对"员工不会经营、做不好经营"的偏见，相信我们大部分员工有很大潜力，真正信任员工，建立起利益分享机制，让员工参与经营。

其次，员工也要建立起对公司的信任，相信公司是实现人生发展的大舞台，相信项目组织是实现个人价值的平台，自己是项目组织经营者而不是打工者，把公司当成自己的合作伙伴，共同面对市场，共同开展经营，共同分享利益，共同承担风险。

最后，客户也是我们的合作伙伴，不仅要为客户提供好专业服务，更要真正帮助客户解决发展的需求。从客户的角度来讲，他们不仅需要我们提供专业的服务，更需要我们通过项目组织经营来帮助他们实现业务的快速发展，与客户共同成长才是真正的合作伙伴关系。

二、利他思维经营理念

自私，也是俗话说的私心，既是人的本性，也是激发员工工作主观能动性的源泉。但自私要有底线，任何人都不能为了私利而做出损害组织、损害公司、损害团队、损害他人的利益的行为，人人都要树立"建立在自私基础上的去私欲思维"。所谓"建立在自私基础上的去私欲思维"，就是在制度、规矩范围内的自私是允许和鼓励的，超越制度和规矩的私欲思维和行为，就必须要去掉。因此，在自私的基础上，还要树立利他之心，以利他的思维方式去处事，才能获得真正的成功。利他思维的核心就是敬天爱人。

所谓敬天，就是做事要依循自然发展规律、社会发展规律、经济发展规律和企业发展规律，依循最基本的社会道德、职业道德和企业规章，走人间正道，即"天道"。俗话说"头顶三尺有神明"，讲的就是这个道理。所以每一个员工都要坚守企业提倡的核心价值观，遵循企业的经营理念和原则。对每一个分公司或子公司来讲，则应以集团、总公司为天；对每一个项目组织来讲，则应以公司为天；对每一个员工来讲，则应以项目组织、团队为天。在外，要以国家利益、民族利益和客户利益为天；在内，要以公司的制度、纪律、规矩为天。每一个人都要怀有对这些天道的敬畏之心，顺应客观规律，遵守社会道德和职业道德，讲规矩，守规矩，按规矩、按流程标准做事，这就是敬天。

所谓爱人，就是在做事的时候要摒弃一己之私欲，持利他之心，为他人创造价值。只有你为人人，人人才会为你。人性之恶与人性之善，是一体两面的存在。只有坚持正确的做人之道，以利他为本，你才能获得真正的成功。

利他思维，就是将对方、将合作伙伴的利益放在第一位，先考虑对方的利益，再考虑自己的得失。利他之心，就像自然界中最简单的作用和反作用原理一样，当你让对方受益了，同样你也会从对方身上受益。在企业或项目的经营中，只有以利他之心，做有利于客户、有利于员工、有利于其他利益相关者、有利于社会的事情，才会得到同样的有利回报，经营起来才会得心应手，才能让企业真正实现基业长青。

三、业绩第一经营理念

业绩是企业经营、项目组织经营的立身之本和发展之本。

业绩第一，就是以业绩论英雄。业绩包括经济指标、工作任务的完成结果，也包括工作态度、工作激情、工作能力的付出，是全面意义上的业绩。最根本的业绩是以经营收入、利润完成情况为主，争取收入最大化和费用最小化。同时业绩还包含收入增值、利润提升、减亏、工作成果、工作经验、工作贡献等，而不是唯经济指标论。

以业绩论英雄，就是做事要追求成效，不能满足于仅仅把事情做了，更重要的是要把事情做好，做出效果，做出从优秀到卓越的飞跃。

业绩第一，不是"唯业绩论"，而是让员工在项目平台上与公司结成合作伙伴关系，以利他之心自主经营、自我管理、自我发展，坚持奋斗，从而拿出优良的绩效贡献给公司和自己，这是优秀企业文化的集中体现。只有公司的业绩增长了，个人的业绩才是真业绩，员工个人也才能成为真正的英雄。

四、经营成果与奋斗者分享的经营理念

企业的经营成果，是股东投资者和奋斗者们共同努力、奋斗经营的结果。股东按出

资比例行使表决权和分取红利；奋斗者按经营管理成果分享公司经营收益。

这里所指的奋斗者，包括那些围绕公司经营目标不畏艰难孜孜追求的经营管理者；包括那些敢于担当、辛勤付出的项目组织经营管理骨干和技术骨干；也包括那些坚持不懈做好每一件小事的普通员工，等等。他们应当分享公司经营成果，并享有应得的荣誉。

五、以客户为导向的经营理念

客户是企业存在的依归，是企业能够持续发展的资本。企业经营的首要任务是为客户创造价值。要"以客户为中心，以客户为本，站在客户的角度为客户创造价值，全心全意为客户服务"。企业的今天靠的是客户，企业的明天也必须与客户共谋发展。

以客户为导向，就是以经营客户为中心，就是以帮助客户创造价值为中心。例如，为用工单位提供劳务派遣灵活用工服务，就是为用工单位降低人工成本；为用工单位提供劳动力服务外包，就是为用工单位降低用工风险，创造价值；以人力资源劳务服务承揽用工单位业务，就是以劳务服务形式帮助用工单位创造业务价值，这样既帮助用工单位解决了灵活用工问题，又解决了如何提高劳动生产率和业务发展问题。

以客户为本，就是以客户体验、满足客户需求为中心。随着互联网的发展，从PC互联网到移动互联网，从云计算到大数据，从大数据到物联网，再到智能机器人、虚拟技术；从普惠消费到圈层经济的个性化、定制化消费，企业的一切经营活动都将围绕客户体验和客户需求而展开。企业实施项目组织经营，就是为了顺应人力资本经济和互联网经济的发展，将过去的金字塔形组织架构加以创新，转变为扁平式倒三角服务型组织，将客户置于公司组织的顶端，以最快的速度了解客户的需求，把客户体验、客户需求作为经营之本。因此，企业的所有员工都应当把以客户为导向作为自己的经营理念，贯彻到公司、项目组织的各项工作中，包括商业模式的创新、产品的创新、管理技术的创新、服务内容的提供、项目现场的经营、服务交付速度、服务和产品交付质量，等等，都应以客户体验为起点，以客户需求为根本，为客户提供优质的经营服务。

以客户为导向是一个广义的概念，客户既包括外部客户，也包括内部客户，团队客户包括股东、经营者和员工，外部客户和内部客户都对企业事业发展具有重要作用。既要与外部客户结成合作伙伴关系，也应与内部团队和员工结成合作伙伴关系，以为他人创造价值的思维去做有利于客户的事情，经营客户之心，经营客户需求，拉动客户的业务发展，进而成就我们自己。

第一章 经营哲学

第五节 实施项目制人单合一精益经营应遵循的原则

在企业实施项目组织和人单合一精益经营管理是一个系统工程。因此，在实施中，企业的各个部门、各个单位都必须遵循以下基本原则和流程，把握工作重点要求才能取得预期的效果。

总体原则是：全面实施，宽进宽出；快速推进，大胆创新，渐次完善；经营为主，循环改善；整体合力，竞争为辅。

一、全面实施、宽进宽出原则

1. 全面实施原则

企业各个部门、各个单位所有的工作均应按照项目组织形式来做，动员全体员工积极参与项目组织经营。只要能形成物化结果交付结算的工作和业务，均可以立项，按项目组织形式进行经营管理。

2. 宽进宽出原则

指各单位在项目组织的划分立项、成本测算与经营预算、项目结算、工作结算、人单合一分配等问题上，以"宽进宽出"为宜。

所谓"宽进"，一是无论什么样的工作都可以申请立项，按项目组织方式来经营管理；二是所有按项目组织经营管理的工作和业务，都要实行人单合一结算，以激励全体员工都能自愿投入到项目组织平台上去创业，去自我经营、自我发展。

所谓"宽出"，一是在制定项目交付验收标准时，让出一定的利润，放宽结算标准，让员工通过精益经营赚到钱，以激发员工投身探索自主经营项目的热情，这样有利于促进业务的快速发展，从而使公司从业务发展中获得更大的收益；二是在制定人单合一结算标准时，应以利他人思维制定结算标准，宜粗不宜过细，只设置完成业务量和超额完成业务量结算标准，不设置扣罚标准，以保护员工投身项目制人单合一经营的激情和付出；三是在实施项目组织和人单合一经营的过程中有容错机制。因员工能力水平参差不齐，不要求自主经营过程完美无缺，允许犯一些可以弥补的失误，如工期拖延、经营预算不准确造成费用少许超支等。

实施项目组织和人单合一经营管理，首要的任务是充分调动全体员工的积极性，多创设项目组织，多培养出项目经理。各单位在实施项目组织经营过程中，将会遇到各种各样不同的问题,如项目组织经营收入测算、经营预算、经营会计和经营结算不准确,导致无法准确进行项目组织预结算和人单合一结算,甚至会出现项目组织经营亏损等问题。但项目组织和人单合一经营管理这一经营体制、机制变革是经过实践检验,确实能起到激发出员工主观能动性的作用,是促进公司业务快速发展和经营规模上台阶的良方益药。只要我们不因噎废食,勇于在实践中去积极探索,大胆创新,就能使项目组织和人单合一精益经营结出丰硕成果。

在企业推行项目组织和人单合一经营管理中采用全面实施、宽进宽出的原则,是为了使项目组织和人单合一经营管理能尽快地实施推广,让员工从知道自主经营到了解自主经营,再到接受并参与项目组织和人单合一这种新型的经营管理体制,从而在企业快速实现项目组织和人单合一"百家争鸣""百花齐放"的经营格局。因此,在项目组织和人单合一经营的前期,不宜用严格的标准来要求,要让所有的员工都参与进来,让员工们开始扮演他们以前从未尝试过的角色——项目经理或项目成员,从事一份崭新的创业工作——项目组织经营。员工的干劲激发了,参与项目了,员工就增长了一门学问,学会了一项技能,掌握了一种经营管理方法。不少思维敏捷、敢于担当的项目经理、项目组长就会涌现出来。他们中的大部分人在原来的工作中默默无闻,如果他们没有从事项目组织经营,公司就有可能长时间都无法发现他们的才干。通过项目组织和人单合一经营变革,既为员工施展才华提供了平台,也为公司积累了实践经验和人才。

二、快速推进、大胆创新、渐次完善原则

在企业推进项目组织和人单合一经营体制变革,是经过实践检验能在人力资本时代快速提升企业经营业绩的一种新型的良方益药。企业只有在实践中大胆创新、快速推进、渐次完善,等待、观望是没有出路的。天下大势,时不我待。在人力资本时代、金融资本时代和产业互联网时代已经来临的大趋势下,企业的寒冬和春天,就在意念的一瞬间变化。因循守旧,抱残守缺,迎来的是寒冬;大胆创新,勇迎潮头,迎来的是春天。站在风口,猪都可以上天。

1. **快速推进原则**

指依照宽进宽出原则,以时不我待的精神,在企业中组织各部门、各单位把现有工作和现有的业务全面实施项目组织经营管理和人单合一结算。

2. **大胆创新原则**

在实施项目组织和人单合一经营管理过程中,不怕失误,不怕犯错,要勇于探索,敢于创新。项目组织的立项划分,没有固有模式,人单合一结算的标准也不是一成不变的,一切都必须在实践中去创新。实践是检验真理的唯一标准。检验项目组织和人单合

一经营管理是否成功的唯一标准，就是是否将员工从打工者变成了经营者，是否大幅度提升了公司经营业绩，公司经营规模是否上了一个新的台阶。

3. 渐次完善原则

由开始的"宽进宽出"阶段逐步向"宽进严出"阶段，再向"严进严出"阶段，最后向"化有形于无形"阶段推进。经历初级阶段后，项目组织的经营过程、项目经理的经营结果要用"严出"，即严格验收成果来提高结果评价标准和经营过程的管理水平，让员工有精益经营的压力，才不会让员工认为立了项划分成项目组织就可以了，才不会让员工以为追不追求人单合一结算的成效都无所谓。

经历了"宽进严出"阶段后，就要采取"严进"的措施了，即从源头上严格标准，包括项目组织立项、项目组织经营目标的确定、项目经理任命、项目经营收入测算、项目组织经营预算、项目经营会计、项目业务经营风险预案等，都要提高经营标准来规范。经历了以上这些发展阶段，再进一步发展，项目组织的自主经营体就趋于成熟了，从而也就真正形成了员工自我经营、自我管理、自我发展的机制。到了这个时期，项目组织的"进出"也就无所谓"宽严"了，接下来需要做的，就是在项目组织内尽快形成经营习惯，使之成为企业文化的一个重要组成部分，真正达到"化有形于无形"。

三、经营为主、循环改善的原则

经营是硬道理。这是众多成功企业经过实践检验出的真理。运用项目组织经营和人单合一结算来提升企业的经营管理，是对传统的企业经营管理体制和机制的改善，其目的是通过创新、创业和激励来提升企业的经营成效。

1. 经营为主原则

实施项目组织和人单合一经营管理不能离开企业经营的初心，要紧紧围绕促进业务的发展、提高利润、培养经营人才来推进。采用项目组织经营形式，其核心是划小经营单位，而划小经营单位是为了给员工创建创业平台，让更多的员工在平台上实现自我，即自主经营。人单合一结算可以创建新的激励机制，让员工自愿、自主经营自己的能力资本，其核心就是经营人才，培养有经营意识的人才来发展项目，促使项目增值或裂变出更多的新项目。

2. 循环改善原则

在项目组织经营目标的指引下，以经营会计报表为主线开展 PDCA 循环的一系列工作。项目组织的经营发展目标，既有静态的经营收入、成本管控、利润等目标，也应有动态的目标改善，即每周、每月的经营情况对比同期是否有进步。PDCA 循环是改善经营业绩的闭环，围绕经营会计报表，总结上一周期的经营情况，进行差异分析和业绩评价，从而得出改进课题，计划下一周、下个月的经营工作，如此循环往复，达到经营业绩目标改善。

四、整体合力、竞争为辅的原则

推行项目组织和人单合一经营管理，会在各个单位内部形成一个个独立自主的经营体。这些经营体不是承包经营，只是公司内部一个个独立核算的经营单位，在各个经营体之间可以存在一定的竞争，但形成公司整体合力才是推行项目组织和人单合一经营的根本目的。

1. 整体合力原则

局部利益要服从整体利益，即项目组织的利益要服从公司利益。各个项目组织是在公司整体经营平台上实施的相对独立的核算经营单位，因此在经营发展上均应服从集团层面、公司层面的需要统一协调安排的重大工作，包括临时任务、属地化服务等。各个项目组织要在规定范围内，按照项目组织既定的经营目标独立开展经营工作，但要着眼于公司的整体利益，要以大格局的眼光配合公司的工作要求。

2. 竞争为辅原则

在确保公司整体利益的情况下，适当保持一定程度的竞争关系，其目的是激活各个项目组织和员工个人的活力。这里的"竞争"，是在有利于公司、有利于项目组织、有利于他人原则下的竞争，是良性的竞争，不是损害公司、损害项目组织和损害他人利益的恶性竞争。所谓竞争，是各个项目组织经营业绩的排名竞争，或外部投标接单前先在内部由项目组织竞争，或项目经理的竞争上岗等，是统一协调之下的积极进取。项目组织团队之间如此，员工之间也是如此，优秀的员工既要有一种竞争意识，有一种良性"攀比"的意识，但更要有一种合作的意识。划分项目组织经营单位，分是过程，合才是目的。

内部竞争是表象，通过竞争促进内部合作才是本质。项目组织作为自主经营体，无论怎样划分项目组织，如何实行内部竞争，归根结底都是为公司的发展而服务客户的。经营者必须要把握这个本质，在内部竞争的问题上始终要做到竞争服务于公司，竞争要服从于合作。

第二章 项目组织立项与划分

实行以项目组织为独立经营核算单位开展经营管理活动，是一门科学，也是一门艺术，它是实施项目组织和人单合一精益经营管理的起点，也是实施人单合一经营结算的基础。

项目组织经营包括：项目组织立项、项目组织划分、项目组织经营目标设立、项目组织负责人选拔、项目组织业务经营与价值创造、项目组织团队经营、项目组织财务经营和项目组织负责人自我经营等八个方面的内容。每个企业所属的行业、所处的发展阶段及其主营业务均存在差别，同一个企业中不同部门、不同分公司或子公司的工作内容和管理方式也均会有所不同。这就要求我们在推动实施项目组织经营过程中，应根据公司及各部门的不同现状，有区别地去开展项目组织的经营工作。

第一节 项目制的组织形式

一、项目组织形式

项目组织，从公司的组织架构形态看，是一种去层级、去中心化、去命令式、去KPI考核，呈扁平化形态的组织模式。每一个项目组织都是依附在公司平台上的独立经营核算的经营实体，不同的项目组织之间是平行关系，不是行政隶属关系，只存在合作与内部经营结算关系。每一个项目组织在经营和管理上直接向公司负责，接受公司对项目组织经营目标、经营计划、经营预算和利润指标的调整，承担公司授予的项目组织经营管理责任和经营的人事权、财权、分配权。

二、项目组织的裂变方式

实行项目组织经营的目的是划小经营单位，使经营管理变得简单、透明、民主化。因此，无论是公司行政划分的业务项目组织，还是招投标立项的业务项目组织，当业务经营规模做大以后，都可以进行业务裂变，组建新的业务项目组织。其裂变方式有两种：

（1）公司领导层采用行政手段进行裂变。即由公司将做大了的业务项目部，划分出一部分有发展潜力的业务，重新组建一个业务项目部，进行独立经营核算。

（2）由项目组织本身进行业务股份，以调动项目组织不断发展新业务的积极性。即A项目部裂变为B项目部，A项目部持有B项目部的业务股份（不超过20%）；当B项目部做大以后，又可裂变为C项目部，A和B项目部持有C项目部的业务股份（不超过30%）。裂变后新设立的项目组织与原项目组织之间不形成行政隶属关系，只是业务股份关系，原项目组织可按业务股份比例参与裂变后新成立的项目部的分红。新项目部在经营管理上依然直接向公司负责，接受公司的直接管理。

第二节　项目的立项

一、项目组织立项的定义与内涵

项目组织立项成立，是指为完成某项系统性、周期性的工作和业务经营，在公司层面由公司领导组织进行项目可行性分析，并进行评审等控制环节，再正式批准成立该项目组织的过程。项目组织一经立项，就标志着该项目组织正式启动运营。

项目组织立项，分为职能工作项目组织立项和业务经营项目组织立项。各企业在组织进行项目组织立项前，应围绕本单位、本部门现有业务类型、现有客户类型（分行业、分区域）、目标客户类型和现急需开展的工作进行分析，明确哪些业务、客户或工作按所述业务类型、客户类型、需公关目标客户、本单位/部门内部建设需要及对外投标业务等类型进行项目组织立项。

二、项目组织立项的形式

项目组织立项，按照项目组织设立形式，分为行政划分项目组织立项和按业务分类自然形成项目组织立项。

（1）行政划分项目组织立项，是指运用行政命令、行政手段，将职能工作分类、将客户分群或分地域，或按保底经营收入指标和利润率，以切割蛋糕分配法，强制划分为各类项目组织；

（2）按业务分类自然形成项目组织立项，如老客户新增业务项目、老客户业务转型项目、对外投标中标项目、职能工作专项业务项目、职能工作采购招标项目等。

三、项目组织立项的流程

项目组织立项的流程如下：

1. 各业务部门统一提出部门所辖项目组织的立项申请，提交公司相关职能部门和公司领导班子进行评审和批准。表 2-1 为"项目组织立项申请表"示例。

表 2-1 项目组织立项申请表

项目组织类型	□产品研发类项目 □系统开发类项目 □咨询类项目 □市场运营类项目		
项目组织名称			
项目周期	自 年 月 日起至 年 月 日止		
项目团队	项目负责人：		
	项目成员：		

一、项目概述（背景、需求、工作范围界定）

二、项目目标

三、经营思路

四、项目进度计划（时间节点、工作内容、阶段性成果，可以附件形式粘贴）

五、项目预期风险及应对策略措施

六、项目经费预算

类别	项目	年（月）度计划	年（月）度实际完成	实际比计划
收入	科目 1			
	科目 2			
	……			
	收入合计			

续上表

类别	项目	年（月）度计划	年（月）度实际完成	实际比计划
变动费用	科目1			
	科目2			
	……			
	变动费用合计			
	边际利益			
固定费用	科目1			
	科目2			
	……			
	固定费用合计			
	费用总额合计			
	经营利润			
	投入人员数			
	人·月（年）劳动生产力			
	边界利益率			
	备注			

2. 项目组织评审内容：项目组织经营收入测算、项目组织预算、项目组织经营总体工作思路、项目组织团队构建等相关内容。表2-2为项目组织立项评审表示例。

表2-2 项目组织立项评审表

评审指标	细项	分值	评价内容	评价标准	得分
项目概述	项目背景	否决项	项目背景分析透彻度	□透彻□不透彻	—
	项目需求	否决项	项目需求分析合理度	□合理□不合理	—
	工作范围	否决项	项目工作范围界定清晰度	□清晰□不清晰	—
项目目标	项目目标	否决项	项目目标与smart原则相匹配	□匹配□不匹配	

续上表

评审指标	细项	分值	评价内容	评价标准	得分
经营思路	经营思路	20	经营思路能够有效支持项目目标实现 产品研发类项目：明确的产品逻辑规划图、清晰的版本划分与定义 系统开发类项目：明确的工作规划、先进的设计理念、合理的开发语言 市场运营类项目：明确的营销推广策略和市场活动方案 传统咨询类项目：明确的项目运作思路	好：15～20；一般：8～14；差：7～0；	
项目团队	职责分工	10	项目成员职责分工合理、明确	好：8～10；一般：5～7；差：4～0；	
项目进度计划	分期计划	10	有合理的计划时间安排	好：8～10；一般：5～7；差：4～0；	
	里程碑事件	10	确定项目关键任务，并有明确阶段成果输出	好：8～10；一般：5～7；差：4～0；	
风险管理	风险分析	10	有对项目实施中风险的全面预测分析	好：8～10；一般：5～7；差：4～0；	
	规避策略	10	针对每条风险都有合理的规避策略或应对措施	好：8～10；一般：5～7；差：4～0；	

续上表

评审指标	细项	分值	评价内容	评价标准	得分
经营预算	经营收入	10	能够有效完成经济目标 备注：如项目组无经营收入，将本细项分值归入变动费用细项	好：8～10；一般：5～7；差：4～0；	
	变动费用	10	科目设置合理、细致、全面、准确	好：8～10；一般：5～7；差：4～0；	
现场答辩		10	根据各评委提问，对现场回答的情况进行评分	好：8～10；一般：5～7；差：4～0；	
合计		100	—	—	
评审结果：□通过 □不通过 评委签字：			理由和建议：		

备注：(1) 60分以下：不合格；60～70分：合格；71～80分：良好；81～90分：较好；91分以上：优秀。(2) 评审指标的否决项中任一项被否决，则项目评审不通过，需要重新优化立项申请表。

3. 项目组织立项评审工作完成之后，由项目组织管理部门（如人力资源部）汇总评审意见，明确项目组织是否立项成功，并将评审结果反馈至相关部门及个人。

4. 对于评审通过立项成功的项目组织，由项目组织编制相应的项目工作计划，并报项目管理部门和公司主管领导进行审批；对于评审未通过的项目组织，由相关部门负责人组织对项目组织立项内容进行修改和完善，择日再提交进行评审。

5. 为便于各项工作的有序开展，所有拟立项的工作和业务，均可以在前期以虚拟运营形式成立项目组织，开展项目前期的相关工作，如资料搜集、标书撰写、公关投标等。

第三节　项目组织的划分

项目组织划分，是指公司依据经营发展需要，以行政手段将各项职能工作和各类经营性业务划分为一个个能独立核算的经营单位，以项目组织形式进行运营。划分项目组织是企业将各类经营性业务规模做大、做强的一种有效途径。

划分项目组织进一步将公司的经营管理责任、经营管理权力、经营收入分配，以授责、授权、授利的形式，下放给项目组织，形成有专门的组织和个人对项目组织的日常运营及最终成果负责，不仅为员工提供了一个创新、创业发展的平台，也为员工提供了自主经营、自我展示的机会，更为公司在错综复杂、竞争激烈的市场环境中创新了一种灵活变化的组织形式。

一、项目组织划分总体原则

为保证各项工作、各项业务划分成项目组织后能有效运作，企业在划分项目组织时应遵循以下原则：

（1）独立核算完成目标任务。

项目组织的日常工作能清单化，各项收入的获得、各项费用的支出均能清晰界定。

（2）项目组织自主经营管理。

项目组织能以独立经营核算的组织的形式存在，日常工作能较为独立的开展。

（3）项目组织负责人应具有的权利。

项目负责人拥有相对独立的人事权、财权和分配权。包括项目组织成员招聘、选拔、优化组合权，预算内财务开支权，项目组织成员薪酬分配权等。

（4）注重激发员工的激情和付出。

在推行项目制人单合一经营管理的工作过程中，必须强化公司文化理念的植入，经营好员工的思想，经营好人心，这是激发员工的激情和付出的基础。同时，还要明确公司与各个项目组织之间的利益分配结算标准以及项目组织与项目组织成员之间的利益分配结算标准，这样才能有效激发员工的工作积极性，为公司创造更大价值。

（5）通过专业化能够促进项目组织经营目标的实现。

项目组织经营和管理是一项系统工程，尤其是各类经营性业务的经营具有一定的专业性，应配备相应专业技能的员工去完成工作过程，才能达成最初设定的工作目标。

（6）所划分的项目组织经营单位应具备经营能力。

项目组织应能促进完成公司整体的经营目标，并能贯彻公司经营者的意志。

二、项目组织的类型

企业以项目组织形式创新经营体制和经营机制，在划分项目组织时，应主要依据本企业日常工作所服务的对象不同来划分项目组织。具体可以分为两大类型：

1. 外部经营性业务项目组织。是按外部经营性业务划分的项目组织，服务的对象主要是与公司有相关业务往来的各类外部客户。

指外部招投标的业务需要依据中标情况来确定项目是否存续并开展日常运营。判断项目是否为外部项目的一个重要依据为其服务对象是否为外部客户,项目运营是否产生经营收入。

外部业务经营项目分为两类,一是公司目前正在经营的业务,它是公司经营收入的主要来源;二是外部招投标立项业务,一般都依据目标客户的招标邀请函进行立项投标。如生产性企业,可以是一个车间、一条生产线、一道工序作为一个项目进行招投标;服务性企业或政府机关事业单位,可以是一个服务项目进行招投标;通讯企业、石油石化企业、邮政与快递企业等,可以是多个营业厅、多个加油站、多个段道或一个区域为一个项目进行招投标;销售行业,可以是多个销售渠道或一个销售区域作为一个项目进行招投标,等等,在此不一一列举。

企业在将现有经营业务划分为项目组织时,可划分为四种形态:

(1) 按行业客户群划分项目组织:将某行业的所有客户和业务划归为一个项目部,如通信行业项目部、物流行业项目部等。

(2) 按区域客户群划分项目组织:将这个区域的所有客户和业务都划归为一个区域项目部,如惠州项目部、广州项目部等。

(3) 按业务性质或业务规模划分项目组织:直接把某项业务归为一个项目部,如档案管理业务项目部等。

(4) 按公司已有客户的经营保底收入和利润率,以相对均衡的切割蛋糕分配法,划分为若干个项目组织,以使各个项目组织之间都处于相同的起跑线上开展竞争发展。

另外需注意的是,在按照上述原则划分项目组织后,如果出现项目组织的规模较大,或出于公司精益经营管理的需求,可以将上述划分项目组织的原则进行多种组合。比如,首先可以以行业作为划分依据,组成通信行业项目部、物流行业项目部等,然后在此基础上,再按区域进一步划小项目组织,如惠州通信行业项目部、广州通信行业项目部等。

案例:A公司是一家手机终端采购、销售及售后服务企业,该公司引入项目制人单合一管理模式,以销售人员为核心,成立多个区域型项目组组织,如表2-3所示:

表 2-3 多个区域型项目组组织

经营指标 \ 项目组	广州项目部	深圳项目部	粤东项目部	粤西项目部	粤北项目部
重点机型销量占比	70%	70%	60%	60%	60%
收入	35万	35万	15万	15万	15万
利润	10万	10万	5万	5万	5万

2. 公司内部职能工作和服务项目组织。是以公司内部职能工作为主体划分的项目组织，服务的对象主要是公司内部各部门或组织。

其指公司为推动或支撑外部业务经营项目部而开展的各项职能管理和服务工作，它的服务对象一般是公司内部的相关部门或组织，内部项目组织一般不直接产生经济收入价值，但它却是公司日常运营的重要组成部分，间接决定着公司外部业务经营项目能否有效成功实施。在划分项目组织时，主要依据其工作性质或服务内容的不同来划分。具体可分为两类。

（1）现有服务工作项目组织。其工作内容主要为外部项目提供服务，如某些软件服务公司的系统开发、系统测试工作，其最终的成果是为外部销售项目组织提供服务，通过产品的开发及维护为销售项目部提供可供销售的产品，销售的增加为公司创造业务收入。

（2）职能工作项目组织。职能工作主要指公司的职能管理工作，分为日常职能工作和临时性工作。日常职能工作，如经营计划管理、人力资源管理、行政事务管理、财务管理等。日常工作项目组织主要指各职能模块的日常工作以项目形式来开展和运行，如组织规模较小时，可将人事行政、财务设置成一个综合职能项目组织，以月度或季度来评价工作的好坏。临时性职能工作项目通常指上级领导临时督办的或本部门临时突发性的工作，如财务的内部审计项目、人力的校园招聘项目，等等。

案例 A：B 公司是一家大型医药生产企业，在生产的过程中产生的费用庞杂且巨大，为解决生产成本的控制问题，公司决定在生产过程引入项目制人单合一经营管理模式。其项目组织的划分步骤和方法如下：

第一，对该生产部门各环节按照分工承担的责任进行核算，如生产准备环节、生产制造环节、检查维修环节、技术与质量监督检测环节等，对每一个环节进行组织责任核算，列出每一个环节应完成的工作任务清单，作为人单合一结算的依据。

第二，按照年度、月度应完成的计划生产任务量，对生产现场各个环节应投入的制造费用进行逐项核算，再将费用分摊落实到各个责任环节，作为项目费用结算依据。

第三，项目组织的划分。生产制造部门项目组织的划分，可分为三种类型：①可按生产环节，将每一个生产环节划分为一个独立经营核算的项目组织；②可将每一个生产班作为一个独立经营核算的项目组织；③可采用生产班项目组与生产环节项目组相结合的经营形式，即将有的生产环节整合到生产班项目组，将不能整合到生产班的生产环节划分为独立经营核算项目组，如检查维修环节、技术与质量监督检测环节等。

第四，在项目组织的设置上，原则上一个分公司、一个分厂或一个车间应作为一个独立经营核算的项目部，在此基础上，再按生产环节或生产班划分为一个个独立经营核算的项目组。

第五，在经营预算、经营会计核算体制设置上，实行二级核算制，在公司制造费用总分类账户之下，按照分公司、分厂或车间设置一级明细账（车间预算、车间经营会计），再按照生产班项目组、生产环节项目组设置二级明细账（项目组预算、项目组经营会计）。所有生产费用支出必须在一级明细账和二级明细账中同时体现，一级明细账作为车间考核评价与公司结算依据，二级明细账作为各项目组考核评价与车间结算依据。这样就有利于车间和各项目组对投资成本进行精益经营管理。

第六，在经营预算管理上，首先由车间按公司下达的年度生产计划任务量，编制车间年度生产投资预算，再在年度生产投资预算基础上，按每月生产计划任务量编制月度生产投资预算；其次各项目组每月再按车间下达的生产计划任务量，编制项目组的生产费用预算，作为每月度的结算依据。

第七，在经营结算程序上，实行三级结算制。第一级结算，是车间同公司之间，按完成的生产量和预算进行结算；第二级结算，是各个项目组织同车间之间，按完成的生产量和预算进行结算；第三级结算，是各个项目组织同员工个人之间，按完成的生产量进行结算。

从前面的案例可以看出，公司的任何一个部门或更小一级的组织均可以进行项目划分，如一条生产线的各个环节、各个班组等。下面，我们再从三个不同行业企业中各选一个部门进行举例，让读者更进一步了解划分项目组织的方法。

案例B：

某品牌化妆品公司项目组织划分。

（1）从工作职能的角度划分为策划项目部、销售项目部、客户项目部、推广项目部、合约项目部。

（2）策划项目部主要负责制定品牌定位推广方案。根据项目部的分工，下设文案项目组和图案项目组。

（3）销售项目部主要依据产品推广方案进行化妆品销售工作。由于销售人员较多，可以内部再分成几个项目组。

（4）其他部门包括客户部、推广部等。由于其均有相对独立的一块工作职责，因此也可以划分成独立的项目组，自主经营。

案例C：

某服装生产公司项目组织划分。

（1）服装生产企业可依据生产工序不同划分项目组织，其基本工序包括：排料、裁剪、缝制、锁眼钉扣、整烫。

（2）每道工序均有其固定工作职能且能创造市场价值，因此，可以将每道工序划分为一个项目组织，内部定价后，每道工序之间可以进行交易以取得经营收入。

项目制的推行，在提高员工工作积极性的同时，也能为公司培养更多的管理型人才。

案例D：

某机车制造企业生产部门项目组织划分。

（1）机车制造业中包括四大工序，即冲压、焊装、涂装和总装。

（2）上述每道工序又可以进行细分。如冲压工序可以分成冲裁、弯曲、拉伸和局部成型四个小工序。涂装工序分成预处理、喷漆、烘干三个小工序。

（3）项目组织的划分。首先，按照基本工序将部门划分成四个大项目部。即冲压项目部、焊装项目部、涂装项目部和总装项目部。其次，再由各大项目部在内部将能独立完成工作并能创造价值的工序，进一步进行细分划分成一个个能独立经营核算的项目小组。如冲压项目部可下设冲裁项目组、弯曲项目组、拉伸项目组和局部成型项目组。

通过这种项目组织的划分，生产部门就形成了多个具有独立经营核算的项目组织，这样就可以在生产经营中充分发挥每个小团队的自主经营积极性和主动性，为公司创造更大的价值。

第四节　项目组织管理与经营目标设立

一、项目组织的管理机构

在企业推行项目组织和人单合一经营管理是一次组织进化和员工进化变革，涉及各部门利益的重新调整，也涉及经营思维、经营体制和传统工作方式、工作习惯的改变，是企业发展战略的重要组成部分。这项工作能否顺利推行落实到位，首先在于公司一把手的决心，因此要把这项工作作为一把手工程来抓。

为便于项目组织经营的各项工作的有序开展，达成既定的工作目标，公司需要明晰项目组织的行政管理和经营管理部门的职责，明确界定各相关部门之间对接事项的责任。鉴于此，项目组织的行政管理和经营管理可以由以下三个部门统筹。

（1）项目组织的设立、划分和项目组织负责人的配置由人力资源部门统筹；

（2）项目组织的经营计划和经营任务指标的完成由生产经营部门统筹；

（3）项目组织的经营预算、经营会计和经营结算由财务部门统筹。

（一）明确项目组织经营管理相关部门职责

1. 成立项目组织经营管理领导小组

在企业全面推行项目组织和人单合一经营管理是一项系统工程，涉及经营管理理念、经营管理体制、部门利益的调整等方方面面的工作。企业在推动这项变革初期，应成立一个专门的"项目组织管理领导小组"，对项目组织的立项、划分、评审、文化植入等日常工作进行指导和统筹管控。

领导小组成员组成如下。

组长：由公司总经理担任；

副组长：由主管人事工作和经营工作的副总经理担任；

成员：由各部门负责人和下属公司负责人员组成。

领导小组主要职责如下。

（1）项目组织经营计划及预算审批。对各个项目组织负责人提交的项目经营计划及预算进行审批。

（2）项目组织资源分配统筹。从公司层面对各个项目组织分配的人、财、物等资源进行统筹、调整，以使各个项目组织分配的资源相对均衡。

（3）项目组织经营监督。不定期参加各个项目组织召开的经营会议，掌控各个项目组织经营计划完成进度和经营会计执行情况，对经营工作进行会议指导，表扬先进，鞭策后进。

（4）项目组织经营指导。派人经常深入项目组织现场进行调研，帮助总结经验教训，协助项目组织负责人加强与客户沟通，解决经营疑难问题，对经营工作给予方向性指导。

（5）项目组织负责人任免考核。每半年对各个项目组织负责人和班组长进行一次考察，每年进行一次考核，确认各个项目组织负责人和班组长的胜任能力，为留任、调整、解聘、评选明星项目经理和明星班组长提出建议；对有潜质晋升项目组织负责人的班组长进行考评，并提出书面晋升建议。

（6）项目组织人员能力提升。第一，每年不少于两次，组织项目组织负责人参加"项目经理特训营"，进行经营管理理念和技能培训；第二，每年不少于三次，组织项目组织班组长参加"项目班组长特训营",进行现场经营管理技能培训;第三,组织项目组织员工参加当地各类专业技能培训和班组内培训,或组织开展项目组织与项目组织之间的交流研讨活动,不断提升项目组织人员的综合经营能力素质。

2. 项目组织管理办公室

项目组织管理办公室是项目组织领导小组日常行政工作的执行机构,通常设在公司的综合管理部门或人力资源部门。其主要职责如下。

(1)项目组织负责人选聘。招聘、选拔、考察项目组织负责人候选人,推荐给领导小组决策聘任。

(2)项目组织经营计划与财务预算管理。受理各项目组织年度、月度经营计划与财务预算的审核与批复,监督各项目组织做好经营会计,指导合理控制成本,确保经营收入利润最大化。

(3)项目组织负责人和班组长履职考核。每半年组织对各个项目组织负责人和班组长履职完成经营任务指标进度以及团队管理情况进行一次考察,帮助总结经验教训,给予工作指导,表扬先进,鞭策后进;每年度组织对各个项目组织负责人和班组长履职完成经营任务指标情况以及团队管理、客户维护情况进行一次考核(包括听取汇报、召开座谈会、个别访谈、问卷调查和客户拜访),为续聘、评选明星班组长、晋升等提出建议,供领导小组决策。

(4)项目组织领导小组会议管理。承办项目组织领导小组各类会议,包括项目组织设立评审会,项目组织经营计划会,项目组织负责人和班组长经验交流会,项目组织负责人和班组长述职汇报会,优秀项目经理和明星班组长评选会,项目组织负责人和班组长续聘、晋升、解聘人事任免会等。

(5)项目组织后勤保障支持。协调行政、人事、财务、招聘、客服、培训、网络科技等部门,为各个项目组织提供后勤保障支撑,包括经营计划、财务预算、经营会计、费用报销、人员招聘、工资发放、社保公积金缴纳、客户关系维护、劳保用品和辅助工具采购、经营管理软件平台使用和维护等。

3. 项目组织负责人职责

项目组织负责人是实施项目制人单合一经营管理的具体执行人,关乎项目组织经营和人单合一经营得失成败。其主要职责如下。

(1)经营计划与财务预算管理。依据客户或公司下达的年度、月度经营任务指标,组织班组长共同研究编制本项目组织年度、月度经营计划与财务预算,呈送项目组织管理办公室审批,按批准的经营计划和财务预算,编制每月经营会计报表,并组织班组长做好各班组经营会计报表,指导合理使用成本,确保经营收入利润最大化。

（2）项目经营计划与预算调整。因外部环境变化影响原经营计划任务不能按期完成时，应及时与客户沟通解决方案，并向公司领导申请调整经营计划与预算，在获得公司批复同意后，再组织班组长编制新的经营计划与预算，确保项目后期的有序推进。

（3）制定并执行人单合一结算标准。依据公司批复的经营计划和财务预算，组织班组长共同研究制定班组和个人年度、月度人单合一结算标准。第一，凡签订经营收入指标和利润率指标责任状的班组和个人，按经营收入指标和利润率指标完成率结算。第二，未签订经营收入指标和利润率指标责任状的，按工作清单完成量或业务量结算。凡是个人人单合一结算能按周、按日结算的，执行周薪、日薪制；不能按单个人结算的，按班组结算，每月结算一次。

（4）现场6S管理。（整理、整顿、清扫、清洁、素养、安全统称6S）按照6S管理要求，组织班组长共同制定本项目6S管理标准，张贴上墙。每天下班前组织班组长，对各班组、各岗位执行6S管理标准达标情况进行检查，对发现的问题，立即指导班组整改，减少资源浪费，杜绝意外事故发生。

（5）现场资源配置管理。第一，运用精益经营管理平台，做好员工考勤、排班、加班、交接班和巡查工作，科学合理调剂配置劳动力，减少时间、人力的浪费，提高有效工时和人均工作效率。第二，做好生产或服务需配置的辅助工具、安全防护用品、劳保用品的采购计划和出入库管理，合理配置保障使用，减少浪费。第三，依据公司批准用于员工激励的预算和公司结算奖励给项目组织的奖金，可依据班组和员工的贡献率分等级进行奖励，激励各班组和员工以更大的激情和付出经营自己的能力。

（6）优化组合项目组织团队。依据项目组织经营计划任务指标、财务预算以及生产或服务任务需要，科学设置班组和定岗定员，择优选拔推荐班组长，与班组长共同择优招聘各班组员工，组建一支讲团结、守纪律、重信用、能吃苦耐劳、有战斗力的项目组织团队。

（7）项目组织员工队伍能力培养。第一，以会带训，运用项目组织班组长会培养班组长的经营管理能力和带队伍的能力；第二，运用班组周会和月度会、班前班后会对项目组织成员的日常工作给予指导和帮助，培养和提升项目组织成员的专业能力。

（8）以客户为本，做好客户关系维护。在项目业务工作开展前后，应与客户相关部门保持有效的联系、沟通和交流，进行经常性的汇报（包括员工队伍建设情况、工作任务完成情况等），为当期项目业务的开展和未来项目业务的续单以及业务的发展，为获得客户的支持奠定坚实的基础。

4．项目组织主管或项目组织负责人助理职责

项目组织主管或项目组织负责人助理是在项目负责人的领导、指导下，协助项目组织负责人完成项目组织日常经营和管理工作。其具体职责如下：

（1）协助项目组织负责人组建项目组织团队，包括项目组织成员（班组长、劳务员工）招聘、选拔、优化组合；

（2）协助项目组织负责人编制年度、月度经营计划和经营预算；

（3）协助项目组织负责人编制经营会计报表，提醒项目负责人做好现金流回笼和合理使用成本；

（4）协助项目组织负责人做好员工队伍能力培养；

（5）协助项目组织负责人做好现场6S管理；

（6）协助项目组织负责人做好现场资源配置管理；

（7）协助项目组织负责人做好劳保用品、安全防护用品、生产工具、文体活动用品的采购和出入库的管理；

（8）协助项目组织负责人做好员工关爱活动和员工宿舍管理；

（9）协助项目组织负责人做好客户关系维护，与客户相关部门保持经常性沟通联系，为当期项目业务开展和未来业务发展奠定基础。

二、项目组织经营目标的确立

常言道："目标刻在岩石上，方法写在沙滩上。"项目组织经营目标，犹如一盏指路明灯，指引着项目组织前进的方向。项目组织一经公司批准成立，项目组织负责人就要同公司签订经营目标责任状，确立项目组织的经营目标，包括经营收入目标、利润率目标、工作任务目标、客户服务目标、业务发展目标、团队发展目标等。

（一）确定项目组织经营目标

项目组织经营目标，包括经济目标和非经济目标。

经济目标包括：经营收入指标、成本指标、利润率指标、现金回款率指标、产品市场占有率指标、产品市场增长率指标、客户成单数指标等。

非经济目标包括：客户满意度指标、客户保留数指标、新增客户数指标、客户流失数指标、工作清单指标、完成时间指标、员工学习成长指标等。

1. 制定经营目标原则

（1）目标明确原则。

制定经营目标，无论是经济目标，还是非经济目标，都必须用清晰、简洁的语言描述出当期应达成的具体目标，切忌目标描述模棱两可，这样才有利于项目组织在开展经营工作时，有具体努力的方向。

（2）目标量化原则。

制定经营目标，应尽量数字化、可视化，将年度、月度应完成的数量、质量、成本、时间、利润率等进行量化，而非用纯粹的语言进行阐述，这样才利于公司同项目组织和员工个人进行人单合一结算。

（3）目标可实现原则。

制定经营目标不能高不可攀，无论是经济目标，还是非经济目标，都应该是项目组织经过努力奋斗后可以实现的目标。因此，公司在同各个项目组织商讨制定经营目标时，一定要综合分析主客观条件，进行科学的测算，并将经分析、测算的预期目标下发各项目组织，由各个项目组织负责人组织全体成员进行充分说明、讨论、解释，形成相对一致意见后，公司才同项目组织负责人签订经营目标责任书。只有这样制定出来的经营目标才具有可操作性，员工也才更加愿意去努力达成。

（4）目标关联性原则。

通过项目组织划小经营单位，不是个人承包，不是独立王国，是公司将经营战略目标分解到各个项目组织去实现。因此，每个项目组织的经营目标都与公司的经营战略目标相关联，是公司经营战略目标的重要组成部分。每个项目组织都应站在公司战略发展的高度，去努力奋斗完成公司赋予的经营目标，甚至超额完成经营目标，为公司的战略发展贡献最大的努力。

（5）目标期限性原则。

项目组织经营目标应以年度为一个周期，每个自然年制定一次经营目标，签订一次经营目标责任书；临时性项目组织可依据工作任务量或服务期限，制定月度、季度、半年度或更长时间的经营目标，签订月度、季度、半年度或更长时间的经营目标责任书。

2. 制定经营目标流程

第一步，公司经营领导班子在来年初，组织召开公司班子经营工作扩大会议（扩大到各个项目组织负责人），总结、检讨上年度公司经营目标完成情况，讨论、研究、确定来年公司经营战略目标。

第二步，公司经营目标确定后，公司主管领导会同相关职能部门负责人，组织各个项目组织负责人召开经营分析会议，共同研讨每个项目组织本年度应实现的经营目标。包括：经营收入目标、成本控制目标、利润率目标、市场开发目标、客户开发目标、产品创新目标、客户满意度目标、员工学习成长目标，等等。

第三步，各个项目组织负责人依据公司初步确定的经营目标，组织本项目组织班组长或全体成员召开经营分析会，对公司确定的经营目标进行分析、测算、讨论。如同意公司确定的经营目标，会后由项目组织负责人书面向公司主管领导和相关部门呈报落实经营目标计划报表；如经营目标需要调整的，由项目组织负责人向公司经营领导班子书面呈报调整经营目标请示报告，并向公司主管领导口头陈述调整经营目标的理由。

第四步，各个项目组织的经营目标，经公司和项目组织协商最终确定后，公司择时召开全公司年度经营工作会议，在会上同各个项目组织负责人签订经营目标责任书。

第五步，各个项目组织负责人依据同公司签订的经营目标责任书，再次召开本项目组织班组长或全体成员会议，将经营目标分解落实到各班或各业务项目组。

3. 制定经营目标方法

由于各个项目组织所经营的客户类型、客户群体和业务类型差异很大，各个项目组织在与公司经营领导班子商讨确定经营目标前，应做好三件事：一是要依据本项目组织经营的业务所处行业和客户群体进行优劣势分析，知己知彼，才能百战不殆；二是在测算成本时，要以成本投资思维来确定成本经营目标。三是要站在公司战略发展的高度，将本项目组织的经营目标作为公司战略发展目标的重要支持点，所有经营目标之和应等于甚至高于公司总经营目标（即 $1+1 \geq 2$）。具体制定方法如下。

（1）进行充分的调查研究，测算出应完成的经营目标。各个项目组织在制订本项目组织的经营目标时，既要考虑外部环境对经营业务的影响，也要考虑本项目组织自身团队的战斗能力，做好两个分析研究，一要充分调查研究外部环境变化对所经营业务带来的机会与风险，再分析本项目组织所掌控的历史数据和可使用的资源，找到完成经营目标的思路、途径和措施；二要分析团队战斗能力，找出每个团队成员的优劣势，用其所长，以确定在多大的付出程度上能完成经营目标。这样就可以相对科学地得出本项目组织经过努力所能达到的经营目标。

（2）确定合适的经营目标值。包括营销产值目标值、经营收入目标值、合理使用成本目标值、现金流回笼目标值、利润率目标值以及客户保留目标值和应完成业务量等经营目标值。这些经营目标值的确定，可分以下四个步骤来测算确定。

第一步，各个项目组织可依据存量客户已经营的业务项目测算出保底经营收入，作为经营创收的基础（这个基础是建立在客户不流失的前提下）；或者依据合同约定的应完成的业务量标的，测算出每月应完成的业务量所获得的收入和利润率，然后再测算全年应完成的业务量所获得的收入和利润率，以确定全年的保底经营收入目标值。

第二步，在测算出全年保底经营收入目标值的基础上，依据对存量客户业务的分类分析，测算出需要开发多少新增业务创造多少新的经营收入，再在此基础上测算出需要开发多少新客户创造多少新的经营收入，以确定全年的新增经营收入目标值。

第三步，将保底经营收入目标值加新增经营收入目标值之和作为全年经营收入目标值。

第四步，依据全年经营收入目标值，测算出合理使用成本目标值、现金流回笼目标值、利润率目标值以及客户保留目标值和应完成业务量目标值等。

（3）做好上下级充分一致的沟通。项目组织的经营目标值的确定，要做好两个充分一致的沟通。

第一，项目组织要做好与公司领导班子充分一致的沟通。一方面作为公司层面不能单方面给项目组织下达经营目标，另一方面项目组织也不能单方面自己确定经营目标。项目组织与公司之间在确定经营目标时不能相互脱节、相互矛盾，要与公司的经营发展目标保持步调一致。

第二，项目组织负责人要做好与本项目组织内部充分一致的沟通。在内部沟通方式上，首先，要做好同班组长的沟通。一是要同班组长一起做好各个经营目标值的测算，算好每一笔账，使每个班组长都清晰知道本项目部的各项经营目标值；二是要将各项经营目标值分配到每个班组，使每个班组长都明确本班组的经营目标任务。其次，要做好同全体成员的沟通。一是要召开本项目组织全体成员动员大会，公布本项目组织和各班组年度应完成的各项经营目标值，进行思想动员和奋斗者宣誓；二是要分班组召开班务会，由班组长组织本班组全体成员对如何完成经营目标任务进行充分讨论、沟通，使每个员工都清晰知道本班组的各项经营目标值和自己的责任及义务。最终实现目标达成上下同欲，让每一位员工都成为自我经营、自我管理和自我发展的经营体。

表 2-4 至表 2-9 为项目组织经营目标值的示例，供参考。

表 2-4 总体经营目标指标

项目组名称：		项目经理：
2015 年项目收入：230 万	成本指标	毛利润率：
		风险金费用：
2016 年项目收入：240 万		项目人工成本：不超
		招待费：

表 2-5 财务指标

项目组名称：	项目经理：
关键指标	2015 年目标
收入	
毛利率	
净利润/净利润率	
应收账款	

表 2-6　财务指标细分

项目组名称：		项目经理：			
月份指标	1月	2月	3月	4月	……
收入					
毛利率					
净利润/净利润率					
应收账款					

表 2-7　客户指标

项目组名称：	项目经理：
关键指标	2015年目标
客户收入/收入增长率	
新业务收入占比	
注册用户数	
客户满意度	

表 2-8　客户指标细分

项目组名称：		项目经理：			
月份指标	1月	2月	3月	4月	……
客户收入/收入增长率					
新业务收入占比					
注册用户数					
客户满意度					

表 2-9　管理指标

项目组名称：	项目经理：
关键指标	2015年目标
员工培训时间	
制度执行差错次数	
成本费用节约率	
员工满意度	

（二）与项目组织负责人签订经营目标责任状

为使各个项目组织的经营目标有据可依，同时为了鞭策各个项目组织负责人去努力完成经营目标任务，项目组织负责人需与公司分管领导签订经营目标责任状，并报公司相关职能部门备案。

经营目标责任状的内容，既包括上述各项经营目标值，也包括员工分配结算等激励条款以及公司的一些其他行政管理要求等。具体拟订可根据各公司的实际需求来确定。

签订项目组织经营目标责任书，不但授予了各个项目组织负责人经营管理的责任和义务，使他们能独立自主去开展经营和管理，更有利于在公司内部逐步建立起项目制人单合一经营氛围和文化。

由于各个项目组织与公司之间不再是过去的口头承诺，而是书面约定，一张契约就是一份承诺，是诚信文化的具体体现，它使项目组织变成了全体员工名副其实的创业、创新平台。

以下为项目组织经营目标责任状示例，供参考。

某人力资源服务公司项目组织经营目标责任状

为使项目部（组）能独立自主开展经营和管理，提高项目部经营效益，确保项目部经营目标达成，根据《XX公司项目制经营改革实施办法》，经公司与项目部协商研究和测算，确定2016年度经营目标如下，现由公司分管领导与项目部经理签订《2016年度XX项目部经营目标责任状》，作为公司与项目部（组）人单合一经营结算依据，双方共同恪守。

1. 经营收入目标与结算标准

（1）项目部目前已经在服务的客户和业务，全年应完成保底经营收入____万元，应实现利润率____％；

（2）项目部应组织全体员工积极开拓新客户和新业务，应完成新增经营收入____万元，增值率为____％，应实现利润率____％；

（3）项目部实行按业务量单价结算的，全年应保质保量完成生产或服务业务量标的____件（箱、吨），完成经营收入____万元，应实现利润率____％；超额完成生产或服务业务量____件（箱、吨），增加经营收入____万元，实现利润率____％；

（4）项目部新开拓培训项目____个，培训人数____人，其中入职培训____人，完成经营收入____万元；技能提升培训____人，完成经营收入____万元；劳动法律讲座培训____人，完成经营收入____万元；企业内训____人，完成经营收入____万元；共计完成经营收入____万元，实现利润率____％；

（5）项目部销售人力资源服务软件平台经营指标，其中，应完成"中小企经营管理平台"销售____家，创收____万元，实现利润率____%；应完成"社保云"在线服务社保代理人数____人，实现现金流____万元，创收____万元；

（6）每月底经营收入应收账款现金回收率应达到____%以上；至年末12月31日止，应收账款现金回收率应达到____%以上。

2. 服务指标与结算标准

（1）项目部现已服务在册客户____家，客户流失率应控制在__%以内，客户保留率应达到____%以上；至年末应新增客户____家，共计应完成服务客户____家；

（2）项目部现已服务在册劳务派遣、劳动力服务外包和社保代理人数为____人，员工流失率应控制在____%以内；至年末应新增人数____人，共计应完成服务人数____人；

（3）客户投诉率应控制在____%以内，满意度应达到____%以上；员工投诉率应控制在____%以内，满意度应达到____%以上。

3. 管理指标与结算标准

（1）重大事项管理指标

①安全生产管理，有健全的安全生产制度和防范措施。每周、每月应召开一次安全工作会议，对执行安全生产制度和防范措施进行检查，发现漏洞及时整改，确保本项目部（组）无重大伤亡责任事故和经济损失。

②发生质量、安全事故时，应做好现场保护与抢救工作，及时上报组织，配合事故调查及后续处理。

③因项目经理管理不善、工作失职引起的伤亡责任事故与经济损失，按公司奖惩管理办法进行相应处罚。

（2）财务管理指标

①严格执行公司的成本核算规定和各项财务费用开支规定；

②根据与公司签订的应完成的经营收入指标，于年初做好全年经营预算上报公司分管领导和财务，然后再按照"以收定支"的成本核算规定，于每月底做好次月经营预算上报公司分管领导和财务，并严格按照经营预算完成每月经营收入和开支各项成本费用，以确保应完成的经营收入和利润率；

③每月初应及时准确向公司分管领导和财务上报经营会计报表和损益表，做到账表、账实相符，不得虚报、瞒报。

（3）行政管理指标

①运用公司品牌理念和利他思维开展各项业务经营，不得违法违规和损害他人利益而获得利益。

②合理安排经营计划，对计划开展的经营业务项目认真规划、预测和履行。

③主动并善于运用法律法规、政策和制度解决实际工作存在的问题，消除经营风险，做到无重大经营过失和经济损失的发生。

④贯彻执行公司和本项目部的各项规章制度，严格组织纪律，做到无重大违纪事件发生。

⑤服从公司的经营指导、管理和财务审计监督。

4. 人单合一经营结算标准

人单合一经营结算，应体现能激励项目部和全体员工自主经营、自我管理和自我发展。具体结算标准如下：

（1）与公司结算标准

①项目经理按应完成的总经营收入指标和利润率指标确定年薪，其中，完成保底收入和保底利润率占年薪的60%，完成新增经营收入和利润率占年薪的40%。

②项目经理年薪比例分配，基本年薪占60%，业绩年薪占40%。其中，基本年薪折算为12个月，按月结算；业绩年薪按年度结算。

③基本年薪的考核比例分配，其中，固定结算占70%，考核结算占30%；考核结算，包括应完成当月经营收入指标和管理指标结算。

④凡未完成当月经营收入指标。结算扣发的，如在次月补回的，可在次月结算时补发。

⑤凡未完成月度经营收入指标，结算扣发的，如在年底完成了总经营收入指标，可在年底结算业绩年薪时合并补发。

⑥项目部年底经营分红，按集团经营分红规定和公司的经营分红办法，参与公司的经营分红。以项目部上缴公司利润的贡献率确定分红额度。

（2）项目部与班组和员工的结算标准

班组长和员工按月或周结算劳动报酬。结算标准如下。

①凡能按业务量单价结算的，每月或每周，按班组或员工个人应完成的业务量和单价，以实际完成的业务量乘以单价进行结算；超额完成业务量的，每月底按超额完成量单价乘以实际完成的超额业务量进行结算。具体结算单价，由项目部测算确定。

②凡是不能按业务量单价结算的，可按以下三种标准进行劳动报酬结算。

第一，以经营收入指标作为结算标准的，按年度应完成的总经营收入指标为基数，参照项目经理的结算标准，确定岗位绩效工资，其中，基本工资占60%，业绩工资占40%。

第二，以服务量作为结算标准的，每月按应完成的服务量和单价进行结算；超额完成的服务量，按超额完成的服务量乘以超额单价进行结算。具体结算单价，由项目部测算确定。

第三，以工作量作为结算标准的，将每月应完成的基本工作列出制作成工作清单表，作为每月应完成的工作量，每月按应完成的工作量和单价进行结算；超额工作量，主要指项目经理临时安排的工作任务，按超额完成的工作量乘以超额单价进行结算。具体结算单价，由项目部测算确定。

5. 奖惩的标准及兑现

按《XX公司项目制经营改革实施办法》执行。

6. 责任状期限

本责任状有效期为2016年1月1日至2016年12月31日。

7. 责任书的变更、解除和终止

①责任书由双方协商一致变更，或岗位调整时变更。

②责任书在责任人中途发生不可抗力不能履行职责或辞职时解除。

③项目部经营收入连续6个月无增值，项目经理降薪或降职使用；连续8个月无增值，项目经理须自动让位，更换新的项目经理。

④责任书在责任期满，财务结算后自动终止。

8. 其他规定事项

按《XX公司项目制经营改革实施办法》执行。

9. 本责任状一式贰份

综合管理部、项目部经理各执一份。《XX公司项目制经营改革实施办法》为本责任状的附件。

公司负责人（签名）：　　　　　项目组负责人（签名）：
　　年　月　日　　　　　　　　　　年　月　日

三、确立项目组织经营思路及实施措施

项目组织确定了各项经营目标，就等于"目标刻在岩石上"，但如何去完成各项经营目标，就必须要有正确的经营思路和有效的实施措施才能达成目标。这就是思路决定出路的命题。

（一）确定项目组织经营思路

1. 确定业务经营方向

经营方向是每个项目组织的经营路线。路线决定经营成败。

每个项目组织所经营的业务，都有一定的独特性。因此，每个项目组织都要对自身

所经营的业务进行盘点,包括两个方面:

第一,存量客户业务类型盘点。一是要厘清本项目组织所服务的存量客户已经营了哪些业务,可以产生多少经营收入;二是要厘清每一家存量客户已经营哪些业务,有没有新的业务增值空间,能产生多少经营收入;三是要厘清现已经营的业务,有哪些业务有创新服务产品的增值空间,可以产生多少经营收入。比如原已做了劳务派遣业务,能否在此业务基础上增加入职外包服务和培训外包服务;再比如,原已做了劳动力服务外包,能否在此业务基础上增加绩效管理外包服务或转型为人力资源服务业务合作形式服务外包,以此明确存量客户经营业务的方向。

第二,确定新目标客户和新业务的开发方向。一是要结合本项目组织经营的业务,以原有的业务为导向分析当地市场。如果当地市场此类业务已经很成熟,就要制定相应的开发策略(包括公关策略和价格策略等),并锁定哪些行业、哪些类型企业作为重点开发和抢单的目标客户,以此确定新目标客户的经营方向。二是要结合集团总部和其他公司新开发的和已经营成熟的业务分析当地市场。如果当地市场此类业务尚处于培育、开拓期,如劳务承揽(人力资源服务业务合作伙伴)、档案外包、社保流程外包、健康服务外包等新兴业务,就要锁定哪些行业、哪些类型企业为目标客户,并制定相应的开发策略(包括商业模式、营销术语、公关策略和价格策略等),以此确定新业务目标客户的经营方向。

2. 以利他思维确定经营收入目标

项目组织在确定好经营方向后,就要确定经营收入目标。把"目标刻在岩石上"作为确定目标的原则。

项目经营收入目标的确定,要以自利思维为基础,以利他思维为支点,撬动客户的业务价值需求。比如说,在经济下行时期,在人工成本快速上涨时期,客户最大的价值需求是降低成本,在成本变动不大的情况下提高劳动生产率,用最小的经营成本投入获得更大、更快的业务发展。如果项目组织能以客户的这些价值需求去测算每一项业务经营所需要投入的各项成本,并以此为基础,再测算通过人工成本经营、员工劳动过程经营和员工劳动能力经营,从而得出可能获得的经营收入目标。只有这样的经营收入目标才是可实现的目标,也只有这样才能与客户建立起长久的业务经营合作。

3. 以投资思维合理使用成本

销售额最大化、费用最小化是项目组织经营的终极目标。项目组织经营的核心是独立经营核算。而实行独立经营核算的目的,就是为员工建立一个创业、创新平台。而人单合一经营的目的,就是以利他思维为员工创造一个相对公平的劳动报酬分配机制,让员工拥有自主经营自己的能力。所谓自主经营自己的能力,就是让员工用投资思维去做花钱的主。而员工经营的本事，最根本的体现就是花钱的本事，能够用最小的支出达到最大的收益，这才是经营的真本事。要具有这项真本事，就要防止两个思维误区：一是单纯为省钱而省钱，不花钱，但没有投入就没有产出；二是以为要实现最高收入，就要花很多的钱，不重视成本的控制。大家应该知道，收入额是与成本费用支出成正比的，并不是说花钱越多，收入就会越大；也不会收入越大，利润就越高。各个项目组织都要打破这种固定思维，一定要用投资思维去合理使用成本。要组织团队全体成员凝聚所有智慧，在想尽一切办法提高收入额的同时，最大限度地减少各项费用支出，把该花的钱花出去变成最大的收益，把不该花的钱省下来，利润就自然随之而来。因此，要用经营会计报表，让员工明确每一笔支出、每一笔盈利进账。

4. 以公司核心业务能力拓展新业务

项目组织是以公司为平台开展独立经营核算的，是公司业务划分的具体经营单元。每个项目组织都要清晰地知道公司的核心竞争优势是什么以及未来的业务增长点、发力点在哪里。然后，运用公司的品牌和竞争优势，再结合本项目组织的业务优势、团队优势去开拓新业务，这既是项目组织开展业务经营的基本原则，也是项目组织开拓新业务的有效途径。

（二）制定项目组织经营计划

项目组织经营计划是项目组织开展业务经营活动的行动纲领。项目组织为确保年度经营目标的实现，项目组织负责人应依据经营目标制定年度经营计划，然后再依据年度经营计划，每个月末再制定下一个月的有具体实施措施的月度经营计划。

1. 经营计划的修订

项目组织年度和月度经营计划编制完成后，项目组织负责人应组织班组长或全体成员召开经营计划研讨会，对经营计划进行充分讨论，集思广益对经营计划进行修订，将经营计划变成团队成员共同的行动纲领，上下同欲，以确保经营计划的完成。

2. 经营计划的报备审批

经营计划修订完善后，报公司主管领导和相关部门备案审批。

3. 经营计划的执行

年度和月度经营计划报公司审批通过后，项目组织应严格执行落实，每月初向公司经营班子汇报经营计划的完成情况，并报备下一月度经营计划。

4. 经营计划的调整

经营计划在执行过程中，当出现内外部环境的变化时，需要对经营计划进行调整，项目组织负责人可向公司主管领导和相关部门申请调整经营计划。申请调整经营计划应具备的客观条件：

（1）公司经营策略发生重大变化，致使公司需改变项目组织经营计划；

（2）同行业竞争对手的产品策略发生变化，致使公司需对项目组织经营计划做出调整；

（3）客户经营计划因受市场环境影响，致使不能兑现合同约定的标的，项目组织可向公司申请调整经营计划。

外部经营性项目组织在调整经营计划时，除需获得公司的批准外，还必须与客户进行沟通，征得客户同意，并将调整修订后的经营计划报公司主管领导和相关部门审批备案。

（三）制订项目组织经营实施措施

项目组织在经营过程中总会出现各式各样的问题。一方面，项目组织要提前制定好相关风险防范措施，以便在经营中做好管控。具体来说，项目组织负责人可通过月度计划分解，明确每周、每天工作的进度，通过工作颗粒度的细分预判可能出现的问题，将问题尽量解决在萌芽状态。另一方面，公司层面要组织各个项目组织定期和不定期召开各种经营分析会、研讨会和经验交流会，在总结前期工作成果、提出未来工作思路的基础上，针对每一个项目组织在经营工作中出现的问题，集思广益进行讨论、分析，为已经发生或潜在发生的问题，提供解决的思路和具体措施建议。

公司经营领导班子和各职能部门在监控各项目组织经营中，要及时指导各个项目组织做好经营计划执行情况分析，组织各个项目组织统一汇报交流，做好教练角色。

各个项目组织在经营中要以经营会计为中心，将月度经营计划导入 PDCA 循环，即计划（Plan）→实施（Do）→检查（Check）→处理（Act 或 Adjust）四个环节不断循环，不断分析项目组织经营现状，发现问题、找出原因、解决问题，为实现经营目标和提升经营业绩提供组织管理保障。

1. 召开业绩分析会

（1）公司经营领导班子应每个月定期组织各个项目组织召开一次业绩分析会。会议的主要步骤包括：总结上月的业绩→经营差异分析→业绩评价→改善课题整理→下月经营计划。每次业绩分析会，就是一次 PDCA 循环，这是业绩能够呈螺旋式循环改善的原因。同时，在业绩分析会过程中，还应组织各项目组织负责人开展经验交流与分享，以促进各个项目组织共同成长。

（2）各个项目组织应每周组织本项目团队召开一次业绩分析会，让每一个员工都参与到 PDCA 循环中来，形成日清月结工作模式，激发每个员工的潜能和智慧，从而实现项目组织业绩不断改进。

无论是公司，还是项目组织，每次召开业绩分析会，都要做好会议记录，作为制定业绩改进方案的依据。表 2 - 10 为会议记录表示例。

表 2 - 10　业绩分析会记录表

| 会议时间： |
| 会议地点： |
| 与会人员： |
| 记录整理： |
| 会议主题： |

一、会议主要内容

二、下一步工作安排

有条件的项目组织每天还可以召开晨会（下设班组的组织班组长参加），及时总结、分析昨天的经营情况，肯定成绩，表扬先进，检讨存在问题，公布当天的工作任务清单，日清日结，每天进步一点点，累积起来就是惊人的成就。

下设班组的，班组长还可以每天召开班会，对全班组当天完成的业绩进行分析，肯定成绩，表扬先进，检讨存在问题，公布明天的工作任务清单。在此基础上，还可以让员工分享自主经营的心得体会和经验，促使员工逐步锻炼成为成熟的经营者。

业绩分析会的核心，是围绕经营会计报表做差异分析。公司实施项目制人单合一经营的目的，就是用数据说话，这既是项目制人单合一经营的重要方法，也是项目组织经营的重要管理工具。运用经营会计报表做业绩差异分析，就是把经营会计报表中每一项计划完成数据与实际完成数据相对比，找到影响边界利益率下降的科目，从而得出未完成任务的主要差异项，进而对每一项业绩进行评价，找出下一步努力的方向。因此，只要项目经理把每月制定的经营计划按经营会计表科目编进经营会计报表中，就可以将经营计划落地，并有效地对业绩完成进度进行差异分析。

经营会计报表是项目组织经营的重要管理工具，公司经营领导班子尤其是分管领导要善于运用这个抓手，指导各个项目组织用经营会计报表做好经营管理活动。着重指导做好以下两件事：一是要把项目组织每月经营计划所涉及的主要活动，通过费用项目形式编进经营会计报表中，这是将经营计划转化为具体的数据项的过程，也是将经营计划落地的重要手段；二是要将经营中的变动费用项目进行详细的拆分，直到这些变动费用项目能够真正反映业绩经营活动为止。只有这样，项目组织经营才能够做到用数据说话，项目组织业绩才能得到真正提升,进而带动整个公司的业绩提升,并不断提高公司的整体经营水平。

2. 整理业绩改善措施

业绩分析是 PDCA 循环中的重要一环,是进行业绩改善的基础性工作。

业绩改善以收入最大化和利润最大化为目的。业绩改善,就是要调动全员参与经营改进提案,落实改进建议,提升经营能力,从而使收入最大化,并把总成本降下来,实现利润最大化。

各个项目组织在完成业绩差异分析之后,应针对存在问题提出业绩改进措施方案。改进措施方案整理出来后,阻碍业绩经营进步的因素就一目了然了。对于在当月不能即时解决的问题,公司主管领导应与项目经理沟通指明改进的方向,由项目经理自行组织制定、整理具体的改进措施。

在改进措施中,一些在本项目组织中不能解决的疑难问题,可在公司范围内集思广益,向别的项目组织求取真经。如果需要公司投入较多财力物力等资源,或涉及面较广需要公司调整、整合资源的,改进措施方案要上报公司一把手审批,以获得公司一把手的支持和解决。

以下是业绩改善提案表 2-11 示例,供参考。

表 2-11 业绩改善提案表

所在项目		提案人	
提案课题		提案时间	
现状描述	[定性] [定量]	改善计划	
预期结果		执行要点	
资源需求			

3. 实施业绩循环改进

业绩改进方案获得公司批准后,业绩改进开始进入循环。第一,项目经理要组织团队学习、讨论业绩改进方案,让团队全体成员理解、掌握各个需要改进的业绩项目,再把需要改进的业绩项目进行具体分工、责任到人,一些较大的业绩改进项目,要组织团队攻坚,重点突破。第二,业绩改进的实施进度和效果,既要在每周的项目组织例会和每天的班组晨会或晚会进行通报,肯定成绩,检讨不足,明确下一步改进措施,也要在每月公司业绩分析会上对业绩改进实施进度和效果进行总结汇报,检讨不足,以求得公司领导的指导、支持和其他项目组织的帮助。第三,对于业绩改进实施成功、有效的一些措施,项目经理应将其内容模块化、标准化,作为以后经营管理的工作规范;对于一些有特色的做法、经验和教训,还应整理成案例,作为培训教材向公司报备。第四,对于业绩改进实施效果不明显或失败的,则应进行讨论总结,分析原因,把教训也作为以后工作的参考。第五,对于那些没有解决的问题,则放到下一个 PDCA 循环,直到达到公司和项目组织的预定目标。

PDCA 循环业绩改进是一个精益求精的修炼过程。所有的员工都应以创业、创新、奋斗的工作态度和积极的工作行动参与到项目组织经营中去,这样每循环一次都会有螺旋上升,每一轮 PDCA 循环结束,都意味着公司、项目组织面临的一些问题得到解决。同时,项目经理要将上一轮遗留的问题进行整理,再提出新的业绩改进目标,进行下一轮 PDCA 循环。这样周而复始的循环改进,终能把公司、项目组织打造成一个卓越超群的公司和项目组织。

4. 项目组织经营调整

项目组织负责人在公司授责、授权、授利的规范下开展自主独立经营核算。在经营的过程中,当遇到内外部环境因素发生变化时,可根据本项目组织的实际情况,可向公司申请调整经营目标、经营计划、经营预算、经营方法和团队成员等。

公司经营领导班子亦可依据项目组织的实际情况变化,对项目组织的经营目标、经营预算、重大经营策略、项目组织结算标准、项目组织动态(即项目组织裂变、合并、终止)等进行调整。在做出调整决定前,应广泛调研、充分论证,依据论证做出调整决定。一般而言,项目组织经营目标和经营预算一经确定,就不宜经常有大的变动。

第五节　项目组织领导人选拔

俗话说"兵熊熊一个,将熊熊一窝"。项目组织经营的成败,关键在项目组织负责人。因此,开展项目组织经营前,公司人力资源部要组织选拔项目组织负责人,并协助搭建项目组织团队。

项目组织负责人一经公司聘任,就要全面履行项目组织经营管理的全部职责——人事权、财权、分配权，承担项目组织经营成败的全部责任。

一、项目组织负责人的确定

项目组织在依据业务、客户、区域等划分后，或在招投标中标后，公司就要确定或聘任各个项目组织的负责人，由组织负责人组织开展项目组织业务经营。

确定项目组织负责人操作流程：推举候选人→候选人填写报名登记表→候选人竞聘演讲→评审组评议打分→领导集体研究审定→试用期考核→公司发放聘书→签订目标责任状。

选拔项目组织负责人的核心步骤如下。

（一）推选候选人

公司可以根据自身实际，选择以下一种或几种方式相结合，推选候选人：

（1）项目组织内部民主选举；

（2）项目组织内部个人自荐；

（3）项目组织所在部门负责人推荐；

（4）公司人力资源部在公司内部招聘；

（5）公司高层领导推荐；

（6）外部公开招聘：在公司外部公开招聘，应聘人员自行报名。

案例：

某软件研发企业的项目经理职位可以由自荐或他荐提名的方式产生候选名单，随后公司层面组织候选人开展竞聘，最终确定上岗的项目经理人选。

（二）候选人竞聘演讲考核

1. 候选人竞聘演讲内容

个人基本情况介绍、业务能力优势、原有客户保底收入经营措施、原有业务经营增值思路与策略、新业务拓展方向（包括行业、目标客户）、团队成员责任分工、人单合一经营分配办法等。

2. 候选人竞聘演讲面试考核

由公司人力资源部牵头，公司组织面试考核小组，成员包括公司领导及各部门负责人。

面试考核小组全体成员全程参加候选人竞聘演讲，依据项目组织负人应具备的任职资格，对候选人的竞聘演讲进行面试考核，确定项目组织负责人选，然后上报公司领导班子研究决定聘任。

（三）试用期考核

项目组织负责人经公司聘任后，公司可按照每个项目组织的实际情况和项目负责人的能力，对每个项目负责人设定一至三个月不等的试用考察期，对项目组织负责人的胜任能力进行考核。具体考察方法和程序如下：

（1）项目组织负责人上任之后，公司人力资源部或公司分管领导应亲临项目组织向全体员工宣读项目组织负责人任职通知书和考察期限，并提出考察要求。

（2）考察期设定为一个月的，公司人力资源部应每周深入到项目组织中调研考察一次；考察期设定为两个月的，应不少于两周考察一次；考察期设定为三个月的，应不少于一个月考察一次。

（3）考察内容包括但不限于学习能力、编制经营计划能力、编制经营预算能力、编制经营会计报表能力、编制规章制度能力、表率力、影响力、执行力、谈判能力、沟通协调能力、组织召开会议能力、组织管理能力、经营业务能力、检查指导工作能力等。

（4）考察方法：①观察法，观察其表率力和影响力；②资料审核法，审核其编制经营计划、预算、会计报表和规章制度能力；③访谈法，通过拜访客户、员工个别谈话、召开班组会议，全面了解其谈判、沟通协调、组织管理和经营业务能力；④360度综合评估法，运用问卷调查表，组织上下游项目经理、班组长和全体员工以无记名填报方式，对其做出评估结论。

（5）对试用期考核不合格者，以公司名义下达解聘通知书；对试用期考核合格者，下达正式聘任通知书。

二、项目负责人能力素质要求

（一）项目负责人能力素质标准

每个项目组织的业务类型不同，对项目组织负责人的能力要求标准也会有所不同，但必须具有以下共性能力素质，包括但不限于忠诚度、成就欲、数字意识、学历知识、相关工作经验、相关业务知识、领导魅力、执行力、利他思维等。

项目组织负责人的能力素质应具有的核心共性能力：

（1）忠诚度。首先应基于公司的核心价值理念、经营哲学和经营模式来选拔项目组织负责人，凡是认同公司核心价值观和经营哲学的人才才能参与项目组织负责人竞聘，不认同的坚决不能使用。

（2）成就欲。项目组织经营需要具有强烈的成就动机。一方面应具有对高业绩的追求欲望，渴望将自己的团队往更高的业绩水平带领；另一方面应具有"自己职场靠自己去经营"的强烈意识,能够将自己真正作为经营实体的带头人,能够有效地带领员工按既定的目标进行努力。

(3) 数字意识。项目组织是企业内部一个个独立经营核算的经营实体,项目组织负责人需要具有强烈的"数字经营意识",将各项经营数据核算渗透到了日常的经营当中,用数字制定目标、编制预算、制作经营会计报表、管控成本、跟踪经营过程和反馈经营情况等。

(4) 相关经验。指在公司或行业中其他公司已具有的工作经验和相关业务经营经验。项目组织经营需要具有相关经验的人才,而不是一个没有专业经验的"空降兵",对于那些没有真正工作过、实践过的空降兵来说,很难在短时间内适应这种工作方式,他们不适合在这种组织形式中担任项目经理、班组长。

(5) 领导魅力。项目组织是企业内部的一级组织,需要带团队,需要经营和管理员工。单凭项目组织负责人一个人的雄心壮志是远远不够的,只有团结整个团队的力量才能完成既定的经营目标。因此,无论是项目经理,还是班组长都需要具有足够的领导魅力凝聚项目组织内所有员工,激励他们不断地努力工作,为共同的目标而付出智慧和汗水。

表 2-12 为项目负责人选拔标准示例。

表 2-12　某科技公司技术开发项目部项目负责人选拔标准

学历		本科及以上
专业		计算机,信息技术,软件工程等相关专业
工作经验		2 年以上 Java 开发经验
知识/专业技能		1. 熟练掌握软件开发所需的相关知识及软件技术,熟悉设计模式,对面向对象和模块化设计有深刻理解; 2. ①精通常用的开发软件:Eclipse、Power Designer、PL/SQL Developer 等;②熟练掌握 Spring、Struts、Hibernate 等 Java 技术框架;③熟悉 SQL、Oracle 语言,能编写复杂的 SQL 语句;④熟悉 jQuery 或 Ext 等 Js 框架,精通 AJAX,熟悉 DIV + CSS;⑤熟悉常用应用服务器:Tomcat、JBoss、Apache HTTP Server 等; 3. 能够熟练编写开发文档,具备一定的技术和需求文档编写能力
能力/素质	基本能力/素质	1. 成就导向;2. 忠诚度;3. 坚韧性;4. 沟通表达能力
	核心能力/素质	1. 逻辑思维能力;2. 分析判断能力;3. 计划能力;4. 统筹规划能力;5. 创新能力;6. 学习能力

能力素质要求具体描述如表 2-13 所示。

表 2-13 能力素质要求具体描述

能力/素质名称	能力/素质行为描述
成就导向	具有强烈的成就欲望,希望出色地完成企业和团队布置的任务,在工作中极力达到某种标准,愿意承担重要且具有挑战性的任务,不断地为自己设立更高的标准,在困难面前不认输,坚持不懈地追求事业上的进步
创新能力	运用新思想、新观念、新方法、新技巧、新发明解决问题、提高效率;能思考各种解决方案的优点,不固守已有模式,经常想到新点子,能够创造性地解决问题,或形成新的观点或主意、建议
逻辑思维能力	在问题思考和分析过程中,能够预见及寻找各种问题、因素或模块之间的相互关系,能够清楚各因素或模块之间信息传递的流程和过程,从而使各模块衔接顺畅、无矛盾
分析判断能力	能够通过归纳、演绎、推理等分析方法,将事物、现象、概念分门别类,离析出本质及其内在联系
计划能力	能够根据工作目标、任务要求及相关预测制定计划,设计有效完成某一任务所需要的活动、资源并能够合理配置;能够全面地制定工作计划,预测准确,能够对计划执行进行深入分析并及时进行调整
统筹规划能力	具有战略性眼光及远见,做事深谋远虑,能够对产品做出全面、长远规划;能够统筹调配各项资源,协调、兼顾各方工作
过程监控能力	能够从全局上把握工作进展状况,通过多种形式或管理体系来监控各方面的工作质量,能够预见并制定出工作重点发生转变时所应该采取的关键策略,并重新配置和协调各种资源以保证完成
沟通表达能力	沟通技巧高,具有较强的说服力、影响力、感染力;阐述问题时,条理清晰,能够抓住重点,让别人易于理解
团队精神	尊重团队成员,工作中能积极协调配合,在个人利益与团队利益出现冲突时,能优先考虑团队利益;能够与团队成员分享经验及相关资料
责任心	做事认真、细心、有耐心,对于枯燥的工作和细节问题,不怕麻烦,不敷衍了事;为保证在工作中不出现错误或失误,对自己和他人的工作进行反复地监督和检查

续上表

能力/素质名称	能力/素质行为描述
客户导向	以客户需求为导向，以提高客户满意度为目标，建立并维护与客户或潜在客户之间的良好关系；能够独立并清楚地了解客户提出的要求，并主动为客户提供服务内容；能就如何提高客户满意度提出可行性建议，发掘超出客户期望的服务机会
市场开拓能力	能与客户、行业协会及中间商建立良好的关系，保持密切的沟通，并具有一定的洞察力，能及时收集市场对产品的需求，提出产品改进建议；能够建立收集市场信息的机制或稳定的多种信息渠道，定期对市场信息进行分析和判断，对市场需求的变化保持高度敏感；善于捕捉或挖掘市场目前的机会，总是能够不断提供满足顾客需求或引导顾客需求的产品和服务，抢占市场先机
影响力	能够运用数据、事实等直接影响手段，或通过人际关系、个人魅力等间接策略来劝诱、说服、影响或感动他人，使其接受自己的观点或使其产生预想行为；善于换位思考，能够根据对方的关注点（如：兴趣、爱好、利益、声誉、顾虑等），把握恰当时机，灵活选择适合对方的说服影响方式，或调整影响的内容和形式
坚韧性	意志顽强，面对突发情况或强烈反对也毫不退缩和动摇；越挫越勇，在屡战屡败的情况下不放弃采取新的理念和方法去探索，以完成任务或达到目标
组织协调能力	善于组织策划各类活动、会议；能够协调活动实施过程中涉及的各方面关系，保持同各方面的良好沟通，及时解决冲突和矛盾，保证任务顺利开展；能够整体把握任务实施的进程，对容易出问题的工作环节重点关注，及时应对出现的各种障碍和问题
学习能力	具有很强的学习意愿和能力，能够迅速理解和吸收新产品的相关功能、知识和信息；善于总结成功和失败的经验
忠诚度	忠实于公司，愿意长期与公司共同发展；认同公司的核心价值观、企业文化、经营模式及经营哲学；能始终如一地遵从公司的政策和文化

（二）项目组织负责人能力素质的培养

无论企业身处哪个行业、哪个发展阶段，人才始终是企业发展的核心之一。在企业推行项目制人单合一经营管理机制，项目组织负责人是项目组织经营成败的关键。毛泽东曾经说过："正确的路线确定后，干部就是决定的因素"。可见，人才是事业成功的关键。人才从何处来？《基业长青》的作者经过十几年的调查研究发现，在美国，能从优秀做到卓越的企业，80%以上的中高层干部都是自己培养出来的。这就告诉我们做企业一个最基本的理念：人才光靠空降不行，人才要靠企业自己培养。因此，我们不光要有正确的人才管理理念，还要有一整套科学的人才培养方法和规划，以此为企业的持续发展培养更多的项目组织经营管理人才。

以下是项目组织负责人培养方法。

1. 明确项目组织负责人培养目标及标准

项目组织负责人包括项目经理、项目经理助理、项目主管、班组长。

由于每个企业所处的行业不同,经营的业务也不同,因此,对项目组织负责人的培养,每个企业都应结合自身所处的行业和经营的业务制定一套培养的目标和标准,这样培养出来的项目组织负责人才能适合企业的实际需要。

2. 项目组织负责人的能力素质培养

项目组织负责人的能力素质培养包括三个组成部分:通用能力、业务经营能力和实践能力。

(1) 通用能力包括但不限于学习能力、编制经营计划能力、编制经营预算能力、编制经营会计报表能力、编制规章制度能力、表率力、影响力、执行力、谈判能力、沟通协调能力、组织召开会议能力、组织管理能力、检查指导工作能力等。

这部分能力主要通过培训、训练来提升。

(2) 业务经营能力包括业务熟悉度、业务操作流程标准、机器设备操作规程、现场管理、安全管理、业务经营管理等。

这部分能力也主要通过培训、训练来提升。

(3) 实践能力包括:通用能力的实践和业务经营能力的实践。

有道是"干部是折腾出来的""实践出真知"。对项目组织负责人能力素质的培养,除了进行系统的培训、训练外,还应给予项目组织负责人实践学习的机会。

对项目组织负责人实践能力的培养,主要包括三个方面。

(1) 容错机制。指允许项目组织负责人在工作实践中犯错误的一种干部培养形式。干部是折腾出来的,公司领导人要有海纳百川的胸怀,要像大海一样,无论是江河大川,还是涓涓溪流,都接纳它们。对项目组织负责人在工作实践中发生的失误,不能一出现就横加指责,要帮助他(她)分析失误的原因,总结经验教训,鼓励再战。

(2) 指导机制。指公司领导人应经常定期和不定期深入项目组织进行调研指导活动。项目组织经营和人单合一结算,是一种新的组织经营形式和劳动报酬分配形式,而不同的业务、不同的客户会有不同的价值需求,这就需要项目组织负责人在实践中不断创新、不断总结经验教训来提升经营管理能力,以满足客户和员工的价值需求。而在这些实践创新的过程中,一些项目组织负责人有可能受知识、阅历、经验、资源和能力的局限,往往满足不了客户和员工的价值需求,这就需要公司领导人经常定期和不定期深入项目组织进行调研,在资源上、思维方式上指导项目组织负责人创新商业模式、服务模式和员工管理方式,帮助项目组织负责人提高经营艺术和管理水平,以满足客户和员工持续不断的增值价值需求。

③规范做事机制。指公司在经营计划、经营预算、经营会计、现场管理、安全管理、业务管理、员工劳动过程管理和人单合一结算原则、结算方式等基础管理工具上,应尽量做到标准化、流程化和表格化,以满足项目组织负责人基础管理的需求,为项目组织负责人在基础管理上节约时间,降低试错成本,提高经营管理的正确性。这就要求公司要应用好互联网技术,把这些基础管理工具整合、分类、连接、汇集到一个专业的平台上,方便项目组织负责人和员工能按规矩做好日常的经营管理活动,减少经营管理失误。

3. 用企业文化培养项目组织负责人忠诚度

培养项目组织负责人的忠诚度,除了利益捆绑、能力培养和铁的纪律保障外,还有一项很关键的工作,就是文化陶冶。俗话说"经营人心",讲的就是文化植入,讲的就是用企业文化培养项目组织负责人对企业的忠诚度。

在企业,以项目组织形式作为一个独立经营核算的经营实体,不是个人承包,也不是小组承包,更不是独立于公司之外的经济组织,而只是在公司内部赋予独立经营核算的一个经营体。但是,在推行项目组织经营的实践过程中,有许多项目组织负责人往往会在思想上把"独立经营核算"认为是承包经营,这就很容易把项目组织经营做成一种追求短期利益的承包性组织。因此,加强项目组织文化建设,用企业文化培养项目组织负责人的忠诚度,是保障项目组织经营走上健康发展之路的一项至关重要的工作。

而要用企业文化培养项目组织负责人的忠诚度,在项目组织的企业文化建设上,必须同集团或公司的企业文化一脉相承,用集团或公司的使命、宗旨、理念、核心价值观和经营哲学等文化要素,作为项目组织的核心文化。在此基础上,项目组织才能够去构建自己的小团队文化。以公司文化和团队文化引领项目组织走向符合公司战略发展的自我经营、自我管理和自我发展之路。

4. 建立项目组织负责人跨部门的交流机制

轮岗是企业培养中高层经营管理者及复合型人才的一种常见方式。项目组织负责人通过轮岗,一方面能接触、熟悉多方面业务,锻炼、提升经营多元业务的能力;另一方面,在处理问题时能站在多个角度去思考问题,这样形成的解决方案也是最有效的实施方案。

5. 让项目组织负责人多参加公司经营会议

项目组织负责人通过参加公司经营会议,一方面能亲身参与到公司日常运营决策当中;另一方面,可以转变他们的视角和思维,提升其决策判断、环境分析等多方面的能力。

第三章 项目组织的预算、结算管理

第一节 预算前的业务经营盈亏测算

一、业务经营盈亏测算的必要

追求盈利，实现利润最大化，是每个经济组织的终极目标。在企业推行项目组织和人单合一经营管理，就是通过划小经营单位实行独立经营核算，从而调动项目组织负责人和全体员工的增收节支、合理使用成本的主观能动性，最终实现收入和利润最大化。因此，项目组织负责人要想达成此目标，必须做好以下四项最基本的经营工作：一是在编制项目组织经营预算前，必须对本项目组织所有已经在经营的业务和预期将要开发经营的业务，进行盈亏平衡点测算，这是项目组织做好经营预算的基础，也是下一步做好项目组织经营的"底子"；二是要在做好所经营业务盈亏测算的基础上，编制好本项目组织的年度经营预算，然后再在年度经营预算的基础上编制好每个月度的经营预算，其中包括经营收入预算、合理使用成本预算和利润率预算，这是项目组织实施经营会计管理的基础；三是要编制好每个月的经营会计报表，把每个月的经营计划和经营预算，形成经营会计报表科目，使整个经营计划和经营预算数字化、透明化，这是落实经营收入计划、合理使用成本和实现利润最大化的保障；四是要做好项目组织的经营结算，其中包括项目组织同客户的结算、同公司的结算、同班组或员工个人的结算，这是保障项目组织团队能否充满激情和付出的根本。

而要做好这四项基本经营工作，首先应做好本项目组织每一项业务经营盈亏平衡点的测算，只有弄清楚了每项业务的盈亏平衡点，才能够知道本项目组织能不能赚到钱，能赚多少钱。

业务经营盈亏平衡点测算，也叫业务利润空间测算，在具体测算时，又称零利润点测算、保本点测算。指当业务量的全部销售收入等于全部成本时，达到盈亏平衡点，当收入高于盈亏平衡点时为盈利，反之，就是亏损。

在测算盈亏平衡点时，通常的做法是以零利润作为假设前提，先了解并分析成本要素的习性，然后再结合现场调研的数据进行测算，最后再加上对业务经营预期的利润，即可作为经营收入预算的基础数据。

二、业务经营中可能产生的各类成本

通常,成本可划分为三大类:一类是不随业务量变化的固定成本;一类是随业务量变化的变动成本;还有一类是介于固定成本和变动成本之间的,因变量变动而变动但不成正相关的混合成本。

(一) 固定成本

固定成本是指成本总额在一定时期和一定业务量范围内,不受业务量增减变动影响而保持不变的成本。比如:人工成本(底薪、社保费、住房公积金、津贴补贴)、税费、办公场地、桌椅、设备、应耗原材料、应耗劳保用品、宿舍等。

一般来说,固定成本的发生有以下两种情况。

1. 约束性固定成本

为维持企业提供产品和服务的经营能力而必须开支的成本,如厂房和机器设备的折旧、财产税、房屋租金、员工和管理人员的工资等。由于这类成本与维持企业的经营能力相关联,也称为经营能力成本。这类成本的数额一经确定,不能轻易加以改变,因而具有相当程度的约束性。

2. 酌量性固定成本

在会计年度开始前,根据经营、财力等情况确定的计划期间的预算额而形成的固定成本,如新产品开发费、广告费、职工培训费等。由于这类成本的预算数是在预算期内的一种预算成本,企业可以根据具体情况的变化,调整不同预算期的预算数,所以也称可调整性固定成本。这类成本的数额不具有约束性,可以斟酌不同的情况加以确定。

因此,固定成本总额只有在一定时期和一定业务量范围内才是固定的,即固定成本的固定性是有条件的,即当业务量的变动超过这个条件范围,固定成本也会发生变动。

(二) 变动成本

变动成本是指在特定的业务量范围内其总额随业务量变动而成正相关变动的成本。这类成本直接受业务量的影响,两者保持正相关,比例系数稳定。比如:绩效工资、劳保用品等。

一般来说,变动成本的发生也有以下两种情况:

1. 技术变动成本

技术变动成本是由技术或实物关系决定的,与业务量有明确的技术或实物关系的变动成本。比如,由于工艺流程的要求,在工作过程中必须使用到剪刀和胶布,并且使用数量还随业务量的变化而变化,那么它们就属于技术变动成本。

2. 酌量性变动成本

酌量性变动成本是指单位成本的发生额是由管理人员决定的,可以通过管理决策行动改变的变动成本。如按产量计酬的工人薪金、按销售收入的一定比例计算的销售佣金，通过不同的采购渠道和不同供货单位选择的物料都属于酌量性变动成本。

（三）混合成本

混合成本是除固定成本和变动成本之外的，介于两者之间的成本，它们因产量变动而变动，但不成正相关。一般来说，混合成本分为三个主要类别。

1. 半变动成本

半变动成本是指在初始基数的基础上随业务量增长成正比例增长的成本。这类成本的特点：通常有一个初始基数，一般不随业务量变化，相当于固定成本；但在这个初始基数上，当成本总额随着业务量变化而成正相关增长时，它又相当于变动成本。将这两部分成本混合在一起，就构成半变动成本。如固定电话的话费，就是典型的半变动成本，不论你使用还是不使用，最低消费额始终会扣取，相当于半变动成本的固定成本部分，而套餐外的电话费按每分钟多少元计算，那么这部分的成本就是随业务量变化成正相关增长的变动成本。图3-1为半变动成本示意图。

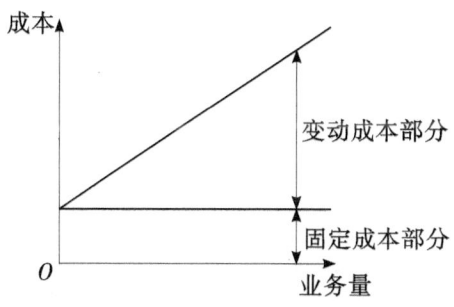

图3-1 半变动成本

2. 阶梯式成本

阶梯式成本是指成本总额随业务量增长呈阶梯式增长的成本。这类成本在一定业务量范围内发生额不变，但当业务量增长超过一定限度，其发生额就会突然跳跃到一个新的水平，然后，在业务量增长的一定限度内其发生额又保持不变，直到另一个新的跳跃为止。如劳保用品的采购成本就是最典型的阶梯成本，图3-2为阶梯

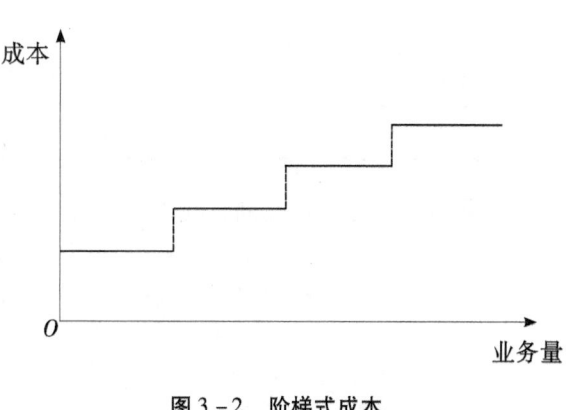

图3-2 阶梯式成本

式成本示意图。

3. 延期变动成本

延期变动成本，是指在一定产量范围内总额保持稳定，超过特定产量则开始随产量比例增长的成本。比较典型的例子是：当企业职工的工资实行计时工资制时，其支付给职工的正常工作时间内的工资总额是固定不变的；但当职工的工作时间超过了正常水平，企业需按规定支付加班工资，且加班工资的大小与加班时间的长短存在着某种比例关系，就形成了延期变动成本。图3-3为延期变动成本示意图。

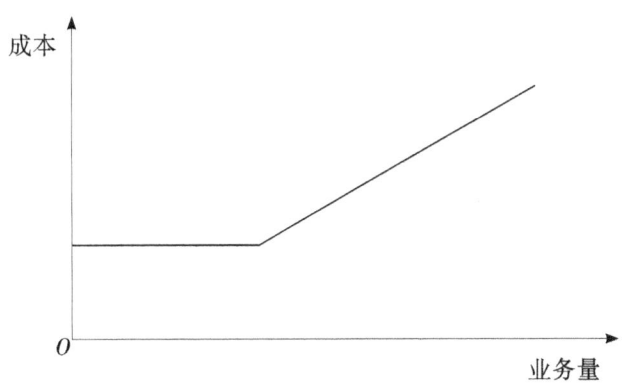

图3-3 延期变动成本

以下是常见的成本分类。

表3-1 成本习性分类表

成本习性分类	常见成本
固定成本	底薪、年工资增长额、社保费及社保年增长额、公积金、岗位补贴、体检费、培训费、办公桌椅、办公用品、招聘费用、管理成本、残保金、关系维护费用
变动成本	绩效、奖金、加班费、税金
混合成本	生产工具及设备、打印机、劳保用品、生产维护维修费

需要注意的是，以上列举的成本习性分类并不是固定的，会随所经营的业务不同而改变。比如保洁业务，扫地用的扫帚是属生产必备工具，归为混合成本，而在普通的其他服务型项目中，它仅仅是一个清洁办公环境的用品，可归属为固定成本。

三、业务经营盈亏平衡点计算方法

在测算所经营的业务是否盈利时,计算盈亏平衡点的方法有如下几种。

1. 测算业务经营盈亏平衡点的最低单价

例如,某投递业务的固定成本为月均 10 万元,预期目标利润为每月 2 万元,投递业务量每月平均为 15 万件,变动成本为 45 万元。

盈亏平衡点单价 =(固定成本 + 变动成本 + 目标利润)÷ 业务量

即 (100 000 + 450 000 + 20 000)/150 000 = 3.8(元)

确定最低单价的条件之一:企业的产量(即只能达到此产量);条件之二:需要多少利润才能维持运转。

2. 测算业务经营盈亏平衡点的保本产量

盈亏平衡点 = 固定成本 ÷(产品单价 − 单位变动成本)

在上例中,单位变动成本 = 变动成本 ÷ 业务量 = 450 000 ÷ 150 000 = 3(元/件)

盈亏平衡点 = 100 000/(5 − 3) = 50 000(件)

说明只有产量高于 50 000 件才盈利,低于这个数量就亏本。

3. 分析找出固定成本与变动成本,计算盈亏平衡点

收入 −(固定成本 + 变动成本)= 利润,计算盈亏平衡点就是利润为零的时候,变动成本 = 收入 − 固定成本。

四、各类成本测算方法

测算各项成本费用时应注意两项基本原则:一是在按业务量单价测算成本时,要以"市场化"为原则;二是在按工作内容、工作清单测算成本细项时,要以"实际发生"为原则。

以下为各种成本测算方法。

1. 直接成本费用测算

直接成本包括业务经营的人工成本、辅助材料成本、劳保用品成本、安全防护设备成本、机器设备成本、原材料成本等。

直接成本费用项是按照企业可控方式进行分解而来的,包括除管理费、利润及风险金外的所有人工、材料、机器设备费用等。

在按照企业可控为原则进行直接成本费用项分解时,要注意不要分解得太细,造成内容项太多不易测算和进行市场询价,也不要分解得太粗,造成成本费用测算精度不高,

一定要把握在一个能够较精准测算的尺度为原则。

下面以某个制造车间生产线的业务经营所形成的直接成本费用测算分解项为范例，提供给大家作为参考：

(1) 人工成本（含工资、社保、公积金、加班费等）；
(2) 福利（含餐补、岗位补贴、高温津贴、商业保险等）；
(3) 辅助工具（主要包括包装胶袋、剪刀、笔、运输工具等）；
(4) 安全工具（包括劳动手套、工衣、工帽等）；
(5) 培训费（包括教材费、师资费、场地费、班务管理费等）；
(6) 租赁、交通、通信费（包括员工宿舍租房费用、交通费用、通信费用等）；
(7) 现场管理经费。

在进行直接成本测算时，一般应按照材料设备采购、自施、租赁等方式，对各个分解项目的细项进行测算。首先，按询价方式掌握价格；其次，计算各项业务量（或依据招标方提供的业务量清单中的业务量），按业务量计算各项成本费用。

2. 业务现场管理费用测算

这项费用的测算一般采用实物量法，主要根据业务经营规模和业务量配置现场管理人员以及企业历史的经验数据进行确定。

3. 企业管理费测算

这项费用测算，按企业内部规定确定，一般按系数法计取。

4. 业务经营风险金测算

这项费用测算，应在充分分析原有工伤事故发生率、意外事故发生率、机器设备损耗率、员工流失率带来的经济补偿金等原始资料的基础上，再加上经营风险机制，以求得风险金数据。

第二节 项目组织经营预算方法

各个项目组织在做好所经营的全部业务盈亏测算的基础上，紧接着就要编制本项目组织年度经营预算，并以此作为编制月度经营预算的依据。

项目组织的经营预算是整个团队应完成的全年经营任务的预算。包括应完成的经营收入指标、应合理使用的成本和应实现的利润率等经营指标的预算。因此，要比做业务经营盈亏测算时做得更精细更精确。为此，在做预算时，一方面，应依据业务合作的合同周期长短，对业务收入、业务成本和业务利润进行预算。业务合作周期以季度、半年度、年度为期限的，在做好季度、半年度、年度总预算外，还应做好每月度分预算，以实现业务经营利润最大化。另一方面，在按业务合作周期做好各项业务经营预算的基础上，还要把原来投标报价时的一些固定成本，运用精益经营思维，将其中的一部分成本转化为可变成本预算，然后再将可变成本，运用精益管理方法进行经营，把减少的成本转化为收入或利润。

一、编制经营预算的两种方法

第一种是精准预估法。即深入业务经营管理的现场实地蹲点调研，详细地记录在业务经营中所有会发生的成本费用，包括员工人数的配置、员工劳动动作的规范性、各项易耗品采购供应商的选择、业务经营风险的评估等，然后以记录的原始成本数据为基础进行精细计算，推算出预算。

第二种是反推算法。即根据客户的原始业务量数据和自身的资源进行反推，看通过调动自身的资源能否超出该业务量，再计算出各项成本的预算。

二、确定部分成本项目的预算定额

比如原材料、辅助材料、生产工具、劳保用品的采购，工作服的制作等项目，都可以通过统一规模采购，利用规模效应来降低采购成本，以获得这些成本的预算定额。以工服制作为例，可与长期合作的服装供应商签订工衣定制协议，然后结合规模化效应，让制作工衣的单价降下来，该单价就是工衣的预算定额，假如定制 500 套以上，为 100 元/套，定制 1000 套以上，为 90 元/套。

三、将投标测算中一些固定成本项目转化为可变成本

经营预算是以自身应完成的经营收入和利润率作为基数去推算可使用的合理成本，这就要求所有的项目组织负责人都要用成本投资和减少浪费的理念去做预算。

在项目组织经营中，任何一项业务经营所产生的成本，其实都是一项投资，这就必须用最小的投资获取最大效益的理念去做成本预算。因此，在做经营预算时要对每一项实际产生的成本都要按"成本底价"去做预算，宜精不宜粗，这样才能获得最大的利润空间。

按照以上经营预算理念，从经营实践看，有以下固定成本项目应转化为可变成本。

（1）员工工资预算：通过运用互联网科学排班、劳动力调配、严格考勤提高员工有效工时，精益用工人数，减员增效，减少人工成本。比如保安项目，客户给的标的是

12人的岗位工作，但是通过精益科学排班，实际只需要10个人就能完成12人的岗位工作。那么在做预算时，我们只需要做10个人的成本预算。

（2）员工社保预算：一是在一些适合"4050"人员工作的岗位，可聘用"4050"城镇失业人员工作，以获得政府社保补贴；二是在一些适合35岁以上农民工工作的岗位，可招聘35岁以上农民工来工作，激励他们回乡缴纳城乡居民保险，以减少社保费用支出。

（3）经济补偿金预算：可通过在本地区相同项目组织之间劳动力的流转，以减少经济补偿金的支出。

（4）工伤与意外事故风险金预算：通过安全会议、安全设施设备管理、安全提醒和安全巡查，减少的工伤与意外事故费用支出。

（5）项目组织经营管理成本预算：一是通过减少层级，控制管理职位和职数，减少管理人员成本；二是通过充分发挥班组长骨干作用，如通过采用班组长津贴补贴办法，把班组长当主管或工段长使用，由班组长直接管理生产或服务过程，减少管理层级，减少管理成本；三是可通过人单合一经营结算方法，按业务量单价、工作清单单价与员工结算工资，有条件的还可以按周结算工资，使劳动报酬分配、奖惩透明化，以激发员工人人参与经营、人人参与管理的激情和付出，提高劳动生产率和人均效益，增加经营收益。

四、经营成本预算应注意的要点

（一）人工成本预算

人工成本预算，包括支付给职工的工资性报酬和福利性供给。这两项成本是项目组织经营中最大的成本，也是项目组织经营预算中最重要组成部分。

如何有效地控制人工成本预算总额，把人工成本预算做精细化？可以从以下方面深挖潜力，以减少人工成本支出。

（1）从精益劳动力配置角度，减少人力浪费，以实现减少人工成本支出。在项目组织的各项业务运营中，一是可通过精益考勤和加班管理，科学安排员工的工作，提高员工出勤率，减少人力浪费；二是可通过精益排班，提高员工的有效工时和工作量，实现优化人工成本预算的开支。例如安保业务，可以通过科学精益排班，灵活机动安排岗哨，降低员工的单位时间成本，从而提高业务的整体利润。

（2）在用工模式上，可采用正式员工、临时工、实习生、"4050"人员、退休返聘人员等混合制灵活用工模式，通过工资差异、社保差异支出，直接降低业务经营的人工成本预算。例如物流的分拣、搬运、包装，电信呼叫，互联网营销，促销，档案录入等业务，就可以普遍采用长期雇佣与短期雇佣相结合的灵活用工方式，当业务量大时，就可以雇佣临时工参与简单的工作，以业务量单价计算劳动报酬；当业务量少时，则可以安排正式员工补休。通过这种用工方式，不但保证了人员来源的稳定性，而且减少了业务的招聘成本和固定人工成本。再比如，在流水线操作岗位可以大量雇佣城镇户籍"4050"人员，这部分人员不但很稳定，而且在社保缴纳上可以享受政府的政策补贴；还比如电子制造业、档案录入业务、各类呼叫中心等岗位适合年轻人工作，这些岗位在配置好一定比例技术骨干的基础上，还可使用一定比例的在校实习生、勤工俭学人员或其他年轻的兼职人员，这样既降低了工资支出，又减少了社保费、公积金支出。

（3）在一些能按业务量单价结算劳动报酬的业务中，应尽可能地改变原来的工资结构，将工资结构中的部分固定成本转变为随业务量而变化的变动薪酬，即当业务量上涨时，虽然工资总额有所增加，但其增长幅度与业务量的增长幅度是相当的或较低的；当业务量下降时，其下降幅度也会随之变动。

对于采用固定总价外包和按工时计价的业务，则可以通过锁定人工成本总额或每小时的单价，从整体上把控人工成本总额。

（4）补贴成本预算中需要注意的是节假日补贴，如国家规定的法定节假日，要求加班的，需发放三倍工资。这部分成本在法律法规上虽有强制性要求，但如果改变计薪模式，将固定工资改为按业务量单价计酬，就可以把这类加班工资变为计件工资。在实际操作时，可由项目组织灵活安排，这样既节省了成本，又有效规避了相关法律风险。

如餐费补贴，在项目组织实际运营中并非必须按人头发放，可寻找既安全又廉价的供餐方案，比如员工集中订餐或包餐，不但节约了成本，而且还体现了对员工的关怀。

如交通补贴，可以采用提供交通充值卡等方式进行成本控制。

（5）对于一些可替代性较强的工作岗位，如果聘用的员工外地人居多，那么解决住房问题就成了留住员工的重要福利之一。当采取集中租房管理时，则需要预防房东突然违约收回房屋的风险，因此在签署房屋租赁合同时，应在协议内列明相应的条款以防止此类事件的发生。

（6）社保虽然属于项目组织经营中必须开支的成本，但在实际操作时也可结合一些政策进行灵活变通。

（二）固定资产成本预算

在项目组织运营中需要投入的固定资产，如电子设备，应将其成本分摊到合同服务期内的每一个月中，如服务周期大于电子设备的使用寿命，还应在测算前计算需要购置的电子设备的数量。

对于其他固定资产的投入，在预算时也应预估每周期的摊销金额。除了考虑常规的单价数量外，还需要考虑其净残值及折旧年限。一般净残值为5%。折旧年限可参照税法规定，具体如下：

（1）房屋、建筑物，为20年；

（2）飞机、火车、轮船、机器、机械和其他生产设备，为10年；

（3）与生产经营活动有关的器具、工具、家具等，为5年；

（4）飞机、火车、轮船以外的运输工具，为4年；

（5）电子设备，为3年。

（三）运营管理成本预算

一些项目组织在做各项业务运营成本预算时，往往容易忽略某些隐性运营成本，如果不对完整的运营成本进行预算，就容易造成高收益的假象。因此，在做运营管理成本预算时，应对以下几个方面的成本予以重视，并纳入成本预算：

（1）二线服务人员成本。除了直接参与项目组织运营管理，为项目组织创造价值的现场工作员工以外，二线服务人员也在实时为项目组织提供支撑服务，以保证项目组织的正常运行，从而间接地给项目组织创造了价值。

二线服务人员包括：人事专员、劳动合同管理人员、档案资料录入人员、社保经办人员、财务人员、后勤保障人员等，这些人员的成本包括：人工成本、办公成本、差旅费、通讯费、招聘费、关系维护费等，这些都是为项目组织经营提供服务而产生的成本，都必须纳入项目组织运营成本预算当中。但这些人员的成本不是由一个项目组织承担，而应由N个项目组织分摊。具体预算时，可依据这些人员服务的项目组织数，在每个项目组织总收入中设立一个服务费比例。同时，也可以采取内部购买服务形式，按服务量单价实行按月结算。

（2）用工风险金成本。在项目组织的整个业务经营过程中，不可避免会发生一些潜在的用工风险，例如业务经营结束时的员工遣散风险，社会保险范围外的赔偿风险等。因此，在项目组织经营预算中要计提风险金成本，其比例按项目组织经营总收入的3%～5%计提。此外，残保金也是不容忽视的因素之一，如果当地政策要求缴纳残疾人就业保障金，则需要按人头计算出项目组织应承担的残保金金额。

（3）税费成本。项目组织在经营中所产生的税费，应由各个项目组织自身承担。常见的税费有：增值税、营业税、城建税、教育费附加、地方性教育费附加等。此外还会涉及其他一些与项目组织密切相关但一直被忽略的税种，如印花税、企业所得税等，这些税费成本都会影响项目组织的利润。比如服务业，具有多样性的特征，印花税税率也有很多种。如加工承揽，根据税法规定，适用于0.5‰的印花税率。具体计算方法如下：

应交合同印花税额＝合同面额×适用的合同印花税率。

（4）银行手续费成本。由于项目组织的各项成本费用的收支基本都是通过银行操作的，因此或多或少都要向银行缴纳手续费，而不同的银行会有不同的收费标准。建议每个项目组织都要对每月的转账次数进行预测，比如最基本的薪酬发放每月一次，如有年终奖的全年一共发放13次，手续费成本就不容小觑。在实际操作中，负责项目组织经营的财务人员，应以资金流量度为依据与银行商议手续费折扣或减免的问题，尤其是对于商业银行，可以商讨手续费的空间很大。表3-2为银行信息及工资发放手续费标准示例。

表3-2　广州市各银行信息及工资发放手续费标准

序号	可批量发放银行名称	工资发放形式	工资发放范围	工资发放优劣势	每笔转账手续费
1	中国工商银行	网银	除工行外的账号需提供开户行具体信息	手续费成本较高，但发放时间没有限制	1. 本市本行1元 2. 5000元以内跨市跨行5.5元 3. 5000～50 000元跨市跨行收10.5元
2	上海浦东发展银行	网银	支持全国浦发行账号	方便、快捷	免
3	招商银行	网银	支持全国招行账号	手续费成本较高	1. 本市账号免手续费 2. 跨市账号按发放金额的5‰收取，上不封顶
4	中国农业银行	网银	只支持全国农行卡号的工资发放	工资发放有时间限制，不够及时，工资发放结果不能及时得到反馈信息	本市1元，市外3元
5	广州商业银行	网银	支持本市本行账号		1元每笔
6	中国光大银行	网银	支持本市本行账号		免
7	中国建设银行	网银	支持本行全国账号		本市1元，市外3元
8	中国银行	网银	支持本市本行账号		免

续上表

序号	可批量发放银行名称	工资发放形式	工资发放范围	工资发放优劣势	每笔转账手续费
9	中信银行	送盘	支持本市本行账号	工资发放结果不能及时反馈，补发还需要每人出具一份函。不建议使用该银行发放工资	免
10	交通银行	网银	支持本行全国账号	方便、快捷	免
11	民生银行	送盘	支持本市本行账号	工资发放结果不能及时反馈，补发还需要每人出具一份函。不建议使用该银行发放工资	免

备注：其他地区请参照当地银行标准

第三节 项目组织经营管理预算

项目组织经营管理预算，分为项目组织经营管理总预算和项目组织经营管理月度预算两大组成部分。

一、项目组织经营管理总预算

项目组织经营管理总预算，是指项目组织按照每年的运营周期，对所经营的各项业务进行盈利测算，其中包括保底收入和新开发业务收入。然后，再依据测算出来的预期应产生的总收入，做一个总收入、总成本费用和利润率总预算。

一个项目组织在经营管理中所产生的总成本费用预算，一般应包括以下五大成本费用预算。

（一）人工成本费用预算

人工成本费用包括：固定人工成本和可变人工成本。

1. 固定人工成本

固定用工人数的基本工资、基本社保费、基本住房公积金、基本福利费。

2. 可变人工成本

（1）临时用工人数的工资，包括：①临时工人数工资；②小时工人数工资；③在校实习生人数工资；④在校勤工俭学人数工资。

（2）固定用工人数和临时用工人数按业务量单价结算工资、超额完成业务量单价结算工资，或业绩工资，或奖金，以及加班费。

（3）聘用"4050"城镇失业人员人数的政府社保、公积金补贴费。

（4）聘用35岁以上农民工人数的缴纳城乡居民社保费。

（5）精益科学排班减员增效人数的工资、社保和公积金费。

（6）终止、解除劳动合同人数的经济补偿金费。

（7）员工津贴、补贴和福利费。

（8）上缴员工工会费。

（9）按比例预提工伤、意外事故风险金和经济补偿金等费用。

（10）按比例计算应上缴的残疾人保障金费用。

可变人工成本的总预算，主要应依据以上可变人工成本项目做总测算，从而得出总的可变人工成本费用，再加上固定人工成本，计算出项目组织的总人工成本。

（二）辅助设备与材料成本预算

辅助设备与材料成本，是指项目组织在开展业务项目的运营中，为提高工作效率而必须投资购置的辅助设备、辅助工具、辅助材料所产生的成本。

其中，辅助材料成本，既包括固定辅助材料成本，也包括可变辅助材料成本。

（1）固定辅助材料成本预算，是指项目组织在业务项目的运营中不购置投入所必需的辅助材料，会影响整个业务经营的固定辅助材料成本的预算。

固定辅助材料成本费用的总预算，是项目组织依据业务项目运营周期进行测算后，应投入的总的固定辅助材料成本费用预算。

固定辅助材料成本的投入，依据所经营的业务类型不同，其投入的成本也会不同，在做预算时，一是要深入现场进行深入调研，了解哪些固定辅助设备、固定辅助工具和固定辅助材料必须购置投入，哪些是一次性投入，哪些是多次性投入，以及数量和品牌等；二是在了解、统计好应购置的固定辅助材料的数量、品牌后，应深入市场咨询价格。

在此基础上，再做固定辅助材料成本费用总预算。这样的预算，才会准确、精细。

原则上，这项成本费用预算，一般应依据合作协议中的约定做预算，在协议中约定需要采购的，就做预算，没有约定采购的，就不需要做预算。

（2）固定辅助设备成本预算，这项成本投资，多数是一些运营周期在一年以上的业务。一般有可能会出现两种情况，一种情况是在业务经营管理现场调研过程中发现有的工序、有的员工工作有改进的需要和改进的可能，但必须投入固定辅助设备才能得到改进，在这种情况下发生的投入，应将其纳入总预算；另一种情况是在业务经营的过程中为提高员工工作效率，而需要投入的固定辅助设备，这种情况产生的投入，应纳入月度预算。

但凡必须投入的固定辅助设备成本费用，在做预算时都应作为投资成本，按月分摊折旧，业务经营周期一年的，按12个月分摊，业务经营周期两年的，按24个月分摊，业务经营周期三年的，按36个月分摊，以此类推。

（3）固定辅助工具成本预算，是指在业务经营过程中必须固定投入一定数量的辅助工具才能完成经营任务指标的预算。这些辅助工具在经营工作中一般使用频率较高，损耗率较大，这就要求在做固定辅助工具总成本预算时，其数量和成本费用一般可采用概算法做预算。

（4）可变辅助材料、辅助工具成本预算，也称月度辅助材料、辅助工具成本预算，是指项目组织在业务项目运营中，每月依据业务运营应投入的辅助材料、辅助工具成本，而做的月度成本费用预算。其中包括固定辅助设备投入每月分摊折旧费用预算和辅助材料、辅助工具每月损耗购置成本预算。

这项成本预算，重点是辅助工具成本费用预算。辅助工具的成本费用在整个辅助材料成本管控中，是可变性最大的成本，虽然损耗率比较高，但经过有效管控延长辅助工具的寿命和使用周期，就能降低损耗率，减少成本费用支出。因此，做好每个月度的辅助工具费用成本开支就变得很重要。

（三）后勤保障成本预算

后勤保障成本包括：劳保用品成本、工作服成本、安全防护用品成本、宿舍租赁成本、交通成本、差旅成本、卫生保洁成本、文体娱乐成本等。

后勤保障成本预算，分为固定后勤保障成本和可变后勤保障成本。

固定后勤保障成本，是指按每一个业务项目所经营的周期，进行综合测算后，必须要投入的后勤保障总固定成本，也称后勤保障总成本预算。

可变后勤保障成本，是指每个月度按照业务项目运营实际使用量，所测算出来的月度后勤保障成本费用预算。

后勤保障成本，依据所经营的业务项目类型不同，需要投入的后勤保障科目也不同，所需要投入的成本费用也不同。在此不对具体项目的预算作表述。

（四）项目组织经营管理成本预算

项目组织的经营管理成本，包括：

1. 项目组织的管理成本，包括项目经理与相关管理人员的基础工资、业绩工资、奖金、福利费用等；其中，项目经理实行年薪制的，按基本年薪、业绩年薪和项目组织税后利润经营分红进行预算；采用班组长轮值工段长或项目主管管理模式的，还应包括班组长轮值期间的职务津贴补贴。

2. 项目组织经营管理办公成本，包括办公室租赁费、办公桌椅费用、文件柜费用、电脑费用、网线费用、电话机费用、电话费用、纸张笔墨费用等。

3. 项目组织经营管理活动成本，包括会议成本（含会议桌、投影仪、黑板、书写笔、茶叶、纸杯、桶装水等）、工作巡查成本（含交通工具、移动手机流量费话费、巡查笔记本等）、项目组织骨干沟通交流聚餐费用等。

项目组织经营管理成本，分为固定经营管理成本和可变经营管理成本。在做预算时，要严控固定成本，精细化可变成本，减少不必要成本，把经营管理成本费用降到最低限度。

（五）税费成本

税费成本，包括营业税及附加税、增值税及附加费、印花税等税费，以及项目组织企业所得税（从项目组织毛利润中计提）。

以上各项成本费用，要严控固定成本，做大可变成本，并通过可变成本降低成本费用开支。要教育全体员工：减少费用开支＝利润。

（六）项目组织经营管理总预算表和项目组织经营管理月度预算表，如表3-3和表3-4所示。

表3-3　项目组织经营管理总预算表

科目		中标金额	总预算金额	利润点	备注
项目收入	项目总收入				
	其中：增值税				
	项目收入				
预计税后利润					

续上表

成本类别	科目	报价金额	占成比例	预算金额	占成比例	利润点	备注
人工成本	薪酬						
	社会保障						
	福利						
	其他						
	人工成本小计						
辅助设备与材料	交通工具						
	服务场地						
	电子设备						
	办公软件						
	办公用品						
	生产工具及设备						
	财产保险						
	辅助设备与材料小计						
后勤保障成本	劳保用品						
	消防安全						
	劳动安全教育						
	保安设备						
	后勤保障成本小计						
运营成本	管理人员成本						
	一线管理费用						
	手续费						
	税费						
	运营成本小计						

表3-4 项目组织经营管理月度预算表

科目		总预算金额	分期预算合计	1月		2月		3月		4月		5月		6月		7月		8月		9月		10月		11月		12月	
				预算金额	占成比例	预算金额	占成比例	预算金额	占成比例	预算金额	占成比例	预算金额	占成比例	预算金额	占成比例	预算金额	占成比例	预算金额	占成比例	预算金额	占成比例	预算金额	占成比例	预算金额	占成比例	预算金额	占成比例
项目收入	项目总收入																										
	其中:增值税																										
	项目收入																										
预计税后利润																											

成本类别	科目	预算金额	占成比例	分期预算合计	1月		2月		3月		4月		5月		6月		7月		8月		9月		10月		11月		12月	
					预算金额	占成比例	预算金额	占成比例	预算金额	占成比例	预算金额	占成比例	预算金额	占成比例	预算金额	占成比例	预算金额	占成比例	预算金额	占成比例	预算金额	占成比例	预算金额	占成比例	预算金额	占成比例
人工成本	薪酬																										
	社会保障																										
	福利																										
	其他																										
	人工成本小计																										
辅助设备与材料	交通工具																										
	服务场地																										
	电子设备																										
	办公软件																										
	办公用品																										
	生产工具及设备																										
	财产保险																										
	辅助设备与材料小计																										

续上表

成本类别	科目	预算金额	占成比例	分期预算合计		预算金额	占成比例	预算金额	占成比例	预算金额	占成比例	预算金额	占成比例	预算金额	占成比例	预算金额	占成比例	预算金额	占成比例	预算金额	占成比例	预算金额	占成比例	预算金额	占成比例
后勤保障成本	劳保用品																								
	消防安全																								
	劳动安全教育																								
	保安设备																								
	后勤保障成本小计																								
运营成本	管理人员成本																								
	一线管理费用																								
	手续费																								
	税费																								
	运营成本小计																								

第四节 项目组织经营会计管理

一、经营会计（BACS）的起源与作用

经营会计起源于阿米巴经营管理，是日本企业经营之圣稻盛和夫在推行阿米巴经营的实践中创造的一种经营管理工具。经营会计的核心是，通过经营会计报表，把每一级阿米巴、每一项业务、每一个阶段的第一手经营管理数据实时、准确地报给经营者，为每一位经营者正确、及时的决策提供可靠的保障，直达经营目标。

经营会计报表不是财务报表。经营会计报表，是在财务报表的基础上发展创造出来的一种新型的企业内部经营财务管理工具，两者有相同的管理内容，也有差异。一是在管理内容上，财务报表侧重于企业资产和账面利润管理，经营会计侧重于现金流和现金利润管理；二是在服务对象上，财务报表侧重于为企业经营管理班子和政府税务部门提供服务，而经营会计报表侧重于为企业内部各部门、各个经济组织提供服务。

企业要想取得长远发展，各部门、各个经济组织的经营者必须要掌握每一个组织、每一项业务、每一个阶段的经营状况，才能实时、准确地做好经营管理决策，直达经营目标。而经营会计，就是为企业内部各部门、各个经济组织执行落实每月经营计划、经营预算、合理使用成本和做好现金流管理提供的重要管理工具，更是项目组织自主经营必备的"系统量化工具"。稻盛和夫说："中国企业无论是否导入内部交易或推行阿米巴经营，都需要构建自己的'经营会计体系'。"

过去，多数企业在评价员工时，普遍采用的是绩效考核方式，但考核的结果好并不代表经营的结果就好。而经营会计，把企业经营的第一手数据（包括每月的经营计划数据、经营收入预算数据、成本数据和现金流数据等）通过简单、易用、易懂的经营会计报表，向经营者全面地反映企业经营的实际状态，这样就可以为每一位经营者正确、及时的决策提供可靠的保障，直达经营目标。

企业各个部门、各个项目组织在推行项目制人单合一经营中，运用经营会计体系，就是为了让每个项目组织都建立起一个能够真正独立核算的经营系统，形成从结果倒推经营的过程，把项目组织的"经营实态"，透过经营会计报表中的销售额和成本费用真实地反映出来，这样就可以看明白每个项目组织的实际经营状态，对经营上出现的问题就能够及时做出调整和解决，从而确保经营目标的实现。

当每个项目组织都有自己的一张经营会计报表后，虽然格式都一样，但由于数据不同,谁做得好谁做得不好,都由数据说话,一目了然,这就为各个项目组织之间搭建了一个相对公平、公正、公开的竞争平台。

经营会计报表在企业经营中的作用,见表3-5。

表3-5 "财务会计""管理会计"与"经营会计"的对析比剖

会计类型	目的分析	提升经营水平
财务会计	受国家会计法约束	十分有限
管理会计	起源于20世纪50年代的欧洲,成型于美国 以提高企业经营效益为目的,通过对财务会计信息的二次加工,为管理者提供决策依据	有一定的推动作用
经营会计	起源于20世纪70年代,成型于日本 直接以提升企业效率、收益性及成长性为目的,并据此追求财务的安全、稳定性而创造的一门经营系统量化决策工具	有非常强的针对性

从表3-5看,由于财务报表和经营报表使用的目的和使用人不同,财务会计报表不能反映企业真实的经营状况,所以要用经营会计报表来看清企业的经营实态。

通常财务报表上有利润不等于企业有钱,它可能是资产也可能是费用、库存、废品或应收账款,而不是货币资金;而经营会计报表经营管理的是现金流,只要有利润就是现金利润。

财务报表中的数据,是将企业不符合"经营目的"的原始数据(最原始的业务单据),按照国家会计准则进行整理,变成财务会计报表数据,再加工就变成了管理会计报表数据;而经营会计数据,是将项目组织经营的原始数据,按照经营会计的要求进行个性化整理得到的。由于经营会计的数据具有个性化特征,每个项目组织之间的费用归类可能都不一样。在报表上所反映的每一项费用科目,都代表着这个项目组织的一种经营能力,通过报表的结构和费用科目,就能推断出这个项目组织在经营和管理上哪个方面出现了问题。因此,经营会计报表不仅仅是经营数据管理工具,更重要的是能够把数据背后的问题深挖出来,这样就能有效地帮助项目组织负责人有的放矢地做好经营和管理。

二、经营会计报表的整体构造

经营会计是为经营服务的会计学,通过简单的经营会计损益表,就能帮助项目组织做好战术经营。表3-6和表3-7是经营会计损益表的构造示例。

经营会计损益表的构造

表3-6 财务会计的损益表　　　　　　表3-7 经营会计的损益表

年　月　日（单位：万元）　　　　　　年　月　日（单位：万元）

序号	项目	金额
1	销售额	××××
2	制造成本（销售成本）	×××
3	营业利润（毛利）	×××
4	销售费用	×××
5	一般管理费用	×××
6	营业总利润	×××
7	营业外损益	×××
8	本期净利润	×××

序号	项目	金额
1	销售额（收益）	××××
2	变动费	×××
3	边界利益	×××
4	固定费	×××
5	经营利益	×××

相比财务会计，经营会计的不同点有：费用的把握方式与分类的方法上不同；算法和科目的定义不同；更贴近反映经营实际状态。如表3-8所示：

表3-8 经营会计报表（简化版）

单位：万元

		销售额	100 000
变动费用		销售成本	60 000
		其他变动费用	5 000
		变动费用利息	—
		合计	65 000
		边界利益	35 000
		销售额	100 000
固定费用		人工费	10 000
		设备设施费	15 000
		其他固定费用	5 000

续上表

固定费用	固定费用利息	—
	合计	30 000
经营利润		5 000
投入人员数（人）		2 000

（1）销售额。指根据项目组织所经营的业务特性，按合同、发票及已到账的现金金额统计的收入。

需注意以下两点：①应收账款能否计算为销售额？如果金额小，能在短时间内收回来，可以计算为销售额，但要在变动费用中加一个科目——应收账款利息，这样就可以通过应收账款利息来减少应收账款，提高应收账款回款率；如果应收账款金额比较大，回款期具有不确定性，则不能计算为当期销售额，只能按应收未收账款管理。②主营业务之外的收入能否计算为销售额？由于主营业务之外的收入不能反映项目组织的经营能力，不能计算为销售额，否则会将经营过程中的问题全部掩盖。

（2）变动费用。指与销售额成正比例增加，并且这个比例在短时间内是相对稳定的，在短时间内以收回销售额为目的的费用。

项目组织经营强调的是费用最小化、销售最大化，提倡的是在变动费率不上升的情况下，销售额绝对值要尽量增大，变动费科目要尽量变多，但比例要减小。对于变动费的管理是按比例进行管理，要不停地把变动费率的比例下降或者保持不变。

（3）固定费用。是指不与销售额成正相关增长且短时间内相对稳定的费用，即有没有销售额都要付的费用。

固定费用反映的是项目组织的生产力，在短时间内相对稳定，不会有太大浮动。固定费用的管理，原则上应按绝对值进行管理。但固定费用不是越大越好，也不是越小越好，越大表示成本投入越大，可能存在浪费，越小表示成本投入越少，会影响生产能力。因此，在经营中要合理使用固定费用，以保障项目组织具有充分的经营能力。

（4）边界利益。指项目组织经营盈利和亏损的边界。当边界利益大于固定费用时，项目组织就在盈利；当边界利益小于固定费用时，项目组织就在亏损。

（5）边界利益率。指边界利益与销售额的比率。边界利益率是项目组织的盈利能力指标，也是体现贯彻经营者意志的指标。

看经营会计报表，首先不看利润，而是先看边界利益率，利润是负的不一定就是项目组织的经营有问题，有可能是在成本管控上不精益，造成固定费用投入偏高，使利润降低。但边界利益率代表的是一种盈利能力，由于边界利益是把固定费用剔除后的利益，所以边界利益率每提升一个点，就代表盈利能力提升一个点，如果边界利益率下降，则表示盈利能力下降，这样就必须从经营上想办法扭转过来。

（6）盈亏平衡点的销售额。指一个月做多少销售额就能达到盈亏平衡点。当项目组织的边界利益等于固定费用时，就能达到盈亏平衡。由于边界利益/边界利益率＝销售额，所以将公式中的边界利益替换为固定费用时，可以得出盈亏平衡点的销售额。

（7）人·月劳动生产力。指同一个岗位人员的劳动生产力，即每一个人每一个月能带来多少的边界利益。

根据历史数据算出一个红线，增不增加人，看这个红线有没有达标，项目组织负责人可以自己说了算。一个企业的文化竞争力，跟人·月劳动生产力相关，通用的企业人·月劳动生产力在10万元以上属于优秀，7.5万～10万元之间属于良好，5万～7.5万元属于中等，2.5万～5万元属于一般，2.5万元以下属于差，即还没有迈入经营的大门。当前中国企业人·月劳动生产力基本上在2.5万～3万元。

（8）人工费生产力。指把人工成本当作投资，每投入一元钱所带来的边界利益。

依据人的世俗本性和实用主义，运用利益驱动最能够激发员工的激情和付出。这里讲的"利益"，包括物资利益和荣誉利益。物资利益包括金钱、财富，荣誉利益包括身份、地位、权力。因此，用人工成本投资提升生产力，首先应将员工当作世俗人去投资经营，而不是当作高尚的人去投资经营；其次应将员工当作现实利益即时获得者去投资经营，所投资的人工成本能够让员工当期得到利益回报，包括物资利益和荣誉利益。按照这个投资原理，企业人工成本的投资，应以员工的动态"浮动工资"作为投资的主体，这样就有可能带来最大的投资边界利益。

据不完全准确测算，企业人工费生产力在300％以上属于优秀，260％～300％属于良好，230％～260％属于中等，210％～230％属于一般，210％以下属于差。

为此，为提高人工费生产力，项目组织员工的工资结构设计可采用以下三种模式：第一种模式，按完成业务量单价和超额完成业务量单价结算；第二种模式，按完成工作任务量单价和超额完成工作任务量单价结算；第三种模式，按岗位基础工资加绩效工资结算，其中基础工资不得低于当地政府规定的最低工资标准，以及这个岗位所承担的责任风险价值，绩效工资应包括绩效行为工资和绩效业绩结果工资。

无论采用何种工资模式，其核心都必须增加浮动性，减少固定性，以激发员工的激情和付出，从而提升项目组织的边界利益。

正确设置经营会计报表具体科目的要求如下。

（1）一级科目分为五个大项：销售额、固定费用、变动费用、边际利益、经营利润。

（2）二级科目要将变动费用与固定费用的具体科目根据使用人的不同、使用的目的不同、费用的归类不同进行正确的区分设置。其中，变动费用是与销售额成正相关增长的费用，如业务招待费、差旅费、运输费等。固定费用是不以销售额成正相关增长且短时间内相对稳定的费用，如人工费、设备费、租金等。

（3）分不清楚是变动费用还是固定费用的，必须要继续细分，直到能分清楚为止。

营销费用与一般管理费用的科目设置举例如表3-9所示：

表3-9 营销费用与一般管理费用的科目

科目	属性	注解	备注
运输费	变动费用	与销售额成正比例增加	
促销费	变动费用	以短时间内拿回销售额为目的	
工资	不一定	工资包括基本工资（固定费用），提成工资（变动费用），绩效工资（如果是每月定额绩效则是固定费用，如果是按销售额比例来考核的是变动费用）	分不清楚的必须往下分清楚
一般福利费	固定费用		
差旅交通费	不一定	业务人员的（变动费用），管理人员（固定费用）	用定义区分
车辆维修费	不一定	物流公司（变动费用），办公人员的（固定费用）	用定义区分
广告费	不一定	战略广告—集团（固定费用）、战术广告—区域（固定费用）、战斗广告—基层营销（变动费用）	用定义区分
接待费	不一定	接待客户（变动费用），出差吃饭、跟相关部门请客吃饭（固定费用）	用定义区分
租赁费	固定费用	租赁费基本都是固定费用	
办公室租金	固定费用	租赁费基本都是固定费用	
办公用品费	固定费用		
报关费	变动费用	跟销售额成正比例增加	
业务公关费	变动费用		
通信费	固定费用	电销团队（变动费用），除此以外是固定费用	
水电费	固定费用		
公共课税	固定费用	所有税金打包，营业税（变动费用），房产税（固定费用），不管当时有没缴纳全部放在一起（固定费用），用另一个科目名称	

续上表

科目	属性	注解	备注
分摊费	固定费用		
信息书报费	固定费用		
教育费	固定费用		
调查研究费	固定费用		
杂费	固定费用		
折旧费	固定费用		

制造成本的科目设置举例如表 3-10 所示:

表 3-10 制造成本的科目设置

科目	属性	注解
材料费	变动费用	
劳务费		
其中：工资	不一定	
一般福利费	固定费用	
制造经费		
其中：燃料费	变动费用	跟产量成正比
电费	变动费用	
水费	变动费用	
易耗品费	不一定	生产辅料（变动费用），办公用（固定费用）
厂房租赁费	固定费用	
保险费	固定费用	
设备修理费	固定费用	
差旅交通费	不一定	生产部门（变动费用），办公用（固定费用）
产品检测费	不一定	随机抽检（固定费用），按一定比例抽检（变动费用）
试验研究费	不一定	战略研发（固定费用——不知道未来收益），战术研发（固定费用——一年或半年才产生收益），战斗性研发（变动费用——组装技术，改包装及改规格，短期内以收回销售额为目的）

续上表

科目	属性	注解
制造杂费	固定费用	
折旧费	固定费用	
调整费	固定费用	费用已经发生但还没到财务报销，先计提

三、制作正确的经营会计报表与成本科目设置

由于各个项目组织经营的业务所处行业不同，具体性质也可能不同，所以其经营会计报表在表现形式上也会不同。因此，在制作经营会计报表时，必须要按照本项目组织所经营业务的特点，制作符合自己本身业务的经营会计报表。

经营会计报表是用来解决经营中的管理问题的，其目的是通过经营会计报表检查项目组织的整个经营管理过程，发现经营中存在的问题，为有针对性地解决问题提供依据。这就要求在制作报表时，把报表中的费用科目编制得越细越好，这样就越能分清责任和权力。

制作经营会计报表的过程，其实也是各个项目组织夯实经营管理基础工作的过程。由于财务管理是风险管控思维，而自主经营、独立核算是开放性思维，所以经营会计报表的制作和填报必须由项目组织承担，企业财务部门仅提供基础的费用科目数据和辅导。

（1）经营会计报表制作方法与步骤。

①事前准备：报表费用科目讨论，形成制作方案；

②表格生成：设计模板，定义数据，形成报表；

③报表活用：业绩分析，循环改善；

④分析建模：业绩评估。

（2）编制经营会计报表原则。

①费用科目清晰原则。必须要分清固定费用和变动费用。费用分不清楚，责任和权力就分不清楚；费用科目越清晰，责任和权力才能越清晰。

②费用归类原则。由于费用的使用人不同、目的不同，费用的归类也不同，因此在编制经营会计报表时，要将费用进行分类管理。

③强化边界利益费用管理原则。边界利益费用包括边界利益以上费用和边界利益以下费用。边界利益以上的费用，包括销售额和变动费用，反映的是在市场上的竞争力，通过这两个科目可以接收到外部市场的信号，发现问题时，就能及时在内部进行调整；边界利益以下的固定费用，反映的是内部管理的竞争力和生产力的大小。因此，在编制

经营会计报表时，必须体现强化边界利益费用管理的力度。

④费用科目的归类原则。应能支持业绩分析。经营会计的核心职能，是现金流的经营和管理，每一项业务收入和每一笔成本支出，都体现了一种经营能力。因此，费用科目的归类必须准确，如果费用科目归类不对，后面的业绩分析数据就会出偏差，就无法对经营中出现的问题做出准确的判断，就会影响经营能力的提升。

（3）公司职能部门的费用分摊。

分摊原则：谁使用，谁受益，谁负责。公司职能部门的费用分摊如表3－11所示：

表3－11　公司职能部门的费用分摊

项目	财务费用	人力资源部门费用	信息部门费用	行政后勤部门费用	其他
分摊标准举例	资产或资金占有率	人工数高、中、基层的比例加权折算	使用的软件模块 资产评估	人数业务量比例	
说明	能够清楚归集到项目组织的，就归集到项目组织，不能分清楚的按占资金数额分摊	1. 加权折算比例＝总公司的固定费用合计/全公司工资总额； 2. 每个部门分摊数＝部门人工费用×加权折算比例		按人力资源部门方法	

四、各类业务经营会计报表的制作与导入

关于各类业务经营会计报表的制作与导入，以下以人力资源服务机构为范例，供参考。

（1）劳务类服务机构经营会计报表及成本科目定义。项目信息、经营会计报表、成本科目定义如表3－12、表3－13、表3－14等所示：

表3－12　项目信息表

项目基础信息	项目所属公司	
	项目名称	
	项目负责人	
	现有成员名称	
	项目业务类型	

续上表

项目收支情况	项目全额收入	
	项目成本	
	项目利润	
	项目利润率	

项目其他信息（包括但不限于资金垫付周期、保证金等特殊情况）

表 3-13 （劳务类）经营会计报表

类别		项目名称	本年度计划		本年度实际完成		实际比计划
			预计发生数	占收入（%）	实际发生数	占收入（%）	
收入		劳务派遣收入					
		事务代理收入					
		业务外包收入					
		劳务承揽收入					
		收入小计					
变动费用	人员费用	劳务人数					
		劳务人员薪酬					
		劳务人员提成					
		劳务人员奖金					
		劳务人员补贴					
		劳务人员单位社保					
		劳务人员单位公积金					
		劳务人员商业险					
		劳务人员残保金					
		项目佣金					
		项目组人员提成					
		小计					

第三章 项目组织的预算、结算管理

续上表

类别	项目名称		本年度计划		本年度实际完成		实际比计划
			预计发生数	占收入（%）	实际发生数	占收入（%）	
变动费用	办公费用	生活用品					
		宿舍用品					
		生产用品					
		劳保用品					
		办公用品					
		设备折旧					
		小计					
	运营费用	应收款利息					
		直接风险成本					
		计提风险金					
		招投标服务费					
		代缴社保劳务费					
		税费					
		集团内部各分公司或子公司间代理服务费					
		小计					
	变动费用合计						
	边际利益						
固定费用	人员费用	客服人数					
		项目组人员薪酬					
		项目组人员单位社保					
		项目组人员单位公积金					
		项目组人员福利费					
		项目组人员人力用工风险金					
		小计					

续上表

类别		项目名称	本年度计划		本年度实际完成		实际比计划
			预计发生数	占收入（%）	实际发生数	占收入（%）	
固定费用	办公费用	租赁费					
		水电费					
		网络费/电话费					
		办公费					
		广告宣传费					
		电脑					
		办公家电					
		打印机/投影仪/传真机					
		办公桌椅					
		小计					
	运营费用	交通费					
		差旅费					
		项目接待维护费					
		项目活动费					
		劳务人员宿舍租赁成本					
		劳务人员慰问费					
		小计					
固定费用合计							
费用合计							
经营利润							
投入人员人数							
人·月（年）劳动生产力							
边界利益率							
备注							

制表人：　　　　　　　项目负责人：

填表说明：

1. 请按表格科目填写表格。
2. 如需对科目进行了解，可参考项目成本科目设置。
3. 必须填写"投入人员人数"。

表 3-14 成本科目定义

		科目	说明
变动成本	人员费用	劳务人数	为劳务人员人数
		劳务人员薪酬	支付劳务人员薪酬
		劳务人员提成	支付劳务人员提成
		劳务人员奖金	支付劳务人员奖金
		劳务人员补贴	支付劳务人员补贴
		劳务人员单位社保	支付劳务人员社保的单位承担部分
		劳务人员单位公积金	支付劳务人员公积金的单位承担部分
		劳务人员商业险	支付为劳务人员购买商业险的费用
		劳务人员残保金	支付劳务人员残保金
		项目佣金	支付与项目相关的佣金
		项目组人员提成	支付项目组人员提成
变动成本	办公费用	生活用品	劳务人员在日常生活中生活用品费用，包括：日用纸、饮用水等
		宿舍用品	劳务人员宿舍里的用品费用，包括：盆子、床、被子等
		生产用品	直接用于本项目生产，并作为直接成本核算的用品
		劳保用品	用于本项目生产的劳保用品的费用
		办公用品	用于本项目的办公用品成本，包括：笔、打印纸等
		设备折旧	为本项目购买的固定资产的折旧金额
	运营费用	应收款利息	由于垫付资金造成资金占用而产生的利息
		直接风险成本	支付劳务人员的补偿金
		计提风险金	根据项目需要计提的风险金
		招投标服务费	支付给中介机构的招投标服务费
		代缴社保劳务费	支付给集团外单位的代缴社保劳务费
		税费	由于发生收入产生的应交税费
		集团内部各分子公司间代理服务费	与集团内其他单位合作，进行内部结算所需支付的费用

续上表

科目			说明
固定成本	人员费用	客服人数	项目组中的客服人数
		项目组人员薪酬	支付项目组人员的薪酬固定部分
		项目组人员单位社保	支付项目组人员的社保的单位部分
		项目组人员单位公积金	支付项目组人员的公积金的单位部分
		项目组人员福利费	支付项目组人员的福利费
		项目组人员人力用工风险金	支付项目组人员的补偿金
变动成本	办公费用	租赁费	项目组占用场地的租金费用
		水电费	项目组使用的水电费
		网络费/电话费	项目组使用的网络费/电话费
		办公费	项目组使用的办公费
		广告宣传费	用于本项目的宣传费用
		电脑	项目组使用的电脑
		办公家电	项目组使用的办公家电
		打印机/投影仪/传真机	项目组使用的打印机/投影仪/传真机
		办公桌椅	项目组使用的办公桌椅
	运营费用	交通费	项目组人员使用的交通费
		差旅费	项目组人员的差旅费
		项目接待维护费	项目组人员的招待维护费
		项目活动费	项目组人员组织活动费用
		劳务人员宿舍租赁成本	支付劳务员工宿舍租金及水电费用
		劳务人员慰问费	支付劳务人员的慰问金

（2）培训类经营会计报表。项目信息、（培训类）经营会计报表如表3-15、表3-16所示：

表3-15 项目信息表

项目基础信息	项目所属公司	
	项目名称	
	项目负责人	
	现有成员名称	
	项目业务类型	

续上表

项目收支情况	项目全额收入	
	项目成本	
	项目利润	
	项目利润率	

项目其他信息（包括但不限于资金垫付周期、保证金等特殊情况）

表 3-16　（培训类）经营会计报表

类别		项目	本年（月）度计划		本年（月）度实际完成		实际比计划
			预算数	占收入比例（%）	实际发生数	占收入比例（%）	
收入	1	资格认证收入					
	2	学历教育收入					
	3	档案管理收入					
	4	讲座收入					
	5	内训收入					
	6	外来工培训收入					
	7	考核费收入					
	8	其他业务收入					
		收入合计					
变动成本	（一）	（直接）培训费用					
	1	考核费					
	2	合作费					
	3	教材费					
	（二）	（开班）培训费用					
	1	课酬					

续上表

类别		项目	本年（月）度计划		本年（月）度实际完成		实际比计划
			预算数	占收入比例（%）	实际发生数	占收入比例（%）	
变动成本	2	场租					
	3	考评费					
	4	印刷费					
	5	接待费（老师）					
	6	差旅费（老师）					
	7	租车费（学员）					
	8	餐费（员工）					
	9	值班费（员工）					
	(三)	运营费用					
	1	广告宣传费					
	2	业务接待费					
	3	业务公关费					
	4	招投标服务费					
	5	差旅费					
	6	短信费					
	(四)	人员费用					
	1	人单合一酬金					
	2	项目奖金					
	3	年终奖					
		变动成本合计					
		边界利益					

续上表

类别	项目		本年（月）度计划		本年（月）度实际完成		实际比计划
			预算数	占收入比例（％）	实际发生数	占收入比例（％）	
固定费用	（一）	人工成本					
	1	基本工资					
	2	绩效工资					
	3	职工福利					
	4	社保					
	5	住房公积金					
	6	人力用工风险金					
	（二）	办公成本					
	1	租赁费（含税）					
	2	折旧（自有房产）					
	3	物业管理费					
	4	水电暖气费/卫生费					
	5	电话费/网络费					
	6	办公费					
	6－1	文具					
	6－2	A3/A4 纸					
	6－3	凭证打孔纸张					
	6－4	报刊费					
	6－5	复印/打印					
	6－6	复印机租赁与维护费					
	6－7	花木款					
	6－8	快递费					
	6－9	桶装水					

续上表

类别		项目	本年（月）度计划		本年（月）度实际完成		实际比计划
			预算数	占收入比例（%）	实际发生数	占收入比例（%）	
固定费用	6–10	纸杯/胶杯					
	7	电子设备配件费					
	8	印刷费					
	9	装修费					
	10	员工培训费					
	11	员工招聘费					
	12	会议费					
	12–1	月度会议					
	12–2	季度会议					
	12–3	年度会议					
	12–4	其他会议					
	13	审计咨询费					
	14	行政费					
	15	工会经费					
	16	财产险					
	（三）	运营成本					
	1	接待维护费					
	1–1	春节					
	1–2	端午					
	1–3	中秋					
	1–4	日常					
	2	市内交通费					
	3	车辆费用					

续上表

类别		项目	本年（月）度计划		本年（月）度实际完成		实际比计划
			预算数	占收入比例（%）	实际发生数	占收入比例（%）	
固定费用		4 差旅费					
		5 客户联欢活动费					
		6 外派员工联欢活动费					
		7 员工春节联欢费					
		8 员工活动费					
		9 员工房租					
		10 风险赔付					
		11 顾问费					
	（四）	设备购置					
	1	电脑					
	2	打印机等电子设备					
	3	空调					
	4	服务器等网络设备					
	5	办公桌椅等					
	6	汽车					
	7	软件					
	8	其他					
	（五）	公共费用					
	1	公共课税					
	2	管理费					
	3	总经理基金					
		固定成本合计					

续上表

类别	项目	本年（月）度计划		本年（月）度实际完成		实际比计划
		预算数	占收入比例（%）	实际发生数	占收入比例（%）	
	成本费用合计					
	经营利润					
	投入人员数（人）					
	人·月（年）劳动生产力					
	边界利益率					

注：关于固定费用与变动费用的区分如下

1. 与销售额成正比例增长，并且这个比例在短期内相对稳定而支出的费用划归变动费；
2. 在短时间内，以销售额为目的费用归属变动费；
3. 根据费用使用人不同、目的不同，费用归类不一样；
4. 根据战略来定，短期出效益的是变动费，不能短期出效益，能长期出效益的划入固定费；
5. 模棱两可的费用是否纳入变动费还是固定费，视具体情况而定，以能够贯彻经营者的意志为原则。

（3）咨询类经营会计报表及成本科目定义。项目信息、（咨询类）经营会计报表、成本科目定义如表3-17、表3-18、表3-19所示：

表3-17 项目信息表

项目基础信息	项目所属公司	
	项目名称	
	项目负责人	
	现有成员名称	
	项目业务类型	
项目收支情况	项目全额收入	
	项目成本	
	项目利润	
	项目利润率	
项目其他信息（包括但不限于资金垫付周期、保证金等特殊情况）		

表 3-18　（咨询类）经营会计报表

类别	项目		本年（月）度计划		本年（月）度实际完成		实际比计划
			预算数	占收入比例（%）	实际发生数	占收入比例（%）	
	咨询收入						
变动成本	人员费用	项目人员奖金					
		项目人员津贴					
		项目人员签单奖					
		团队建设费					
		小计					
	运营费用	应收款利息					
		直接风险成本					
		计提风险金					
		招投标服务费					
		代缴社保劳务费					
		税费					
		集团内部各分公司或子公司间代理服务费					
		小计					
变动成本合计							
边际利益							
固定费用	人员费用	客服人数					
		项目组人员薪酬					
		项目组人员单位社保					
		项目组人员单位公积金					
		项目组人员福利费					
		项目组人员人力用工风险金					
		小计					

续上表

类别		项目	本年（月）度计划		本年（月）度实际完成		
			预算数	占收入比例（%）	实际发生数	占收入比例（%）	
固定费用	办公费用	租赁费					
		水电费					
		网络费/电话费					
		办公费					
		广告宣传费					
		电脑					
		办公家电					
		打印机/投影仪/传真机					
		办公桌椅					
		小计					
	运营费用	交通费					
		差旅费					
		项目接待维护费					
		项目活动费					
		小计					
固定费用合计							
费用合计							
经营利润小计							
投入人员人数							
人·月（年）劳动生产力							
边界利益率							
备注							

制表人：　　　　　　　　项目负责人：

第三章 项目组织的预算、结算管理

表 3-19 成本科目定义

科目			说明
变动成本	人员费用	劳务人数	为劳务人员人数
		项目人员奖金	支付项目组人员奖金
		项目人员津贴	支付项目组人员津贴
		项目人员签单奖	支付项目组人员成功签单奖金
		团队建设费	支付给咨询公司每人每月100元的团队建设费用
	办公费用	生活用品	劳务人员在日常生活中生活用品费用,包括:日用纸、饮用水等
		宿舍用品	劳务人员宿舍里的用品费用,包括:盆子、床、被子等
		生产用品	直接用于本项目生产,并作为直接成本核算的用品
		劳保用品	用于本项目生产的劳保用品的费用
		办公用品	用于本项目的办公用品成本,包括:笔、打印纸等
		设备折旧	为本项目购买的固定资产的折旧金额
	运营费用	应收款利息	由于垫付资金造成资金占用而产生的利息
		直接风险成本	支付劳务人员的补偿金
		计提风险金	根据项目需要计提的风险金
		招投标服务费	支付给中介机构的招投标服务费
		代缴社保劳务费	支付给集团外单位的代缴社保劳务费
		税费	由于发生收入产生的应交税费
		集团内部各分子公司间代理服务费	与集团内其他单位合作,进行内部结算所需支付的费用
固定成本	人员费用	客服人数	项目组中的客服人数
		项目组人员薪酬	支付项目组人员的薪酬固定部分
		项目组人员单位社保	支付项目组人员的社保的单位部分
		项目组人员单位公积金	支付项目组人员的公积金的单位部分
		项目组人员福利费	支付项目组人员的福利费
		项目组人员人力用工风险金	支付项目组人员的补偿金

续上表

科目		说明
固定成本	办公费用	
	租赁费	项目组占用场地的租金费用
	水电费	项目组使用的水电费
	网络费/电话费	项目组使用的网络费/电话费
	办公费	项目组使用的办公费
	广告宣传费	用于本项目的宣传费用
	电脑	项目组使用的电脑
	办公家电	项目组使用的办公家电
	打印机/投影仪/传真机	项目组使用的打印机/投影仪/传真机
	办公桌椅	项目组使用的办公桌椅
运营费用	交通费	项目组人员使用的交通费
	差旅费	项目组人员的差旅费
	项目接待维护费	项目组人员的招待维护费
	项目活动费	项目组人员组织活动费用

第五节　项目组织的量化分权

一、项目组织量化分权的必要性

在企业推行项目组织经营，就是借用阿米巴经营的思想和原理，将各部门、各经营单位的工作和业务，用项目组织形式重新组合成一个个能独立核算的经营单位，让员工在公司的平台上真正实现自我经营、自我管理和自我发展。但要使项目组织能够真正实现独立经营核算，公司必须要解决一个根本性的问题，就是赋权。

将工作和业务重新组合成一个个项目组织，划小了经营单位，只是为独立经营核算创造了一个组织条件，然而这是不够的。项目组织要想真正实现独立经营核算，还需要有一个能够独立经营核算的组织生态环境，这个组织生态环境，就是量化分权，把能够独立经营核算的用人事权、财权和分配权赋予他们。只有这样，项目组织才能够真正走向自我经营、自我管理和自我发展的道路。

许多企业在推行阿米巴经营中，通过划小经营单位实行独立核算经营，一开始各个层级阿米巴的员工热情都很高，在第一年也取得了很好的经营业绩。但之后，员工的热情开始锐减，有许多人就认为阿米巴经营在中国水土不服，其实问题不是水土不服，而是出在赋权上。阿米巴经营的核心，就是通过划小经营单位，赋予经营权、管理权和自我发展权，让各级阿米巴都能够独立经营核算，用经济数据经营自己、管理自己、成就自己。只要每一级阿米巴都能按既定目标完成经营业绩，整个企业的发展就自然而然上去了。

从阿米巴经营在中国企业的实践看，阿米巴经营也有一些缺陷，比如阿米巴经营依然存在多级层级管理、行政化、KPI考核，可能使各级阿米巴授权不充分，这也是一些企业在推行阿米巴经营后，继续深度发展所遇到的困惑。

企业经营，从表象看是经营客户、经营业务，但深究其本质，是经营人才、经营员工，把人经营好，才能把事做好。然而，从人的本性看，人都是自私的，不能把每一个人都当作高尚的人去经营，尤其是新生代普通员工和中下级经营管理者，他们更关注个性人格的尊重和利益的分享，所以企业经营必须重视员工的自私性，把员工的自私性经营好，就能激发出员工的激情和付出。一个组织也不例外，每一个组织都会有本组织的利益，这个利益，就是要赋予这个组织所应该具有的独立经营核算的用人事权、财权和分配权。所以，组织的经营就是要经营好用人权、财权和分配权。

红海借用阿米巴经营哲学、理念和方法，采用项目组织形式划小经营单位，一是规避阿米巴的外来之嫌；二是以项目组织形式组合成一个个独立经营核算的经营实体，直接对公司经营领导班子负责，在组织生态环境上真正实现去层级化、去行政化、去KPI化，这样就可以充分授权给各个项目组织，让它们拥有独立招聘员工、经营员工、管理员工和经营管理业务的财务权和分配权。

二、流程分权和量化分权的区别

（一）流程分权的概念与作用

流程分权是指依据管理和控制的需要而进行的一种权力与责任的划分，是一种管控理念。

流程分权包括业务办理流程分权、生产工艺流程分权和行政审批流程分权等，是为了减少业务办理差错、减少生产质量损失和行政审批失误而通常采用的一种管控工具。

流程分权的目的是实现"零损失"，追求的是做事的效果，注重的是责任的划分，以使每一个环节、每一个程序上都有专人负责,从而实现减少差错和失误。

流程分权的好处是,通过流程分权可以明晰每一个业务环节、每一个生产环节和每一项行政审批环节的责任和权利义务,这样就可以把责任损失降至最低限度。但流程分权如果过细、分权层级太多,又会影响生产和办事的效率,增加生产和管理成本。所以流程分权不能太细,太细会影响工作效率,尤其在"时间就是效率,效率就是金钱"的时代,流程设计就更不能层级太多。流程分权也不宜太粗,太粗容易造成差错和失误。

因此,在流程分权设计时应综合考虑以下因素:一是生产的机器设备的先进性;二是业务办理所使用工具的先进性;三是员工的工作技能熟练程度;四是员工处理事务的复杂程度和应承担的责任;五是行政审批事项的重要性。

当生产的机器设备、办理业务的工具都比较先进,员工的工作技能又比较熟练时,流程分权的层级就可以少一些;当员工处理的事务比较复杂,审批的事项又很重要,流程分权的层级就可以多一些。总之,流程分权的设计既要重视办事效果,减少差错和失误,又要重视办事效率,提高劳动生产率。

(二)量化分权的概念与作用

量化分权是一种赋权理念和赋权行为,是指公司依据各个项目组织所应承担的责任、贡献率、风险和义务,由公司经营领导班子授予各个项目组织的权限,然后再由项目组织负责人授权给班组和员工。

量化分权按照各个组织的经营规模、贡献率和应承担的责任与风险,将经营和管理权力进行量化后,再授予给各个组织开展经营管理,其中包括量化后的用人权、财权、分配权和物资采购权等经营管理权限。

量化分权的目的是为了解决组织中经常容易发生的有责无权或有权无责的困惑。在中国的一些企业组织管理中,尤其在一些中小企业的管理权力分配中,经常会出现一种"一统就死,一放就乱"的奇特现象。这种问题的出现,其主要原因是没有按照本组织的经营规模、贡献率和应承担的责任与风险进行量化分权。权力就像一只下山的猛虎,无边界限制,就会造成损害。量化分权,按照组织的经营规模、贡献率、责任和风险,把经营管理的人权、财权、分配权和物资采购权等进行量化分配,设置权力的边界,把容易越界的权力关进"笼子"。让经营管理者能够在自己拥有的权力范围内,用好人、管好事,用自己的经营思维、经营智慧和勤奋努力,带领团队完成好经营目标任务,甚至超额完成经营目标任务。

经营管理报表既是项目组织用于管理现金流和经营可变费用的工具,也是项目组织量化分权的重要管理工具。运用经营管理报表,将公司赋予的权力进一步量化分权给班组和员工,让权力透明化,以激活员工自我经营的激情和付出。

运用经营管理报表量化分权,就是在明确的经营理念、经营原则的指导下,以承担经营目标计划为责任,以经营预算为基础,将项目组织的年度、月度经营收入目标、经营行动计划的投资成本和经营预算,用数据编制在经营管理报表内,把固定费用的使用权和变动费用的经营权授予给项目经理、班组长和员工,这样就把责任、权利、义务和利益分配也同时下放给了项目经理、班组长和员工,从而就能够让项目经理、班组长和员工对经营和管理的结果真正负起责任来。量化分权,分的是经公司审批后的固定费用使用权和变动费用的经营管理权,其本质是将责任、权利和义务分到位。

运用经营管理报表量化分权的步骤如下。

1. 事前——编制经营管理报表科目,填写经营目标数据,设置使用和经营的权力界限

运用经营会计报表进行量化分权的经营单位,首先应是一个实行独立经营核算的项目部或者班组,这是运用经营会计报表进行量化分权的必备条件。

对于项目组织如何授权,怎样进行量化分权,可按以下程序一步步推进。

首先,要编制好年度经营预算表和每个月的经营目标计划,确定各项业务的收入目标计划和实施措施,然后再以收入目标计划和实施措施作为基础来测算成本投资费用。

其次,在确定的经营收入目标计划的基础上,编制每个月的经营预算,确定每项业务应获得的预算收入目标,然后按照以收定支的原则,以预算应完成的收入,再预算每项业务开发和每项经营管理工作需要投资的成本费用(包括固定费用和可变费用),形成年度和月度经营预算表。

最后,在经营预算的基础上编制经营管理报表科目,然后再按照科目把每一项业务的预算收入和需要合理开支的每一项预算成本费用数据填写上去,这样就把责任、权利和义务量化分权给了项目部和班组。

从以上量化分权的过程看,经营收入目标计划是责任的担当,是对应完成的业绩承诺;经营预算是授权的基础,项目组织的经营预算一经公司领导批准,就是公司领导对项目经理的授权;班组的经营预算经项目经理审核批准后,就是项目经理对班组长的具体授权。经营会计报表将授予的权力进行量化分配,报表中的各项量化数据是分权的依据,例如定量的招待费开支权力等。

每个项目组织应承担的责任和拥有的用人权、财权和利益分配权,是与项目组织承诺的经营收入目标任务和对公司的贡献率成正比的。承诺的经营目标任务越大,对公司的贡献率越多,所拥有的可变费用经营使用权限就越大。

2. 事中——授权后的权力使用与业绩管理

运用经营会计报表进行量化分权,其目的是通过赋权激活项目经理、班组长和全体

员工自我经营、自我管理、自我发展的激情和付出，以达成经营收入目标任务。因此，在运用经营会计报表进行量化分权后，各个项目组织要在经营会计报表中将每个月实际完成的每一项业务收入数据和每笔成本费用支出的数据填写上去，同原来预算的收入数据和预算的支出数据进行比较，检查收支是否平衡。如果收大于支，说明权限使用合理；如果支大于收，就有可能发生了越权行为，要检讨费用开支是否符合目的，是否合理。支大于收时，一方面项目组织要进行自我检讨，总结经验教训；另一方面公司领导要进行行政干预，对项目组织负责人进行警诫谈话，组织项目组织全体团队成员开会，检讨分析原因，制定扭亏为盈或增收减支的具体措施，以确保经营业绩的完成。

3. 事后——用权监督，业绩评价

经营会计报表既是各个项目组织进行自我管理的工具，也是公司领导对项目组织的经营状况进行监督管理的重要工具。

首先，各个项目组织要运用经营会计报表对用权和业绩进行检查评价。第一，要依据已获得的收益，评价投资使用的成本与费用所产生的效果和效率。如果收支平衡，则证明成本与费用的使用基本合理；如果收大于支，则证明经营产生了良好的边界收益，应进行总结巩固和发扬；第二，要依据经营预算数据和实际发生的数据，检查评价量化分权是否合理。如果出现支大于收，有可能存在以下两个方面的原因：一是在做预算时，对业务收入的测算或成本与费用的测算做得不准确，这就需要改进预算方法，在做次月预算时要对收入预算和成本预算进行精益测算；二是在经营费用上没有经营好，把费用当作固定成本使用了，以至造成越权使用费用。如果出现了这样的问题，就要打起十二分精神去分析原因，制定切实可行的改进措施，化解授权风险。公司对项目组织的授权，授的主要是经营可变成本的权力，运用经营会计报表进行量化分权，分的也是可变成本的权力。因此，评价用权是否得当，主要看可变成本经营的业绩，一看可变成本的量化分权项目是否精细合理，二看在经营费用上有没有用精益思维和精益方法去经营。

其次，公司领导要运用各个项目组织上报的经营会计报表检查各个项目组织的分权、用权情况，并对各个项目组织的可变成本的经营效果进行客观公正评价。对运用经营会计报表量化分权和经营可变成本做得好的项目组织，要及时给予鼓励和表扬，并可召开经验交流会进行推广；对量化分权、用权和经营可变成本费用做得不够好的项目组织，要及时深入项目组织现场进行指导，组织项目经理和班组长或全体团队成员召开分析会，查找原因。对不会做量化分权的，要指导做好量化分权，对不会做可变成本费用经营的，要指导用精益思维和精益方法做经营；对个别屡教不改的，要采取措施进行换人。

第三章　项目组织的预算、结算管理

第六节　单位时间附加值的核算

各个项目组织通过运用经营预算和经营会计报表量化分权后，项目负责人就承担了这个项目组织的全面经营管理，包括制订经营计划、编制经营预算、用工管理、安全管理、业绩管理和资材订货等。但是项目组织负责人不可能都是会计专业出身，无法看懂专业的会计报表，这就需要设计一个简单直观的，又可以及时反映真实经营情况的《单位时间附加值核算表》。这样，项目组织负责人每个月就可以运用《单位时间附加值核算表》掌握本项目组织的真实经营情况。

一、单位时间附加值核算的概念

什么是"单位时间附加值核算"？单位时间附加值核算是指项目组织导入经营会计报表之后，以月度为单位时间，以报表中的每一项业务收入科目与支出的费用作为经营单元，对每一个经营单元所产生的差额附加值进行核算，然后再以该附加值除以总的劳动时间，就得出了每小时的附加值。这样，这个项目组织每小时能产出多少附加值就一目了然了。

二、单位时间附加值核算的意义

单位时间附加值核算对项目组织经营具有重大意义，它能增强项目组织经营的透明度，可以有效提升员工工作的积极性。

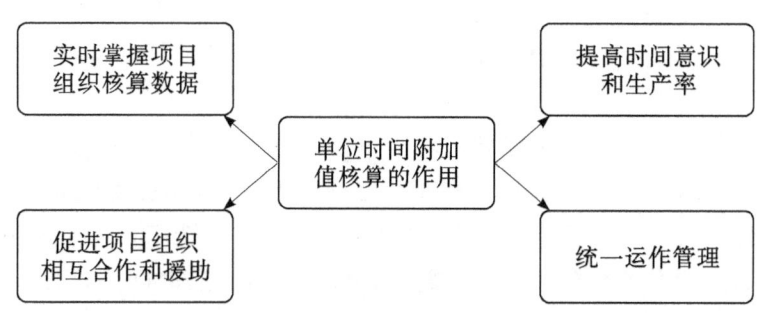

图3-4　单位时间附加值核算的作用

单位时间附加值核算，可以帮助项目组织领导人实时掌握本项目组织的经营状况，统一运作管理。每个项目有多少收益可以及时反映出来，项目组织一天产生多少收益？一个小时产生多少效益？项目组织都可以独立核算出来，其利润状况一目了然，整个企业的经营状况也能做整体把控。

很多企业财务都有一个问题，就是报表汇报不及时。财务报表一个月完成，与一天完成的效果是完全不一样的，财务报表完成的时间越短越好。项目组织经营会计与传统财务会计相比，其中一个很重要的优势，就是经营会计报表的及时。财务报表是一个月完成一次，而经营会计报表可以一天或者一周完成一次，这样就可以适时掌握项目组织的经营状状况。

月度核算是每天发生的各种细小数据的累计，因此我们对每天的日常核算不能有丝毫懈怠。单位时间核算，不是到了月末才去统计当月的订单、生产、销售和时间等重要的经营信息，而是每天进行统计，并迅速地将其结果反馈给现场经营者。

在月初的时候，每个项目组织都应针对单位时间核算表里的所有管理项目制定计划数据。只有准确掌握每天的业绩数据，才能时刻把握计划的进展情况。一旦发现接单、销售额及生产等方面有所拖延，要立即采取对策让计划顺利完成；如果发现经费开支超出了计划，也能够迅速采取措施来严格控制支出。

通过每天检查每个项目组织的核算情况，就可以迅速地做出经营判断。这种每天进行的核算管理保证了计划的如期完成，并为经营决策提供及时的数据支持。

企业通过单位时间核算也能有助于提高员工的时间意识，从而提升员工的生产效率。如果只是告诉员工每个月生产多少效益，那么员工对于时间不会有紧迫感。告诉员工每天甚至是每个小时生产多少效益，如果生产线因为待料或待机停工一个小时，让员工能清楚地知道这一个小时的损失是多少，这样就更能够提高员工的时间意识，迫使员工更快地解决问题，恢复生产。

在项目组织体制下，各个项目组织为了努力提高"单位时间核算"附加值，会时刻保持对总时间把控的意识，用通过反复工作方式的改进、创新和精益经营法，提高劳动生产率。

例如，某部门的单位时间劳务费平均为 36 元/小时，那么摊到每分钟为 0.6 元，甚至可以精确到每秒 0.01 元。我们在工作时就必须创造出高于劳务费成本的附加价值，而且必须让所有成员都能够理解这一事实，提高时间意识，营造充满紧迫感的工作氛围。

要减少总时间，但这并不意味着削减公司规定的正常工作时间。员工即使不加班，在正常工作时间（8 小时）里还是不能离开工作岗位，即使订单减少，每天的工作量只有 5 小时，剩余的时间也要计入成本。所以，如何有效地使用时间，是项目组织经营的关键。

假设某项目组织的工作有空闲，而另一个项目组织人手不足，那么就可以派多余的人手去支援。通过调拨这部分工作时间，也就是提供支援的部门总时间减少，接受支援的部门总时间增加，从而在整体上有效利用了时间，同时也能促进项目组织相互合作和援助。

在稻盛和夫的京瓷公司，人们把这类调拨时间精确到 0.5 个小时（30 分钟），通过准确地把握各部门耗时多少来尽量缩短总时间，以期提高"单位时间核算"。

现代的企业经营最重视的是速度，提高时间效率是企业在竞争中取胜的关键。阿米巴经营模式中的单位时间核算制，就是通过引入"单位时间效率"的概念，把其作为现场的指标，使每一位员工都能意识到时间的宝贵，努力提高工作生产率。这不仅能提高本部门的核算，而且还能提高公司整体的生产率，进而进一步增强市场的竞争力。

三、经营会计与单位时间核算、财务会计的本质区别

表 3-20 经营会计与单位时间核算、财务会计的本质区别

人员流程	经营会计		财务会计
	经营会计	单位时间核算	
主要目的	提供决策依据	提升成长效益	外部利益者使用
应用区别	高、中层干部	干部、员工	股东与政府
数据来源	原始经营数据	原始经营数据	首次整理加工
会计作用	提升经营水平	提升管理水平	不直接提升经营
报表设计	个性化设计	个性化设计	企业会计准则

从表 3-20 中不难看出，由于财务会计的目的是供外部利益者使用，故报表对于企业经营的改善并没有太大的作用。

单位时间核算是通过单位时间核算反映各个项目组织每天或每周的盈利情况，并计算出单位时间附加值，单位时间核算表上的数据往往是最直观的，可以迅速地让各个项目组织做出改进决策。

经营会计能有效反映每个项目组织每个月的工作业绩以及经营状况，明确每一笔费用的支出、每一笔盈利的进账，是真正做到"销售额最大化、经费最小化"的有力保障。它使各个项目组织和项目团队成员都能够清楚明白地掌握本项目组织的经营情况，使员工能直截了当地知晓本项目组织的经营业绩及自己的工作业绩，并使员工能够从数据中暴露出来的经营问题，实现自我分析，并自发拿出相应的解决方案，在经营过程中不断循环提升自己，不断改善。

四、经营单位附加值核算的具体做法

经营单位附加值核算分为项目组织经营单元附加值核算和业务经营单元附加值核算。项目组织经营单元附加值核算，是指以每一个项目组织每月应完成的经营收入和支出的

费用作为一个经营单元，对每一个经营单元所产生的差额附加值进行核算；业务经营单元附加值核算，是指以经营会计报表中的每一项业务收入科目与支出的费用作为经营单元，对每一个经营单元所产生的差额附加值进行核算，然后再以该附加值除以总的劳动时间，就得出了单位时间的附加值。

单位时间附加值核算不是成本管理，而是通过自身的经营智慧和努力产生附加值收益。

单位时间附加值核算，可以分为两种经营单元形式进行核算：一是以项目组织作为一个经营单位，按月度对各个项目组织的研发、生产、销售等领域进行经营单元附加值核算，然后再以该附加值除以总的劳动时间，就得出了这个项目组织单位时间的附加值；二是以经营会计报表中的每一项业务收入科目与支出的费用作为经营单元，按每一天或每一周对这项业务经营单元所产生的差额附加值进行核算，然后再以该附加值除以总的劳动时间，就得出了这项业务单位时间的附加值。每个经营单元核算出来的结果，往往以利润体现出来，并在此基础上，根据总劳动时间，算出单位时间附加值。

单位时间附加值核算主要以现金收付制进行核算，即以总收入减去总费用除以总时间，其计算公式为：

单位时间附加值 =（实际收入 − 实际支出）/总时间

其中，总时间是指一个经营单元所有员工的工作时间的总和，包括加班时间。

单位时间附加值核算，一方面可以让员工及时了解经营成果，增强员工有效工作时间的经营意识；另一方面可以保证单位工作时间的附加值高于员工单位时间的平均工资，明确公司在经营活动中应遵循的底线。单位时间附加值核算表如表 3-21 所示：

表 3-21 单位时间附加值核算表

科目名称	类别				差异对比分析
	计划业绩		实际业绩		
	金额	销售收入比	金额	销售收入比	
销售收入					
费用					
利润					
总人数					
总时间					
人均产值（收入/人数）					
附加价值（利润/时间）					

通过《单位时间附加值核算表》，能够第一时间发现各个经营单元哪一项业务能够保持盈利，哪一项业务正处于亏损状态，哪一项业务需要发展壮大，哪一项业务必须控制收缩并立即制定相应的对策。

五、经营单元单位时间附加值核算的要求

经营单元单位时间附加值的核算，应达到以下几项要求。

1. 定期核算经营数据，使经营数据具有实效指导性

项目组织实行独立经营核算的灵魂，就是定期对经营单元数据进行实效性核算。只要每天、每周、每月都对经营数据进行核算，让经营数据透明化，各个项目组织和员工就能通过数据易如反掌地掌握每天、每周、每月的经营现状，并在此基础上，进行更加具体的沟通，及时改进经营措施，以促进经营目标的达成。

经营数据化管理是现代企业在经营中促进经营目标达成的重要工具之一。一个人、一个团队在经营中往往会有很多想法，但时间一长就很容易忘记。而将经营目标数据化，把数据植入到项目组织和员工的工作计划中，就等同于"将目标刻在岩石"上，这样就可以促使员工紧紧盯住目标去努力完成目标。例如，在日本京瓷公司，领导者每天都会将月度计划分解到日计划，然后将日计划数据张贴在车间内，员工在每天晨会时就可以获得前一天的总生产、达成率、单位时间附加值、良品率等实绩。同时还可以在晨会上了解当前存在的问题及当天的工作任务安排，几乎所有的成员都是边听边做笔录。在晨会上反复传达，全体员工会对核算变得非常敏感，而且会对手头的工作所创造的利润产生浓厚的兴趣。

2. 简单易懂

每个项目组织、每个项目组织负责人都有一本账，收入是哪些，支出是哪些，剩余是多少。这就是简单的经营会计，是自主经营管理的核算工具，将每个经营单元的工作成果量化如家庭收支簿一般简便的数字计算，可以让每一个人都变得容易掌握。

表的格式要简单，但要囊括经营单元所有经营业务项目，让收入和支出的账目一目了然。其中，收入中要明确所有业务收入的来源，支出中要列出所有应支出的费用，并明确支出明细。当经营环境、经营的客观条件没有发生变化的情况下，要对支出产生的差异进行分析。要避免一些可有可无的事情牵扯经营负责人的精力，让项目组织负责人把主要精力放在如何实现收入最大化和成本最小化上面，这样他们就有更多的时间集中在经营上。

3. 经营单元独立核算

每个经营单元都应独立进行核算。让员工自主经营管理，其核心就是要求各个经营

单位都要进行独立核算。独立核算一方面可以让公司了解每个经营单元的真实经营情况，另一方面也有利于项目组织负责人根据经营情况自主决策。经营单元核算，最重要的是体现在一个"细"字上。仅仅一个项目组织经营，一张单位时间附加值核算表就有五十个项目左右，包括收入管理、经费管理和时间管理等内容，每一项都要用金额清楚地表示出来。

单位时间附加值核算表是经营情况的晴雨表，每一个经营单元将每天的经营数据填写到表格中，由项目组织进行汇总，计算出本项目组织的单位时间附加价值。通过纵向和横向的比较，得出经营优劣的分析结论。

4. 经营数据核算透明化

经营数据的核算要能够使项目组织中的每位员工都可以查看单位时间核算表的核算结果，然后根据经营数据的指标波动情况进行分析，并让员工采取及时的措施来改进。而一般企业包括上市公司的披露环节，会计核算结果只有管理者知道，一般普通的员工很难及时了解经营数据。但是对于员工来说，特别是一线员工，只有在了解了经营数据情况时才能产生主人翁的意识，才能紧密团结工作，将经营目标视为己任。

5. 公司内部交易买卖

独立经营核算是划分项目组织的一个基本准则，也是项目组织实现自我经营、自我管理、自我发展的基础。因此，各个项目组织在需要购买本项目组织之外的服务时，可自行进行成本核算，确定购买服务价格，各个项目组织之间、项目组织与职能部门之间可协商定价购买相互间的服务。这样，公司内部各个项目组织与各个职能部门之间的成本关系，项目组织与项目组织之间的协作关系，就可以通过内部交易都转变成为"买卖关系"。这样就可以更进一步促进各个项目组织和各职能部门的单位时间附加值的核算，使它们更关注收入最大化和成本最小化的核算。

六、运用经营会计报表核算单位时间附加值应遵循的原则

单位时间附加值核算是经营会计的核心。在运用经营会计报表核算单位时间附加值时，应遵循以下六个原则。

1. 以现金经营为基础的核算原则

现金流是企业经营发展的血液。一旦企业的现金收入出现了问题，即使企业是盈利的，最终还是可能会死亡。以现金收入为基础核算单位时间附加值，是项目组织最基本的经营原则，这个原则的基础不在于会计上的数据，而在于现金的动向。

2. 一一对应核算原则

经营会计的经营是现金流的经营。每个项目组织的经营会计报表，都必须做到账、

卡、物相符，这是项目组织自主经营管理的基本原则。第一，必须是现金到账才能算收入；第二，现金一旦使用，就必须要有相应的票据入账，做到票据、物品、现金数额相一致。各个项目组织在运用经营会计报表进行单位时间附加值核算时，也应按照这个一一对应原则进行单位时间附加值核算。

3. 利润最大化核算原则

项目组织要想长远发展下去，必须去除"赘肉"。对于项目组织来说，库存、闲置设备、人力浪费、时间浪费、意外事故都是"赘肉"。各个项目组织运用经营会计报表进行单位时间附加值核算的目的，就是要减少多余的资产，减少闲置设备，减少人力浪费，减少时间浪费，减少意外事故，并对所有的有效资产进行精益经营，最大限度地提高劳动生产效率，实现成本最小化，利润最大化，只有这样各个项目组织才能够持续经营发展。

4. 双重确认原则

所有经营数据及票据的入账，都要经过财务核算者和经营者的审核批准，进行双重确认，以确保核算数据的正确性，防止数据差错。这是制作经营会计报表和核算单位时间附加值的基本原则。严守这一原则，一是确保数据的正确性和严肃性，二是为项目组织营造一个好的经营环境。在经营中由于人的自私本性，所有的人都有可能因一时糊涂而犯错误，为了避免该情况，各个项目组织的所有会计数据的处理都应由专门人员来负责。

5. 精益核算原则

精益核算，就是人人都要学会算账，事事都要算账。在项目组织内实行员工自主经营管理，就是要放手并要求员工对经营单元的收入、费用、劳动总时间等都要进行单位时间附加值核算，使员工人人都有账本，事事都有核算。只有这样才能真正实现收入最大化、经营费用最小化。这种核算就是事事都要追求附加值。经过核算，项目组织全体成员就能很清晰地知道自己所在部门和自己所经营的业务单元的经营情况，从而就可以及时地调整自己的经营策略，以确保经营收入和利润目标的实现。

6. 透明核算原则

在项目组织中推行单位时间附加值核算，其目的就是要让员工清晰地知道自己所在项目组织和自己所经营的业务单元每天、每周、每月的销售收入、成本、利润、人均产值等经营数据，以使员工真正地实现自我经营、自我管理、自我发展。因此，各个项目组织在进行单位时间附加值核算和要求员工进行单位时间附加值核算时，要将数据透明化，把真实的数据告诉员工，让员工自己算账，只有这样才能团结员工，齐心协力做好项目组织的经营工作。

附件：经营会计落地工具箱

事前准备	基础培训：针对项目负责人进行经营会计基础培训导入 制定方案：制定项目组织经营计划、经营预算，为制定经营会计报表奠定基础
落地过程	报表设计：根据项目组织经营计划、经营预算设计经营报表科目 数据采集：根据一一对应原则采集填报数据 数据核准：核准各项现金收入、各项现金支出数据 月度结算：根据各项现金收入、各项现金支出，结算本月度利润数据 检讨经营问题：依据各项数据，查找经营中存在的问题，制定改进措施 提升运营管理：实现销售最大化、费用最小化
效果加固	报表分析：用对标、对比、比率进行分析 循环改善：PDCA循环改善 经营业绩：经营成果、经营过程与业绩报告
效果评估	经营会计效果：运用经营会计报表数据，进行单位时间附加值核算，提升人均效益，构建损益评估系统

下 篇

项目制人单合一精益经营管理法

第四章　精益经营管理法

第一节　精益经营管理法的概念

一、何谓精益经营

当中国的经济社会发展从人力资源时代迈进人力资本时代，人口红利所带来的廉价劳动力消失，廉价劳动力经济变成了短缺经济。在这种时代背景下，精益经营就是企业求生存、谋发展的一种战略，也是企业在人力资本时代的发展道路和方针。精益，意味着精湛、专注、专业、高水准；精细，意味着深入细节；精确，意味着数量化、精准；高效，就是增进收益，减少浪费。

精益经营，也叫精益经营模式，是指企业的经营，要围绕企业的我情、员情、客情、政情和竞争者情等内外部环境情况，对企业进行准确的定位，建立企业的业务体系，并结合企业规模大小和资源整合能力，去选择和创建一套适应企业自身发展的经营战略、组织体系、经营政策与日常运营的机制；并同时在企业内部形成一种以"目标和业绩"为导向的积极向上、高度合作、持续作战、精益求精、坚持不懈的工作氛围。

（一）企业精益经营的七大部分内容

企业经营模式见图4-1。

企业经营模式转化为精益经营七大部分内容，见图4-2。

（二）项目组织精益经营的九大部分内容

理念统一、经营计划、产品模式、业务盈亏点测算、经营预算、经营会计、精益管理、项目组织文化和人单合一结算。结合成项目组织精益经营模型图如图4-3所示。

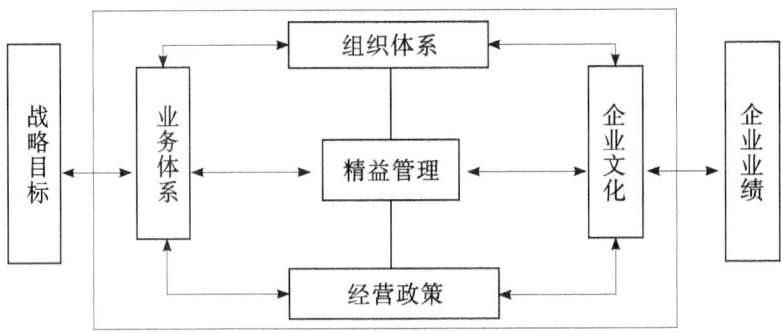

图4-1 企业经营模式模型图

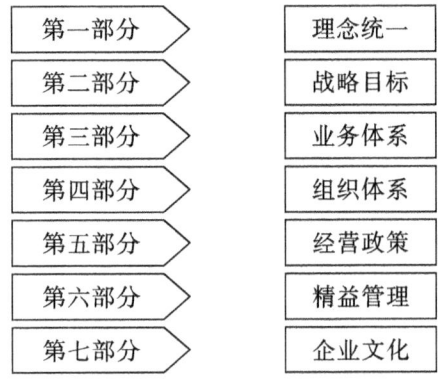

图4-2 企业精益经营的七大部分

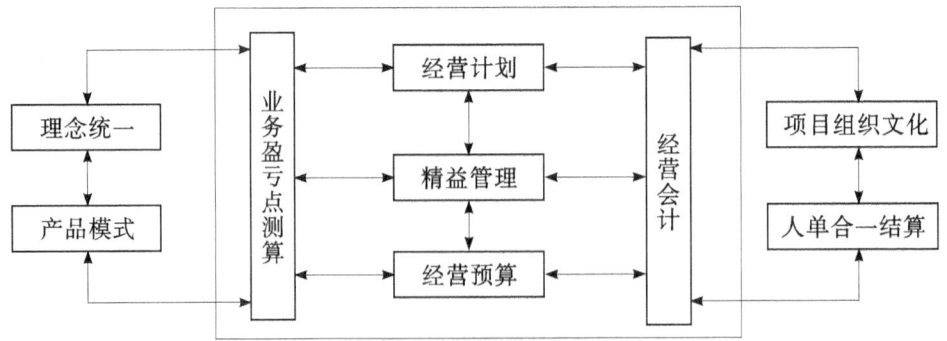

图4-3 项目组织精益经营模型图

二、什么是精益管理

精益管理，是指企业以满足客户不断变化的需求，为客户提供满意的产品和服务为目的，并围绕这一核心目的在企业内部开展的一系列关于经营管理目标确定、经营管理指标分解、经营计划编制、业务与工作流程梳理优化、组织分工与人员协调、培训与训练、检查督促与指导、总结分析与改进、奖励与惩戒、工作结果统计与报酬结算等高效的管理活动。按照思路性、框架性、体系性、高度概括和可复制性的要求，并通过精益求精的方法，坚持不懈，最终高效地达到企业"创造客户，赢得利润"的目的。

围绕企业的日常经营管理，管理者其实就是做三件事：①告知员工工作目标、方法和标准；②系统地督查督办员工是否按既定的目标和要求去做，并对员工进行针对性的日常指导、训练和培训；③对于干得好的员工及时进行表扬和奖励，对于干得不好的员工进行教育、帮助和批评，犯错严重的要进行惩罚。

精益管理，是由管理的五大基本职能——"计划、组织、指挥、协调、控制"演变过来的，是将复杂的管理理论转化为一套简单化、工具化、可操作化的精益管理系统。概括起来可分为"三大块十一步"。第一大块：计划模块，共分为三步。第一步：经营管理目标确定；第二步：经营管理目标分解；第三步：编制经营计划。第二大块：执行模块，共分为五步。第四步：业务与工作流程梳理优化；第五步：组织分工与人员协调；第六步：精益操作；第七步：培训与训练；第八步：检查督促与指导。第三大块：总结与改进模块，共分为三步。第九步：总结分析与改进；第十步：奖励与惩戒；第十一步：工作结果统计与报酬结算。企业精益管理模型见图4-4。

三、精益经营管理法概念

精益经营管理法，是指企业在整个经营和管理的活动中，摒弃传统的成本管控思维，用风险投资思维经营企业，用成本投资思维管理企业，把每一项经营成本、管理成本、技术研发成本、生产成本、营销成本和服务成本等当作资本投资来经营与管理，用精益投资思维做"经营管理"。在风险投资的"经营"中用精益管理的方法去做经营，在成本投资的"管理"中用精益经营的方法去做管理。

四、经营与管理的辩证统一关系

经营与管理的关系，是一分为二的辩证统一关系。经营是阳，管理是阴。

经营是打天下，是攻城略地，是企业持续发展的保障。这就决定了经营必须要具备两种最基本的思维方式：首先，经营要有冒险精神。俗话说"富贵险中求""兵者诡道

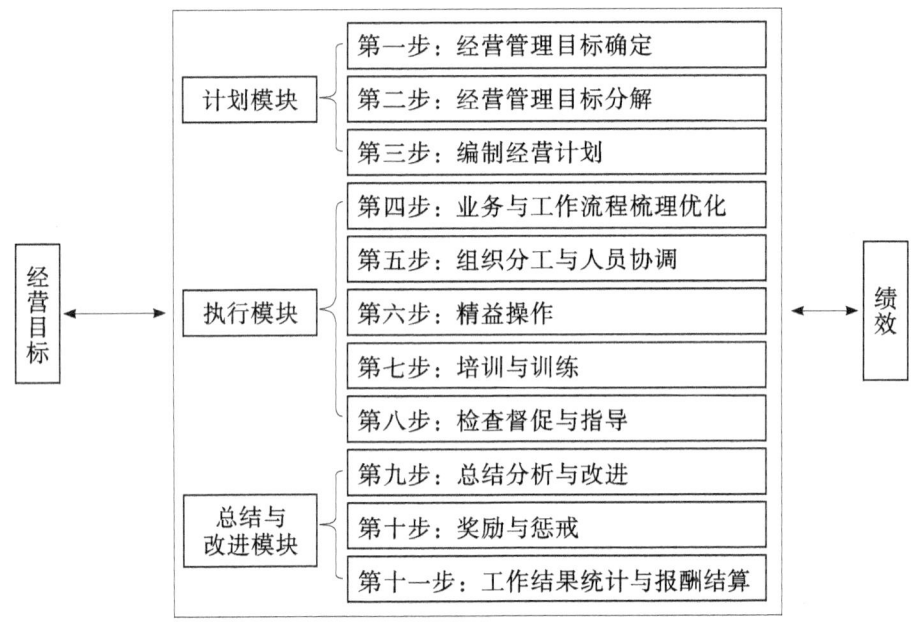

图 4-4　企业精益管理型图

也", 讲的就是经营要有一定的冒险精神。其次, 经营要有细分倍增思维。经营要细, 越细分, 赚钱的机会越多。因为经营一是要有老板的思维, 如何用一元钱的投资, 赚回十元钱, 即十倍的增长率; 二是要有互联网经营思维, 如何用一元钱的投资赚回一百元, 即百倍的增长率; 三是要有金融经营思维, 如何用一元钱的投资, 赚回一千元, 即千倍的增长率。所谓老板思维、互联网经营思维、金融经营思维, 就是细分倍增思维、乘法思维、杠杆思维。但细分思维是基础, 只有在细分的基础上才能实现倍增。

　　管理是管控风险, 是防范, 是服务保障, 是为经营保驾护航, 所以需要建规立制, 以确保经营立于不败之地! 但管理也是成本, 因此管理要相对粗一些, 管理越细, 流程就会越多, 效率就会越低, 成本就会越大。

　　在企业的整个经营管理活动中, 经营与管理是辩证统一的关系, 是一对矛盾的统一体, 犹如传统的夫妻关系, 男主外, 女主内, 唇齿相依, 一损俱损, 一荣俱荣。因此, 经营与管理不能过于偏执, 既不能过度经营而不重视管理, 也不能过度管理而不重视经营。

　　在企业生存与发展中, 经营是经济基础, 是风险投资, 是为企业的生存和持续发展造血, 是企业赖以生存和持续发展的保障, 追求的是效益最大化; 管理是上层建筑, 是成本投资, 是建规立制, 是规范经营行为, 是为确保企业能健康成长的时间更长久, 追求的是效率和安全。因此,经营第一,管理第二,有经营才会有管理的需求,但两者之间是相辅相成,不可分离的。过度经营,只关注市场,只顾获得眼前的经济利润,不重视管理,企业就会发生混乱,没有效率,就会垮掉;反之,过度管理,不重视经营,管理成本就会大幅上升,没有业务,没有利润,企业就会不堪重负,最后也会走向消亡!

第二节 精益经营管理法的内涵

一、精益经营管理的起源

精益思想起源于精益生产活动,源于日本丰田准时化生产方式,是一种以客户需求拉动生产,以消除无效劳动、浪费和不断改善为核心,使企业以最少的成本投入和运作获取显著效益的管理思想,是西方科学管理的一种改进创新和追求卓越绩效的企业文化。

在精益生产管理的启迪下,红海人以创新的思维,将精益思想融入企业的经营和管理中,创建了"精益经营管理法"。

何谓"精益经营管理"?从汉字的字形字义看,这六个字是融会贯通的。

首先"精益"这两个字的字形和寓意,就融会了经营与管理的理念。

"精"是管理。为什么"精"是管理?从"精"的字形看,"精"的左边是"米",米是在稻谷经过碾磨去壳成米的;而右边是"青",青是出于蓝而胜于蓝的。所以"精"是碾磨打造出来的,这个碾磨打造的过程就是管理。"精"从管理的角度,首先要精算成本,要精细化做事的环节和流程标准。在做每一项业务、每一件事的时候都要精算出需要投入多少成本、从何处减少浪费和从何处赚钱,同时还要按精细化要求,把怎样做好这项业务、这件事制度化和流程标准化。制度是做事的规矩,无规矩不成方圆;流程是做事的顺序;标准是做事的准则,以减少做事的失误和错误。制定流程标准的目的,是为了铸造品质。所以,品质是铸造、内生出来的。一个人的品质,不是天生的,是靠后天的环境和教育修炼出来的;一个产品的品质、一项服务的品质,也不是天上掉下来的,是靠流程标准规范出来的,只有按流程标准做事才能产生优秀品质的产品,才能把事真正做好。

"益"是经营。为什么"益"是经营?从"益"的字形看,"益"的上半部分象征着有很多食物挂在一根木头上,下半部分是"皿",代表缸、盆。食物长期挂在木头上容易变质,只有把食物放在缸里、盆里腌制收藏好,才能储存得时间长一些。这种将食物放在缸里、盆里储存的过程,就是经营,所以"益"是经营出来的。"益"就是做任何业务、做任何服务、生产任何产品时都要用经营的思维去衡量和判断这项业务、这项服务、这个产品,对客户、公司、员工是否有益。精益就是要在管理中融入经营思维,以管理为主,以精细化为主。但光精细化是不行的,人毕竟不是工具。人是有思想、人格和利益需求的高级动物,所以要找出对员工有利的东西,不能侵害员工的利益,不能靠剥削员工的利益去获取企业的高额利润。

早在二千五百多年前,我国古代第一部诗歌总集《诗经》里,《大雅·灵台》篇里就有"经始灵台,经之营之"的诗句。后来,司马迁把"经之营之"发展为"经营"一词来使用了。他在《史记·项羽本纪赞》里写道:"谓霸王之业,欲以力征经营天下。"这里的"经营"一词,已明显引申为"筹划营谋"打天下的意思。

"经营"是企业从事经济活动的谋略和方式方法。"经"是韬略,是坐标,是做事情的方向,也就是要找准公司在行业的发展方向,找准市场定位,找准目标客户,找准业务。"营",是找准经营客户、员工、公共资源、边界资源和互联网的方式方法,要能赚到钱。从"营"的字形上看,上半部分是用草盖的房子,在野外结草为营,安营扎寨。这是告诉大家,"营"是要到外面去找市场和客户,而且要找准方向、找到客户的需求,才能赚到钱。"营"的下半部分是两个口,代表两层意思。第一层意思是有许多人要吃饭,要把米、把钱找回来;第二层意思是嘴,出去做营销光用一张嘴说不行,要用两张嘴说,要别人帮我们去说,所以出去做营销要做好策划,要做好产品包装,要形成品牌。要通过我们的游说,告知客户产品能给他们带来什么价值。

"经营"概括起来说,就是经营方向——路在何方,经营策略——路怎么走,经营目标——到哪里去,经营方法——用什么样的商业模式去实现,经营对象——目标客户在哪里,经营产品——怎样满足客户需求,经营组织——用什么样的组织形式去实现,经营技术——用什么样的工具去完成,经营分配——用什么样的分配政策和机制去激发团队、员工的工作热情,这都属于经营的范畴。最终目标就是通过经营赚到钱。

"管理"是在一个组织内部用组织创新、制度、机制、流程标准、纪律、行政命令、互联网平台和通知通报等,去指挥、督促、监控、指导和协调成员的统一行动。"管"字的上半部分是用竹子盖好的房子,代表管理者坐的地方,代表权威;"管"的下半部分是连起来的两张口,代表官员,代表作为管理者说话要严谨,说话要一言九鼎,说了要算数,说了就是承诺,承诺了就要兑现。"理"就是梳理、治理,任何事情都有两面性,任何矛盾都有个性、共性、普遍性和特殊性。发现问题首先要梳理,看这个问题是个性,还是共性,还是普遍性,还是特殊性,然后用医生治病的方法进行治理,对症下药。是个性的问题,就个别处理;是共性的问题,就用流程标准去处理;是普遍性的问题,就用制度去处理;是特殊性的问题,就按特例去处理。这样,所有的问题就能迎刃而解了。

从以上对"精益经营管理"的解析和理解可以看出,"精益经营管理"就是,在经营中,要精益规划市场发展方向与市场目标、精益定位目标客户、精益创新产品的客户需求、精益策划客户公关行动方案、精算所有经营业务的成本和收益,把每一项经营成本的投入,都作为资本投资来经营;在管理中,每一项业务管理和管理活动,每一个管理环节的行动步骤和潜在的风险防控措施,都要精益流程标准化、工作时限化,把每一项管理活动的成本都作为一项资本投资进行精益管理,减少差错和失误,从而提高工作效率、品质和效益。

精益经营管理不是简单的一句话,它有着深刻的内涵,需要大家在实践中不断领悟、体会,才能真正做好精益经营管理。

二、精益经营管理的哲学思想

企业经营管理的核心,是提高劳动生产率,实现企业利润最大化,为企业的生存和持续发展奠定经济基础。而要大幅度提高劳动生产率,一是靠科技创新;二是靠技术改造,实现生产自动化;三是靠经营人,经营员工的价值观思维方式、劳动能力,提高员工的工作激情、付出和有效工作时间,从而提高员工的劳动效率。

而精益经营管理法的核心是经营人。

在企业的整个经营与管理活动的过程中,自始至终都是依靠人来从事经营和管理活动的。因此,企业的经营管理活动从表象上看,是生产、销售、业务、事务、研发,但其最根本最核心的经营管理活动是经营人,是经营管理员工。经营人,就是经营人的核心价值观、人的思维方式、人心、人的能力、人的创新和人的利益需求。

纵观世界企业之林,无论是在2008年金融危机中倒下的雷曼兄弟、美林,还是在移动互联网大潮中垂死挣扎的诺基亚,其管理体系之科学严密、企业文化之绚烂多彩,堪称无敌。这些企业不是缺乏创新,而是没有跟着"未来"创新。它们每年都会投入惊人的研发费用,想在无数的新发明中找出明日之星,但许多努力最终并未赢得人们的认可。其真正的原因是,当产品创新仅仅是公司研发精英的责任时,产品就会缺失用户体验,就难以与人们生活贴近;当经营管理模式创新仅仅是公司管理精英的责任时,就难以满足员工想要探索无限可能的期待。

可见,企业创新也是"经营"的重要组成部分,比如组织形式创新、商业模式创新、营销策略创新、产品创新、生产技术创新、管理技术与管理工具创新等,都是围绕着企业经营发展的创新。

因此,这些企业不是倒在管理上,而是倒在经营上和经营人上!

然而，企业经营如履薄冰，在变幻莫测的经济大潮中的企业境遇之严酷，正如释迦所言"诸行无常"。一个企业不管拥有多么好的独创技术，多么高的市场占有率，多么完善的经营管理体制，经营基础多么坚如磐石，在突然袭来的经济大环境变动面前，仍然可能不堪一击。这就需要我们的企业经营管理者，在企业的经营管理过程中时刻保持如履薄冰、如临深渊的心境：时刻关注"天时"——政府政策变化；时刻关注"地利"——当地市场环境和行业发展变化；时刻关注"人和"——员工激情、付出动态的变化；时刻关注公司的经营管理体制是否僵化；时刻关注公司的激励机制是否束缚了员工的创新、创业欲望。

任何事物都始终处于变化发展之中，伟大的改革开放总设计师邓小平同志提炼出了"发展就是硬道理"这一国家建设的基本哲学命题。

企业的经营和管理也在不断地向前发展，但"经营就是硬道理"这条办企业的基本哲学思想是永远不会变的。

"成功在经营，失败在管理。"经营是谋效益，管理是提效率；经营是打江山，管理是守江山。经营是企业生存发展之道，管理是企业持续稳定发展之本。经营与管理是矛与盾的关系，是辩证统一的关系，两者相辅相成，彼此之间不能相互偏废，既不能重经营就轻视管理、重管理就轻视经营，更不能为经营而经营，也不能为管理而管理。真正的经营管理是经营中有管理、管理中有经营。在经营中用管理的思维、方法和工具做经营；在管理中用经营和投资的思维做管理。在经营中融入管理，在管理中融入经营，这样才能把企业经营管理做好。

三、精益经营管理的要义

精益经营管理简单讲，就是以效率和效益为根本目标。从业务开发的调研、情报收集、盈亏测算、合作洽谈、投标报价、协议签单，到业务项目的经营、管理和成果交付的全过程，都要围绕效率和效益这个根本目标，进行精益经营和管理。只有这样才能够真正实现预期的收益。

所谓"精益"，就是要讲利益和效益，要能赚钱、能赚到钱。"精益"与"精细"不同，"精细"是管理理念，是指做事要按流程标准做事，讲规则、讲标准、讲流程；精益是经营理念，讲品质、讲变通、讲效益。但两者又一脉相承，最终都是实现收益最大化。"精细"是强化按流程标准做事，其目的是减少差错，实现零损失，以减少浪费实现收益最大化；"精益"是强化经营，以经营实现收益最大化。

所谓"经营"，就是以"营"为核心，从大谋策略到小的方法，去钻研怎么赚钱。包括市场在哪里，客户需要什么，单位和个人的动情点在哪里，采用的商业模式客户是

第四章 精益经营管理法

否能接受，提供的产品和服务是否能满足客户的需求，甚至包括员工对公司推行的商业模式、新产品是否有创新、创业的激情，是否愿意付出。这些问题都是经营者要时刻关注的。

所谓"管理"，就是制定做事的游戏规则、制度，按流程标准做事。简单地说，就是围绕业务的经营目标，按规则、程序和标准，把逻辑理顺，把人管好，把事情做正确。管理的核心是为经营服务，不讲效率和经济效益的管理都是失败的管理。

"经营"与"管理"是相辅相成的。经营是矛，管理是盾。经营是进攻，管理是防守。经营是管理的对象，管理是为经营保驾护航，两者缺一不可，不可代替！

所以，企业的经营管理者首先要关注经营，关注市场、公司、业务经营、人才和团队的优化组合，关注公司、项目组织的经济发展和经营收入来源。经营是企业赖以生存和发展的基础。其次是关注管理。为什么失败的原因主要在管理？这包括两个方面，一方面随着企业的经营发展，经营规模做大了，一连串的管理需求就应运而生了，不管理、不治理就会乱，企业就会败下去；另一方面，为管理而管理，设置很多管理部门、管理岗位，只讲部门利益，不讲工作效率，不讲经济效益，办一件事情层层审批，流程很长，就会形成官僚主义、形式主义，这样就会挫伤员工的积极性，就会把企业拖垮。

四、项目组织精益经营管理的内容

项目组织精益经营管理的内容，分为五大模块，二十五项内容，概括起来为"五大块二十五项工作法"。第一大模块：业务商业模式。①按业务量单价结算模式；②按业务固定总价结算模式；③按业务固定总价加浮动结算模式；④按工时单价结算模式。第二大模块：计划与财务管理。⑤业务经营盈亏测算；⑥经营计划；⑦经营预算；⑧经营会计。第三大模块：精益劳动管理。⑨精益人力资源管理；⑩精益有效工时管理；⑪现场6S管理；⑫班组会议管理；⑬班组文化管理；⑭员工人文关怀管理；⑮后勤保障管理。第四大模块：人单合一结算。⑯按完成经济指标量结算；⑰按完成业务量指标结算；⑱按完成工作时间量结算；⑲按完成工作清单量结算；⑳点赞积分兑换福利。第五大模块：风险管控。㉑劳动用工风险管控；㉒安全生产风险防控；㉓现金流不足风险防控；㉔停工停产风险防控；㉕流程标准不规范风险防控。项目组织精益管理模型如图4-5所示。

项目组织精益经营管理模型，是项目组织精益经营和精益管理的重点内容模块，也是它们相互关系的总体指导工具。

根据精益经营管理模型，可清楚地知道项目组织经营与管理的基石，是按期、保质保量向客户交付业务生产、销售和服务的成果。为了向客户交付一份满意的成果，就要通过精益经营和精益管理，去降低成本，提高劳动效率，提高员工积极性，以获得业务

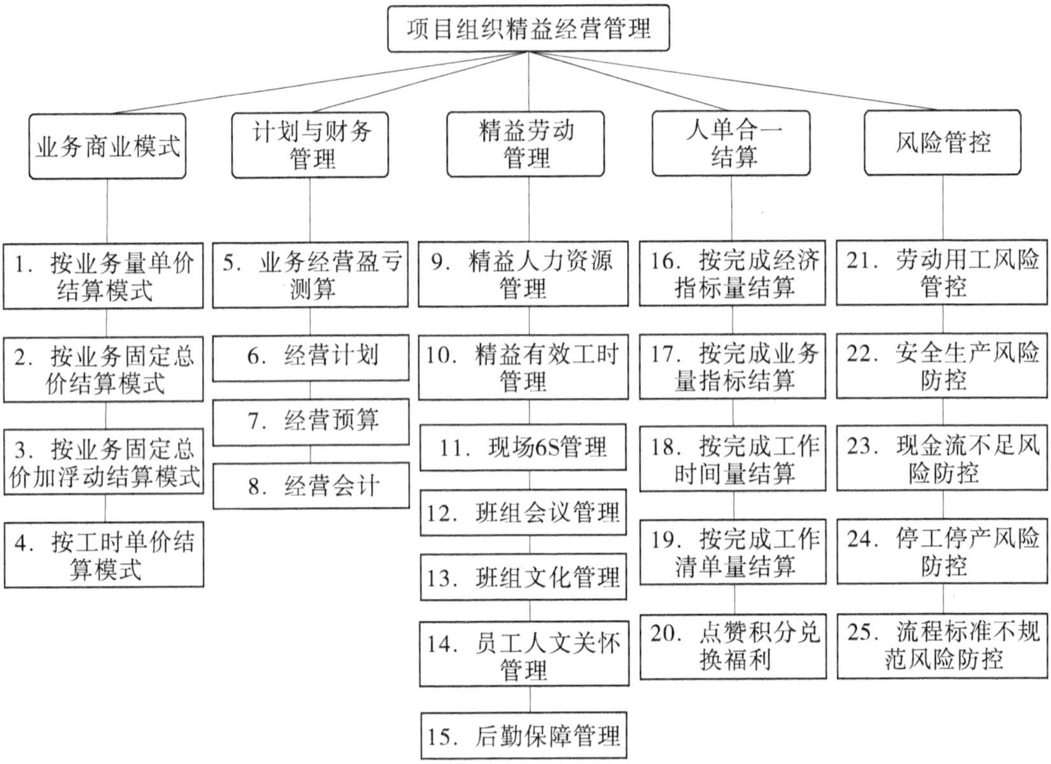

```
                        ┌─────────────────────┐
                        │  项目组织精益经营管理  │
                        └──────────┬──────────┘
        ┌──────────┬───────────────┼───────────────┬──────────┐
   ┌────┴────┐ ┌───┴────┐     ┌────┴────┐     ┌────┴────┐ ┌──┴────┐
   │业务商业模式│ │计划与财务│     │精益劳动  │     │人单合一  │ │风险管控│
   │         │ │管理     │     │管理     │     │结算     │ │       │
   └────┬────┘ └───┬────┘     └────┬────┘     └────┬────┘ └──┬────┘
```

1. 按业务量单价结算模式	5. 业务经营盈亏测算	9. 精益人力资源管理	16. 按完成经济指标量结算	21. 劳动用工风险管控
2. 按业务固定总价结算模式	6. 经营计划	10. 精益有效工时管理	17. 按完成业务量指标结算	22. 安全生产风险防控
3. 按业务固定总价加浮动结算模式	7. 经营预算	11. 现场6S管理	18. 按完成工作时间量结算	23. 现金流不足风险防控
	8. 经营会计	12. 班组会议管理	19. 按完成工作清单量结算	24. 停工停产风险防控
4. 按工时单价结算模式		13. 班组文化管理	20. 点赞积分兑换福利	25. 流程标准不规范风险防控
		14. 员工人文关怀管理		
		15. 后勤保障管理		

图4-5 项目组织精益经营管理模型

经营的最佳经济效益。

项目组织经营，包括业务商业模式、计划与财务管理。

项目组织管理，包括精益管理、精益人单合一结算和精益风险管控等三大模块。

精益经营和精益管理是相互关联、相互依存和相互支持的关系，即：做好项目组织业务经营盈亏测算，是做好项目组织经营预算的前提条件；做好项目组织经营预算，是做好项目组织经营会计的基础；而做好项目组织经营会计，又是做好精益劳动管理的保障。比如，通过人工、生产资料、机器设备、安全管理、后勤保障、经营和风险等成本的测算与预算，梳理出哪些是不可变的固定成本，哪些是可变的、可经营的变动成本费用，然后运用经营会计报表将变动成本费用一项项列出来，找出精益劳动管理中的重点和盈利点，将变动成本费用运用经营方式转变为收入或利润。而这其中，精益劳动管理，是将变动成本转化为收入或利润的关键。比如通过精益考勤、排班、加班和交接班管理，提高有效工作时间，以减少时间浪费；通过劳动力调配、劳动力流转，经营员工流动性，以减少人力成本浪费。又比如，通过精益安全管理和安全巡查，以减少意外事故的发生。

再比如，通过机器设备的巡查，以减少机器设备的浪费，等等。只要减少浪费，就可能把可变成本费用转变为收益，就能实现项目组织的盈利。减少浪费，就是用经营思维、赚钱思维做管理。而做好精益劳动管理，又是实现精益人单合一经营管理的保障。人单合一就是以项目组织的经营收入规模、经营的业务项目、业务的数质量、有效工时，作为一个经济单元与项目组织和员工个人进行结算。人单合一经营管理的核心，是经营好每一个员工的所付出能力资本。而如何经营好每一个员工的能力资本，需要做到以下三点。

一是通过有效工时管理，提高每一个员工、每一个班（组）的工时效率，为实现按单计酬和按超额任务量计酬等可视薪酬提供保障。有效工时管理是提高员工工时效率和实现按单计酬及超额提成的基础，是让员工将工作目标作为在公司、在项目组织平台创业的保障。

二是在领导与员工之间，员工与员工之间，对员工的工作激情和付出及时给予鼓励，营造和谐班（组）、和谐项目组织文化，以减少缺乏合作造成的浪费。

三是通过对员工进行关爱经营和情感管理，提升员工的凝聚力，以激发员工潜力。人单合一经营结算是精益劳动管理能够发挥作用的成果延续。

除以上三大重点内容外，还需要时刻注意管控、预防和化解风险，这也是项目组织经营和管理工作中的重要内容。

第五章 业务项目商业模式选择

无论是企业内部立项划分的项目组织,还是因外部招投标业务新成立的项目组织,都应在开展经营前,或者招投标前,对所经营的各项业务项目进行业务商业模式的设计和选择。尤其是外部投标业务,业务商业模式的设计和选择的好坏,是业务投标成败和业务经营利润的关键。因为业务商业模式的设计和选择,将直接影响投标的报价。投标报价过高,会影响中标率;投标报价过低,会影响业务经营的利润率,甚至出现亏损,使业务无法经营下去。因此,项目组织在开展经营或参与投标前,首先应对客户的招标业务进行调研适合采用什么样的商业模式经营,然后再依据所选择的商业模式对业务经营进行盈亏点测算,再依据盈亏点测算结果来确定投标业务的商业模式和报价。只有这样才能提高投标的中标率和确保业务经营的利润率。

从目前市场上的业务经营商业模式看,依照不同类型的业务,大致归纳为四种:

(1) 按业务量单价结算商业模式;

(2) 按固定总价结算商业模式;

(3) 按浮动固定总价结算商业模式;

(4) 按工时单价结算商业模式。

业务经营商业模式模型见图5-1。

第一节 按业务量单价结算

一、按业务量单价结算模式概念

按业务量单价结算模式,通常是指所经营的业务或服务,可以很清晰地用数量来测算单价,并按单价和数量,结算劳动报酬的一种业务经营模式。

第五章 业务项目商业模式选择

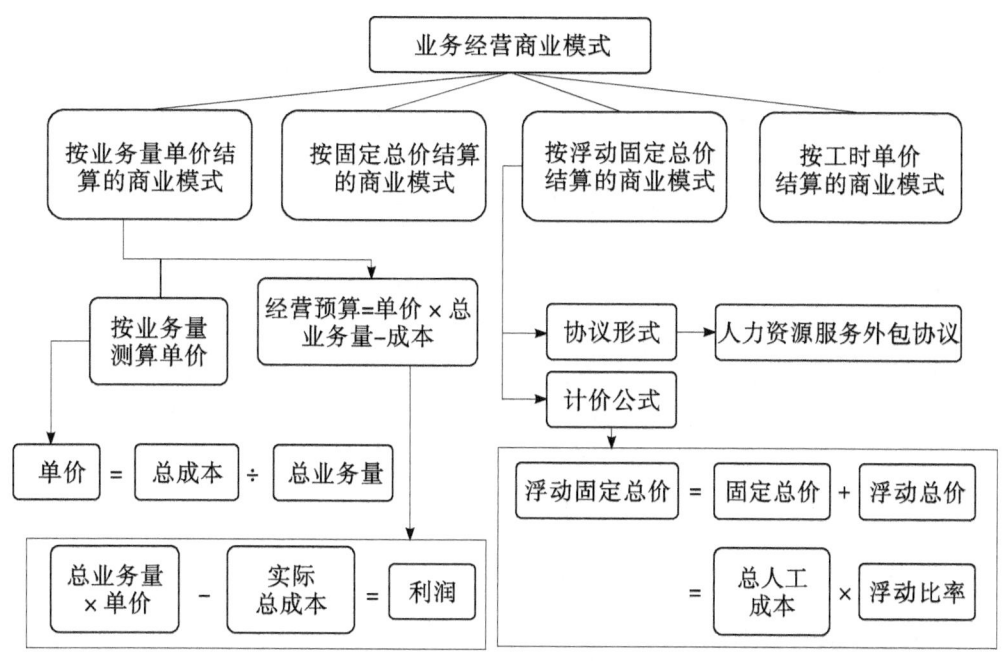

图 5-1 业务经营商业模式

二、按业务量单价结算模式

按业务量单价结算模式由应完成业务量、单价、总成本和实际完成量四部分组成。具体来讲，是指外包方与承揽方双方依据外包标的，经过双方测算，然后约定一道工序、一项服务或一件产品的单价，并根据每个结算周期内完成的业务量，计算出当期结算金额的一种经营方式。通俗来讲，就是事先按照应完成的业务数量来确定每一件的单价，然后再按照完成的业务量乘以单价，结算劳动报酬。这种业务经营模式，主要适用于工序流程和产品能够清晰区分，劳动成果能够准确计算的业务项目。

三、业务量单价测算方法

业务量单价测算，是实施按业务量生产、销售或服务经营模式的重要组成部分，也是测算这项业务经营盈亏点的基础，更是在经营中编制经营预算，实施经营会计管理、精益劳动管理、人单合一结算和风险防控，降低成本，提高劳动生产率，实现利润最大化的保障。

业务量单价 = 总成本 ÷ 应完成业务总量

总成本 = 总人工成本 + 原材料成本 + 工具成本 + 场地租赁成本 + 机器设备租赁成本 +

后勤保障成本＋经营管理成本＋税费成本

总人工成本＝（工资＋社保五险＋住房公积金＋福利费＋加班费＋工会费）×人数

后勤保障成本＝劳保用品费＋安全防护用品费＋宿舍租赁费＋交通费＋通讯费＋文体活动费

经营管理成本＝经营管理人员人工成本＋招聘费＋培训费＋办公用品费＋会议费＋差旅费

税费成本＝增值税＋所得税＋各项附加税＋残保金

业务量单价具体测算公式如下：

业务量单价结算＝（总成本÷∑各工序应完成业务总量）×实际完成业务量

一个业务项目有可能包含一种或多种工序及产品。因此一个业务项目的单价测算，可以是一个产品单价，也可以由多个产品单价组成。

按业务量测算单价表，详见表5-1。

四、按业务量单价结算模式的核心要点

1. 采用按业务量单价结算模式

一般适用于劳动成果能量化的业务项目，但盈利的关键在于对工序业务量及工时数的确定。因在实际运作中，一旦实际业务量或工时数，低于测算单价时的业务量或工时数时，则会面临业务项目经营的亏损。在通常情况下，业务量不是项目组织可以直接控制的，它更多受制于外包方的市场销售业务环境，而项目组织所投入的人工、物料、设备等都与业务量息息相关。因此，建议凡采用按业务量单价结算的业务项目，由业务量引起的风险应通过协议约定的方式明确由外包方承担，即双方在协议中需约定保底业务量，或可在协议中约定运营一段时间后，双方可就原单价进行协商调整。

2. 采用按业务量测算单价时，还应重点关注有效工时的利用率

所谓有效工时利用率是指在每个工作日内，完全用于生产劳动并能创造出劳动价值的工时与制度工时之比。例如，业务项目规定，每天工作时间为8小时，由于员工在8小时内存在吃饭、喝水、上卫生间、走动、短时间休息、聊天等难以控制的因素，就不可能在完整的8小时内创造预期的有效价值。假设他真正用于工作的时间为7小时，那么有效工时利用率就是7/8，即有效工时利用率为87.5%。在测算单价的过程中，所采用的有效工时利用率最好比实际员工有效工时利用率要低一些。例如，员工实际有效工时利用率为87.5%，在测算单价时，有效工时利用率可按60%或65%进行计算。因为测算单价时，所采用的有效工时利用率的值越低，员工越容易达到。一旦员工有效工时能超出测算单价时的值，就意味着业务量增加。关于有效工时利用率的具体测算方法详见人力资源板块。按业务量测算单价如表5-1所示：

表 5 - 1 按业务量测算单价表

费用周期：月

成本类别	科目		成本类型	数量	单位	单价（元）	预计金额（元）I = F × H	每个步骤（产品）使用数量	每个步骤（产品）费用K = H × J	有效工时利用率	使用时间（天）	每天使用时间（小时）	单位时间价格（元/小时）N = K/L/M/N
人工成本	薪酬	基本工资	固定成本										
		绩效工资	可变成本										
		加班费	可变成本										
		岗位补贴	固定成本										
		奖金	可变成本										
		年工资增长额	固定成本										
	社会保障	社保费	固定成本										
		社保增长额	固定成本										
		公积金	固定成本										
	福利	住房	固定成本										
		餐费补贴	固定成本										
		商业保险	固定成本										
		交通费补贴	固定成本										
		特殊人员补贴	固定成本										
		高温补贴	固定成本										
		节日补贴	固定成本										

续上表

成本类别	科目		成本类型	数量	单位	单价（元）	预计金额（元）I＝F×H	每个步骤（产品）使用数量	每个步骤（产品）费用 K＝H×J	有效工时利用率	使用时间（天）	每天使用时间（小时）	单位时间价格（元/小时）N＝K/L/M/N
人工成本	福利	健康保障	固定成本										
		集体活动	固定成本										
		职业培训	固定成本										
		工会经费	固定成本										
		其他福利	固定成本										
	其他	车辆租赁/购置	固定成本										
	交通工具	交通费用	固定成本										
		违规罚款	固定成本										
辅助材料	服务场地	办公室	固定成本										
		办公桌椅	固定成本										
		装修	固定成本										
		场地日常费用	固定成本										
	电子设备	计算机	固定成本										
		网络设备	固定成本										
		打印机	固定成本										
	办公软件		固定成本										

续上表

成本类别	科目		成本类型	数量	单位	单价(元)	预计金额(元)1=F×H	每个步骤(产品)使用数量	每个步骤(产品)费用K=H×J	有效工时利用率	使用时间(天)	每天使用时间(小时)	单位时间价格(元/小时)N=K/L/M/N
辅助材料	办公用品		可变成本										
	生产工具及设备		可变成本										
	财产保险		固定成本										
后勤保障成本	劳保用品	工作服	可变成本										
		工作帽	可变成本										
		工作鞋	可变成本										
		劳动手套	可变成本										
		防寒服	可变成本										
		雨衣	可变成本										
		胶鞋	可变成本										
		眼护具	可变成本										
		防尘口罩	可变成本										
		防毒护具	可变成本										
		安全帽	可变成本										
		安全带	可变成本										
		护听器	可变成本										

续上表

成本类别	科目		成本类型	数量	单位	单价（元）	预计金额（元）I=F×H	每个步骤（产品）使用数量	每个步骤（产品）费用 K=H×J	有效工时利用率	使用时间（天）	每天使用时间（小时）	单位时间价格（元/小时）N=K/L/M/N
辅助材料	消防安全	消防设备	固定成本										
		消防安全教育	固定成本										
	劳动安全教育	教育导师	固定成本										
		教育场地	固定成本										
		教育器材	固定成本										
	劳动设备	监控设施	可变成本										
		安保人员	可变成本										
运营成本		办公成本	可变成本										
	一线管理费用	差旅费	固定成本										
		通讯费用	固定成本										
		咨询费用	固定成本										
		招聘费用	固定成本										
		关系维护	固定成本										
		风险金	可变成本										
		残保金	固定成本										
		维修费用	可变成本										

续上表

成本类别	科目	成本类型	数量	单位	单价（元）	预计金额（元）I=F×H	每个步骤（产品）使用数量	每个步骤（产品）费用 K=H×J	有效工时利用率	使用时间（天）	每天使用时间（小时）	单位时间价格（元）小时N=K/L/M/N
运营成本	财务费用	代缴代付手续费	可变成本									
运营成本	财务费用	资金占用利息	可变成本									
运营成本	税费	税金	可变成本									
运营成本	税费	印花税	可变成本									
总成本费用合计												
业务总量								完成步骤（产品）需时（秒）	用"百分比"填写			
								完成步骤（产品）单价（元）				

注：本表中已列明了业务项目总共需投入的成本科目、数量、单价，一般随业务结算的周期变化。如该业务项目按月结算的，在表头填写费用周期为月，各项成本月按使用的数量填写，单价应为该笔费用除以该项目的周期数；

若某项成本月是一次性支出费用的，固定费用一次性支出12 000元，固定月成本为500元；

案例：A业务项目经营周期为2年，后续无追加其他费用，增设按业务量测算单价部分。将每一项成本的总价细化到每一秒，在细化的过程中，需要参考怎完成该工序或产品使用的人数（如：完成一个工序需要2人，在基本工资科目每一科目数量为2人，若某一科目的数量为1，单价为笔，单位为笔），则该科目数量为1，单价为笔，单位为笔），则该科目数量为1，单价为笔，单位为笔），则该科目数量为1，单价为笔，单价就是测得出业务单价；

为更细化、更准确地测算出每一工序或产品的成本，在按固定总价测算的基础上，增设按业务量测算单价部分。将每一项成本的使用时间一列需根据费用周期及每个工序或产品的工作天数填写，如：业务项目以月为费用周期测算，即可得到该工序或产品的用时及服务费比率，即可得到该工序或产品的成本使用数量（如使用时不12 000/24=500，得出每月成本为500元；

使用时间一列以月为费用周期及每个工序或产品的工作天数填写，如：业务项目以月为费用周期测算，即可得到该工序或产品的用时及服务费比率，即可得到该工序或产品的成本使用数量（如使用时不关人工成本的使用时间，则在该列填写"21.75"即可；（除休息日外），则没21.75天，则以每个工作日的成本时间填写；

每天使用时间一列以每个工序每个工作日的成本时间填写，

在测算完所有成本每个每秒的成本之和后，填写以上完成该工序或产品的用时及服务费比率，并且可能涉及多个种工序及生产多个种工序或产品，并且可能每一个工序或产品的成本使用数量的测算。

由于某些业务项目可能涉及每一个工序或产品都进行一次按单计价的测算。

一样。故此建议要对每一个工序或产品都进行一次按单计价的测算。

第二节　按固定总价结算商业模式

一、按固定总价结算模式概念与内涵

所谓按固定总价结算模式，是指业务项目由双方在协议中约定一个合同总价为固定值，不为环境的变化、业务量的增减变化所影响的一种闭口结算方式。在测算业务项目固定总价时，主要依据该业务项目的用工人数、用工风险及后勤保障等要素，测算出需投入的各项成本和服务费用，然后双方协商约定一个固定总价，也叫包干价。

按固定总价结算模式，从业务类型看，主要适用于一些工作环境因素变化小、服务内容与范围明确和短期内业务量比较确定的业务。

二、固定总价测算方法

固定总价具体测算公式如下：

固定总价 = 总人工成本 + 辅助工具成本 + 劳保用品成本 + 安全防护用品 + 业务运营成本 + 用工风险金 + 税费 + 服务费

总人工成本、辅助工具成本、劳保用品成本、安全防护用品、业务运营成本、用工风险金、税费和服务费的构成，详见固定总价测算表5-2。

表5-2　固定总价测算表

费用周期：月

成本类别	科目	成本类型	数量	单位	单价	预计金额（元）	备注
人工成本	薪酬	基本工资	固定成本				
		绩效	可变成本				
		加班费	可变成本				
		岗位补贴	固定成本				
		奖金	可变成本				
		年工资增长额	固定成本				

续上表

成本类别	科目		成本类型	数量	单位	单价	预计金额（元）	备注
人工成本	社会保障	社保费	固定成本					
		社保增长额	固定成本					
		公积金	固定成本					
	福利	住房	固定成本					
		餐费补贴	固定成本					
		商业保险	固定成本					
		交通费补贴	固定成本					
		特殊人员补贴	固定成本					
		高温补贴	固定成本					
		节日补贴	固定成本					
		健康保障	固定成本					
		集体活动	固定成本					
		职业培训	固定成本					
	其他	工会经费	固定成本					
		其他福利	固定成本					
辅助材料	交通工具	车辆租赁/购置	固定成本					
		交通费用	固定成本					
		违规罚款	固定成本					
	服务场地	办公室	固定成本					
		办公桌椅	固定成本					
		装修	固定成本					
		场地日常费用	固定成本					
	电子设备	计算机	固定成本					
		网络设备	固定成本					
		打印机	固定成本					
	办公软件		固定成本					

续上表

成本类别	科目		成本类型	数量	单位	单价	预计金额（元）	备注
辅助材料	办公用品		可变成本					
	生产工具及设备		可变成本					
	财产保险		固定成本					
后勤保障成本	劳保用品	工作服	可变成本					
		工作帽	可变成本					
		工作鞋	可变成本					
		劳动手套	可变成本					
		防寒服	可变成本					
		雨衣	可变成本					
		胶鞋	可变成本					
		眼护具	可变成本					
		防尘口罩	可变成本					
		防毒护具	可变成本					
		安全帽	可变成本					
		安全带	可变成本					
		护听器	可变成本					
辅助材料	消防安全	消防设备	固定成本					
		消防安全教育	固定成本					
	劳动安全教育	教育导师	固定成本					
		教育场地	固定成本					
		教育器材	固定成本					
	劳动设备	监控设施	可变成本					
		安保人员	可变成本					

续上表

成本类别	科目		成本类型	数量	单位	单价	预计金额（元）	备注
运营成本	一线管理费用	办公成本	可变成本					
		差旅费	可变成本					
		通信费用	固定成本					
		咨询成本	固定成本					
		招聘费用	固定成本					
		关系维护	固定成本					
		风险金	可变成本					
		残保金	固定成本					
		维修费用	可变成本					
	财务费用	代缴代付手续费	可变成本					
		资金占用利息	可变成本					
	税费	税金	可变成本					
		印花税	可变成本					
成本总费用合计								
服务费								用"百分比"填写
固定总价合计								

注：本表中列明了业务项目总共需要投入的成本科目、费用数量。对于成本费用数量，一般随业务项目的结算周期变化。如业务项目按月结算的，在表头填写费用周期为月；成本费用和数量按月填写，两者相乘即可得出该科目的总成本费用。

若某成本科目款项无法以数量计量，则在"数量"列填"1"，"单位"列填"项"或"笔"。若某成本科目是一次性支出费用的，则将该笔费用除以该业务项目的周期数。

举例：A业务项目经营周期为2年，某成本科目费用一次性支出12 000元，后续无追加其他费用，则该成本科目的数量为1，单位为笔，单价为12 000/24 = 500，得出每月成本费用为500元。

在表格最后，合计出该业务项目预计的总成本，再填写上收取服务费的比率后，就得出了该业务项目的固定总价。

三、固定总价结算商业模式的核心要点

按固定总价结算商业模式经营的业务，一般适合于劳动成果不能量化，以生产过程

或以质量考核为主的业务项目。

这种经营模式，虽然易于结算，但由于其业务数质量与用工的风险全部由承揽方承担，在测算固定总价包干价时，一般都以岗位和用工人数作为基础来测算总成本，再加风险金和服务费。这种测算方式，由于风险金是预测数，价格低了容易出现亏损，价格高了会出现增加外包方的成本。因此，在采用这种经营模式时，双方都应对所涉及的各项成本进行详细的调研，充分协商签订合作协议，实现双赢。

第三节　浮动固定总价结算商业模式

一、浮动固定总价结算模式概念与内涵

浮动固定总价，是指协议双方依据业务项目的经营方式，在约定好一个固定总价的基础上，预估可能发生的政策环境变化和业务量的变动等因素，双方再约定一个浮动范围和浮动比例的一种结算方式，也叫固定总价加浮动比例。

这种结算模式，一般在以下三种情况下采用：一是在协议双方对业务项目的业务量不确定，对部分成本无法精益测算的情况下，在业务项目运营前期可采用这种模式进行过渡期经营，待条件成熟后，再转化为按业务量单价结算模式经营；二是对于一些无法按量计价的岗位和业务，可以采用这种模式测算经营价格，但协议应尽量采用人力资源服务外包、人才服务外包或劳动力服务外包等模式，把经营重点放在"服务外包"上，突出"人"的服务；三是一些服务类、咨询类、技术研发类业务项目，因经营周期是以业务项目的完成为时限，难以按业务量测算价格，就可以采用这种模式测算经营价格。

二、浮动固定总价测算方法

浮动固定总价的测算方法分为两部分：第一，固定总价的测算。固定总价＝总人工成本＋辅助工具成本＋劳保用品成本＋安全防护用品＋业务运营成本＋用工风险金＋税费＋服务费。第二，浮动价测算，分为固定浮动价和浮动比例测算价两种方式。浮动比例测算价一般按5%～10%浮动。

其具体测算公式如下：

浮动固定总价＝固定总价×(1±浮动比例)
　　　　　　＝合同总价±浮动金额

比如在协议中可约定合同总价为100万，上下浮动10万；或合同总价为100万，上

下浮动比例5%～10%等。

浮动固定总价测算详见表5-3。

表5-3 浮动固定总价测算表

费用周期：月

成本类别	科目	成本类型	数量	单位	单价（元）	预计金额（元）I＝F×H	备注
人工成本	薪酬	基本工资	固定成本				
		绩效	可变成本				
		加班费	可变成本				
		岗位补贴	固定成本				
		奖金	可变成本				
		年工资增长额	固定成本				
	社会保障	社保费	固定成本				
		社保增长额	固定成本				
		公积金	固定成本				
	福利	住房	固定成本				
		餐费补贴	固定成本				
		商业保险	固定成本				
		交通费补贴	固定成本				
		特殊人员补贴	固定成本				
		高温补贴	固定成本				
		节日补贴	固定成本				
		健康保障	固定成本				
		集体活动	固定成本				
		职业培训	固定成本				
	其他	工会经费	固定成本				
		其他福利	固定成本				

续上表

成本类别	科目		成本类型	数量	单位	单价	预计金额（元）	备注
辅助材料	交通工具	车辆租赁/购置	固定成本					
		交通费用	固定成本					
		违规罚款	固定成本					
	服务场地	办公室	固定成本					
		办公桌椅	固定成本					
		装修	固定成本					
		场地日常费用	固定成本					
	电子设备	计算机	固定成本					
		网络设备	固定成本					
		打印机	固定成本					
	办公软件		固定成本					
	办公用品		可变成本					
	生产工具及设备		可变成本					
	财产保险		固定成本					
后勤保障成本	劳保用品	工作服	可变成本					
		工作帽	可变成本					
		工作鞋	可变成本					
		劳动手套	可变成本					
		防寒服	可变成本					
		雨衣	可变成本					
		胶鞋	可变成本					
		眼护具	可变成本					

续上表

成本类别	科目		成本类型	数量	单位	单价	预计金额（元）	备注
后勤保障成本	劳保用品	防尘口罩	可变成本					
		防毒护具	可变成本					
		安全帽	可变成本					
		安全带	可变成本					
		护听器	可变成本					
辅助材料	消防安全	消防设备	固定成本					
		消防安全教育	固定成本					
	劳动安全教育	教育导师	固定成本					
		教育场地	固定成本					
		教育器材	固定成本					
	劳动设备	监控设施	可变成本					
		安保人员	可变成本					
运营成本	一线管理费用	办公成本	可变成本					
		差旅费	可变成本					
		通信费用	固定成本					
		咨询成本	固定成本					
		招聘费用	固定成本					
		关系维护	固定成本					
		风险金	可变成本					
		残保金	固定成本					
		维修费用	可变成本					
	财务费用	税金	可变成本					
		印花税	可变成本					
	税费	代缴代付手续费	可变成本					
		资金占用利息	可变成本					

续上表

成本类别	科目	成本类型	数量	单位	单价	预计金额（元）	备注
	合计						
	服务费						用"百分比"填写
	总计						
	浮动比率						
	浮动金额						
	浮动固定总额下限						
	浮动固定总额上限						

三、浮动固定总价测算的核心要点

1. 浮动固定总价的测算

浮动固定总价是在测算好固定总价的基础上，再测算浮动价。这样，浮动价或浮动比例的测算，就成了浮动固定总价测算的重点。测算太低，在业务量大幅增长或政策环境发生变化（如政府最低工资标准调整、社保基数调整等）的时候，就有可能发生经营亏损；如果测算太高，有可能增加外包方的成本，双方就很难达成合作协议。因此，在测算浮动价或浮动比例时，一方面应综合考虑"业务质量考核分数、业务量波动、最低工资标准调整、社保公积金基数调整、残保金调整、物价上涨带来的通货膨胀幅度"等要素；另一方面应尽量采用浮动比例价，这主要是因为浮动比例是上下浮动的，容易为双方所接受。

2. 关于使用浮动固定总价测算表应注意的问题

因浮动固定总价测算表中设置的浮动固定总价的浮动比率（浮动总价），与固定总价中测算的成本调整比例（或金额）是不同的。前者在测算业务项目成本时，是在无法预测经营环境、业务量变化等因素情况下的一种保本测算方法；后者是在知悉外包方的外包预算或底价时的测算方法，因此在采用浮动固定总价测算价格时，应在详细了解业务项目的操作流程、实际业务量和成本数据后，再测算浮动比例。

第四节　按工时单价结算商业模式

一、按工时测算单价的概念与内涵

按工时测算单价，是指企业对一些需要在特定的工作环境条件下，用规定的作业方法和设备定时完成的业务，不能够按业务量和固定总价测算结算单价，只能采用以政府颁布的最低工时工资标准为基数，测算每个非标准工作时间的工时单价，并按工时单价结算劳务报酬的一种商业模式。

最低工时工资标准，是政府针对用工单位使用非全日制用工形式去完成一些特定的工作任务，而颁布的强制规定用工单位计算员工劳务报酬的一种工资制度。

标准工时，是指政府通过法律法规强制规定的每日工作 8 小时，每周工作 40 小时。在此工作时间内从事的工作叫标准工时，每日工作时间超过 8 小时，或每周工作时间超过 40 小时，叫超时加班。

按工作时间测算每个工时的结算单价，就是依据员工在特定的工作环境条件下，用规定的作业方法和设备，去完成规定的工作任务所需要的时间，并按这个时间段测算每一个工时的单价。

采用按工时测算单价，只适用于一些不能量化劳动成果的业务，如保洁、安保、饭堂等岗位。

二、测算工时单价的方法

在测算工时单价时，需要综合考虑几个要素：①政府规定的当年最低工时工资标准；②每日标准工时量+超时工时量；③每月总工时量；④工作地点数量；⑤标准用工人数；⑥人均人工成本（工资额）。

具体测算公式如下：

第一种测算方法：

工时单价 = 最低工时工资标准 + 休息日平均工时单价 + 节假日平均工时单价

第二种测算方法：

工时单价 = 总成本 ÷ 总工时量

工时单价 = 人均工资额 × 标准用工人数 ÷〔(每日标准工时量 + 每日超时工时量) × 每月工作天数〕

= 工资总额 ÷ 工时总量

其中：

标准用工人数，是指依据工作地点数量所需要的用工人数；

标准工时，是指每日8小时或每周40小时的工作时间；

超时工时量，指每日超出8小时或每周超出40小时的工作时间；

工时总量，是指完成规定业务范围的工作成果所耗的时间总和。

案例：

广州某保洁业务项目，按工时单价结算劳务报酬。

假设：①该业务项目需每天完成5 000平方米的场地日常清扫工作；②人工成本人均4 000元/月；③清洁用品0.5元一平方米；④按工作地点数量需使用保洁员5人；⑤工时总量为每天工作8小时，每月工作30天；⑥预估合理利润为成本总额的10%。

工时单价测算方法：

第一种测算方法：

工时单价 = 最低工时工资18.3 + 休息日平均工时单价〔(18.3 ÷ 21.75 × 200%) × (12 × 8 × 8) ÷ (12 × 8 × 8)〕 + 节假日平均工时单价〔(18.3 ÷ 21.75 × 300%) × (11 × 8) ÷ (11 × 8)〕

= 18.3 + 1.68 + 2.52

= 26.7（元/小时）

预测每月总价 = (26.7元/小时 × 8小时 × 30) × 5 = 32 040元

（注：以上单价不含工具、劳保用品、安全防护和后勤保障等费用。）

第二种测算方法：

工时单价 = 每月总成本〔(4 000 × 5) + (5 000 × 0.5) × (1 + 10%)〕 ÷ 每月工时总量（30 × 8）= 103.13（元/小时）

工时总量 = 12小时 × 30 = 360小时

预测总价 = 103.13元/小时 × 360小时 = 37126.8元

按工时单价测算详见表5-4。

表 5-4 按工时单价测算表

费用周期:月

成本类别		科目	成本类型	数量	单位	单价(元)	预计金额(元) $I=F \times H$	使用数量	人员费用 $K=H \times J$	有效工时利用率	使用时间(天)	每天使用时间(小时)	单位时间价格(元/小时) $N=K/L/M/N$	备注
人工成本	薪酬	底薪	固定成本											
		绩效	可变成本											
		提成	可变成本											
		加班费	可变成本											
		岗位补贴	固定成本											
		奖金	可变成本											
		年工资增长额	固定成本											
	社会保障	社保费	固定成本											
		社保增长额	固定成本											
		公积金	固定成本											
	福利	住房	固定成本											
		餐费补贴	固定成本											
		商业保险	固定成本											
		交通费补贴	固定成本											
		特殊人员补贴	固定成本											
		高温补贴	固定成本											
		节日补贴	固定成本											

续上表

成本类别		科目	成本类型	数量	单位	单价(元)	预计金额(元) $I=F\times H$	使用数量	人员费用 $K=H\times J$	有效工时利用率	使用时间(天)	每天使用时间(小时)	单位时间价格(元/小时) $N=K/L/M/N$	备注
人工成本	福利	健康保障	固定成本											
		集体活动	固定成本											
		职业培训	固定成本											
		工会经费	固定成本											
	其他	其他福利	固定成本											
辅助材料	交通工具	车辆租赁/购置	固定成本											
		动力费用	固定成本											
		违规罚款	固定成本											
	服务	办公室	固定成本											
	场地	办公桌椅	固定成本											
		装修	固定成本											
		场地日常费用	固定成本											
	电子设备	计算机	固定成本											
		网络设备	固定成本											
		打印机	固定成本											
	办公软件		固定成本											

续上表

成本类别	科目		成本类型	数量	单位	单价(元)	预计金额(元) I=F×H	使用数量	人员费用 K=H×J	有效工时利用率	使用时间(天)	每天使用时间(小时)	单位时间价格(元/小时) N=K/L/M/N	备注
辅助材料	办公用品		可变成本											
	生产工具及设备		可变成本											
后勤保障成本	财产保险		固定成本											
	劳保用品	工作服	可变成本											
		工作帽	可变成本											
		工作鞋	可变成本											
		劳动手套	可变成本											
		防寒服	可变成本											
		雨衣	可变成本											
		胶鞋	可变成本											
		眼护具	可变成本											
		防尘口罩	可变成本											
		防毒护具	可变成本											
		安全帽	可变成本											
		安全带	可变成本											
		护听器	可变成本											

续上表

成本类别	科目		成本类型	数量	单位	单价（元）	预计金额（元）I=F×H	使用数量	人员费用 K=H×J	有效工时利用率	使用时间（天）	每天使用时间（小时）	单位时间价格（元/小时）N=K/L/M/N	备注
后勤保障成本	消防安全	消防设备	固定成本											
		消防安全教育	固定成本											
	劳动安全教育	教育导师	固定成本											
		教育场地	固定成本											
		教育器材	固定成本											
	安保设备	监控设施	可变成本											
		安保人员	可变成本											
运营成本	一线管理费用	办公成本	可变成本											
		差旅费	固定成本											
		通讯费用	可变成本											
		咨询成本	固定成本											
		招聘费用	可变成本											
		关系维护	固定成本											
		风险金	可变成本											
		残保金	固定成本											
		维修费用	可变成本											

第五章 业务项目商业模式选择

续上表

成本类别	科目	成本类型	数量	单位	单价（元）	预计金额（元）I = F × H	使用数量	人员费用 K = H × J	有效工时利用率	使用时间（天）	每天使用时间（小时）	单位时间价格（元/小时）N = K/L/M/N	备注
运营成本	财务费用	代缴代付手续费 可变成本											
		资金占用利息 可变成本											
	税费	税金 可变成本											
		印花税 可变成本											
合计													
服务费							用"百分比"填写						
总计							完成步骤（产品）需时（秒）						
							完成步骤（产品）单价（元）						

注：本表中已为项目组列明了项目总共需投入成本科目的单价、单位以及数量。对于单价和数量的数量填写，一般随项目的收款周期变化，如项目每月向客户收取费用，在表头填写费用周期为月，单价和数量应按成本月均使用的数量填写，两者相乘即可得出该成本科目的金额；

若某科目款无法以数量计量，则在"数量"列填"1"，"单位"列填"项"或"笔"。若某科目是一次性支出费用，则该科目的数量为1，单价即为该笔费用除以该项目的周期数；

举例：A项目与客户签订合同2年，每月收取固定费用，某科目费用一次性支出12 000元，后续无追加其他费用，则该科目的单位为月，单价为12 000/24 = 500（元），得出金额为500元。

为更细化、准确地测算出每一道工序或产品的成本，在固定总价测算的基础上，增设按单计酬部分。将每一项成本的总价细化到每一秒，在细化的过程中，项目组需要考虑完成该工序或产品需要使用该项目的数量（如：每月需委员工定额发放2个劳动手套，使用数量一列填写"2"）；

使用时间一列填写该费用周期内的工作天数（如：项目以月为费用周期测算，若某一科目每月运作天数（除休息日外）设为"21.75"即可。每天使用小时数以每一列以每个工作日的工作时间填写；

在测算完成本项目每月费用周期内的工作时间、填写上服务费比率，即可得到工序或产品的建议报价。如需委以人员单价的形式报价，则测算出通常每月费用周期的工作时间，填入相应的单元格即可。

第五节　业务项目商业模式与报价的选择

业务项目商业模式与报价的选择，一是以为客户创造价值为基本出发点，考虑在人力资本时代人工成本大幅上升的情况下如何帮助客户降低成本，又要考虑在不能降低人工成本的情况下，如何通过转换业务经营商业模式，提高劳动生产率，帮助客户创造经营效益；二是要兼顾本单位的利益和长远目标的发展，选择既适合客户实际需要，又是自身擅长和在短期内不易被竞争对手复制的业务经营商业模式与合理的报价，与客户建立起长期合作的战略合作伙伴关系。

业务经营商业模式的选择与报价有着密不可分的关系，业务经营商业模式将决定报价的高低。选择的业务经营商业模式如果报价太高，容易吓跑客户；报价太低，客户可能认为你不是行家里手，不敢冒险与你做生意，即使与你合作，但由于报价太低，没钱赚，业务也无法经营下去。

因此，在选择业务经营商业模式和报价前，要进行充分的市场调研和情报收集，要依据收集来的情报对客户的业务进行分类分析，掌握客户的实际需求和心理预期需求，再依据业务项目的类型和客户的实际需求，选择、设计不同的业务经营商业模式（包括付款方式、结算期、风险条款、保障条款等），再依据商业模式测算业务项目的经营单价，在测算好经营单价、预估经营收入和利润的基础上，再进行合理的报价，以争取业务合作的主动权。

一、选择业务经营商业模式和报价的程序

首先，在客户邀请招投标到正式呈送投标方案和报价前这段时间，要认真调研客户招标的业务项目情况，了解客户的真正需求，在此基础上分析业务项目可采用的经营模式，选择一种既满足客户需求，也适合自身经营优势的业务经营模式，然后依据业务经营模式测算出一份有把握的报价单，再呈送标书和正式报价。当客户将价格视为最重要的招标因素时，在一开始报价时就要报接近他底线的价格，这样赢得业务项目的可能性会更大。

其次，做好市场的跟踪调研，及时掌握市场最新的生产资料价格动态，包括最低工资标准、最低工时工资标准、原材料价格、各类辅助工具价格、劳保用品价格等。由于互联网时代市场信息透明度非常高，各种生产资料的市场价格变化较快，因此选择什么样的业务经营模式也与市场上的生产资料价格有密切的关联。这就要求项目负责人要对

业务项目经营所需的人工成本、场地成本、物料成本、固定设备成本、劳保用品成本等费用进行各方的摸查和询价。同时，还要了解这个业务项目的发展和价格变化历史，以便对走势做出合理分析和预测。

最后，选择报价模式。在投标报价中，报价模式是核心部分之一。报价模式决定了该项目的盈利模式和责权的划分。所以，项目负责人除了要尽量满足客户的需求外，还要了解各种报价模式的真正内涵，充分考虑自己经营的盈利点。

二、业务项目经营商业模式的选择方法

1. 选择按业务量单价结算经营模式

这种经营模式的首要条件是业务量具有一定的规模，能够按月度、年度进行结算；其次，能够按业务的数量或重量测算单价。这种业务经营模式是首推的经营模式，但选择这种经营模式，应把握好以下两个关键点：

一是保底业务量的约定。按业务量单价结算，要有保底业务量，这是测算单价的基础。如果没有与委托方（外包方）约定保底业务量，在经营过程中就有可能达不到最低业务量，出现待工、停工情况，而在这种情况下又要支付员工的基础工资等固定成本开支，业务项目经营就会出现亏损。

二是经营期间业务量无法保证，出现亏损后的弥补约定。例如增加其他业务项目的利润来弥补亏损包括待工、停工期间员工工资的补偿等。

2. 选择按固定总价经营模式

这种经营模式，一般是在无法确定每月、每年的具体业务量，也无法按数量或重量测算业务量单价时选择的经营模式。这种经营模式，虽然在经营中无须担心因业务量的不稳定带来的亏损，但若业务量大幅增加导致成本费用测算不足或合同价格偏低时，也会出现业务项目利润被摊薄或亏损的困扰。因此，在测算业务项目的经营报价时，要依据历史的业务量数据测算出固定总价，在此基础上再综合市场的变动因素可能带来的业务量变化，预留10%～15%的利润空间，再测算出本业务项目的固定成本和可变成本，最后确定一个固定总价。

这种经营模式的关键点，是完成业务量需要投入的工作量所带来的固定成本和可变成本。而可变成本主要来源于用工人数的变动。因此，按固定总价经营模式的盈利点，主要是减少人力成本的浪费、提高有效工时和提高员工的劳动生产率。

3. 选择按浮动固定总价经营模式

选择这种经营模式，主要是针对按固定总价经营模式因业务量不确定带来的困扰。这种经营模式具有灵活性和机动性，可解决固定总价经营模式因工作量增加导致成本增加，但价格又无法同比例增加的问题。但这种经营模式也存在缺陷，即无法与客户共享

因业务量增大而带来的盈利。

4. 选择按工时单价经营模式

选择这种经营模式，主要是一些无法按业务量测算的服务型业务项目，如保安、保洁等。运用这种经营模式实施业务项目经营应把握两个关键点：

一是工时单价的测算。工时单价测算太高，会增加外包方的成本，影响招投标的成功率；工时单价测算太低，会影响经营收益，甚至出现亏损。因此，在测算工时单价时，既要把最低工时工资标准作为计算工时单价的基数，又要测算超时工作、休息日工作、节假日工作的平均单价，还要综合考虑员工的招聘难度、物价上涨因素，以及员工劳动的工具成本、安全防护用品成本和劳保用品成本，最后形成一个综合的工时单价。

二是员工的使用人数和员工的有效工时的利用率。按工时单价经营，最易导致人力成本和工作时间的浪费。因此，在经营中精益考勤、排班、加班、交接班管理和劳动力调配就变得十分重要。减少人力成本和工作时间的浪费，是实行按工时单价经营的最关键的盈利点。

表5-5是根据业务项目类型和业务量的稳定性，归纳整理出来的一些可供参考的经营模式。

表5-5 业务项目经营模式选择表

业务项目类型	业务量稳定性	建议采用的经营模式
生产制造业务项目	不稳定	按固定总价或浮动固定总价
生产制造业务项目	稳定	按业务量单价
服务型业务项目	不稳定	按固定总价或浮动固定总价
服务型业务项目	稳定	按业务量单价或工时单价

三、招投标报价应考虑的因素

无论是企业内部划分的项目组织的业务经营报价，还是外部招投标业务项目的报价，测算业务项目单价和综合报价，既是一种艺术，也是一门科学。是一种艺术，讲的是报价和谈判的技巧；是一门科学，讲的是在做标书报价前，或者在开展业务项目经营前，都要进行充分的市场调研、情报收集，包括了解项目的服务性质、业务量、工作量、用工人数、原薪酬水平、福利水平、有效工时率以及原材料、劳保用品每月使用损耗率等，并在此基础上测算出该业务项目的固定成本、可变成本和利润空间。为选择经营模式和报价奠定基础，是报价技巧的力量源泉。

俗话说：手中有粮，心里不慌。无论使用什么样的报价技巧，前提条件都是必须对该业务项目的固定成本、可变成本和利润空间做到心中有数，这样报价时才会有底气。

第六章　精益现场管理

业务项目经营的工作现场管理，是项目组织开展精益经营和精益管理的重要组成部分，包括：计划管理、班组会议管理、考勤管理、排班管理、加班管理、交接班管理、劳动力调配管理、6S管理和工作巡查管理等。

精益现场管理，就是运用精益经营、精益管理的思维、方式方法和工具，将以上每一项管理内容都实现效率和效益最大化。

精益现场管理的核心，就是各个项目组织都应围绕自己所经营的业务项目目标，对员工在现场的工作计划、工作过程、工作状态、工作行为和工作结果，运用计划管理、班组会议管理和精益劳动管理平台，进行精益统筹、监控和指导，以此减少浪费、降低成本和提高劳动生产率，实现业务项目经营收益最大化。

第一节　周计划、月计划管理

计划，是指计算好完成各项任务指标的时间，策划好完成各项任务指标的经营目标对象、方法、策略、措施、成本投资与收入预算。

计划管理，是实现经营目标和做好现场管理的重要工具之一，包括：年度计划、月度计划、周计划和日计划。项目组织的工作现场经营管理，使用日计划、周计划和月度计划，是最适用和最适宜的。

一、周计划、月计划管理的总体要求

周计划、月计划管理，是指项目组织的经营管理人员围绕本项目组织的生产或服务目标，将需要完成的生产量或服务工作量分解到每月，再分解到每周，然后再根据每月、每周的业务量大小，测算需要配置的劳动力、物料、生产设备、劳保用品等相关资源的数量，并依据这些数量做好人员招聘、劳动力调配、培训和采购等工作计划，确保人员、设备、材料在时间节点上及时到位，最终实现生产或服务目标。

计划管理，是目标管理的具体实施措施，是实现目标的保障。月计划、周计划管理，是做好现场管理的首要工作。做好项目组织和业务经营的精益计划管理，就是要围绕项目组织的经营目标和业务经营目标，以及客户委托需要完成的产品或服务，用投资经营思维将年度应完成的经营收入目标、业务经营目标和工作任务，按周和月的时间周期做好经营实施计划，以确保完成年度预期经营目标和成果。

二、周计划、月计划的编制与执行

1. 月计划的编制

项目组织负责人应组织经营管理班子［包括班（组）长］编制每月经营计划。

（1）计划内容包括但不限：项目组织经营收入目标、每项业务经营收入目标、生产量目标、销售量目标、服务目标、项目组织经营成本、每项业务开发成本、每项业务管理成本等等。

（2）编制计划步骤：第一步，根据本年度经营目标、生产量目标、销售量目标或服务目标以及上月生产或服务工作完成情况，预估并确定本月经营收入目标、生产量或服务工作量，确定本月要做的重要事项或行动措施计划；第二步，预算每一项业务经营、生产、销售或服务的成本投资以及可变费用的经营措施；第三步，确定业务经营、生产、销售、服务的人数和人选，再把本月的工作量分解到每个班组、每个人；第四步，根据员工人数确定相应的劳保用品申购数量、辅助设备维护等支持计划。

项目组织负责人应在每月初组织本项目部的班（组）长或全体员工召开计划会议，讨论、落实当月计划，并将计划分解到班组。

2. 周计划的编制

周计划是落实月计划行动措施的重要组成部分。

（1）周计划的编制一般应分为两个部分：第一，项目部周计划是项目部以周为时间单位，将月度应完成的经营收入计划任务、生产计划任务、销售计划任务、服务计划任务和工作计划任务等，按周进行分拆，以确保月计划和经营目标按时间进度逐步达成；第二，班（组）周计划，是项目部周计划的重要组成部分。班组是项目部的组织基础，是实现和完成甚至超额完成项目部经营任务的组织保障。班组的周计划，是班（组）长应完成的组织任务，也是项目部与班组人单合一结算的依据和标准。所以，项目部应把每月的计划以周为时间单位，指导、督促每个班（组）长编制每周计划，并组织本班组全体员工召开计划会议，讨论、落实当周计划。

（2）班（组）周计划的编制步骤，与月计划类似，先确定本班组本周应完成任务和要做的重要事项，再依据任务制定实施措施和步骤。在此基础上，将任务分解到每一个员工身上，员工依据接到的任务，制定每日工作计划和实施措施。以此循环往复，最终达成计划目标。

3. 计划的执行

月计划的执行，主要通过周计划来落实；周计划的落实，应主要通过员工的日工作计划或日工作清单来完成。

所谓日工作清单，是指将员工每日应完成的工作任务进行梳理后，按先后次序和时限，以工单形式派发给员工，或由员工自我梳理，以表格形式将当天应完成的工作任务按先后次序和时限填报给班（组）长备案审批后，按工作清单去完成工作任务的一种工作方法。

项目组织负责人抓计划的执行和落实，一是要指导班（组）长制定好月、周计划；二是要每周不定期检查各班组执行计划和完成计划的情况，根据计划完成进度进行总结和指导，不懂经营的给予经营指导，不懂管理的给予管理指导，缺乏资源的给予资源支持，以确保计划的完成。

班（组）长抓计划的执行和落实，一是要指导员工制定好日工作计划或填报好工作任务清单；二是要善于发现员工的闪光点，及时给予肯定、鼓励、表扬和奖励；三是要指导员工做好工作，不懂的要耐心教导；四是要关心员工的生活、学习和家庭困难，对需要帮助的及时给予帮助，以激发员工的工作激情，最终实现员工团结，共同完成计划任务的目标。

4. 计划的调整

计划的调整是指项目组织或班组在执行年度、月度计划时，遇到不可抗力的特殊情况，如客户的生产任务调整、机器设备维修等等；或人员配置、辅料以及辅助工具配置不到位；或因员工工作操作不熟练，影响生产进度、服务质量等方面的问题时，项目组织负责人要及时对计划进行调整和改进。

5. 计划的盘点与结算

（1）实行日计划管理的，应按日盘点，做到日清日结；（2）实行周计划管理的，应按周盘点，做到周清周结；（3）按月计划管理的，月底要对本月度的计划完成情况进行盘点、分析和总结，其中实行经济指标人单合一结算的按经济指标结算，实行工作清单计划管理的按工作清单量和单价进行结算。

无论是日计划、周计划的日清周结，还是月计划的月底盘点，都是检查计划完成进度的重要举措。

所谓盘点，就是对每一项计划任务和完成时限进行清盘：一是看计划完成的进度，是否在规定的时限内完成了计划任务；二是看计划任务完成的数量，是否在规定的时限内达到了要求完成的数量；三是看计划任务完成的质量，是否达到了质量标准要求；四是根据计划完成的进度和质量数存在的问题，检讨、分析存在问题的原因，并制定改进措施，纳入下周或下月的工作计划，作为一项计划任务来完成；五是对在执行计划中获得的成功经验，要进行总结、提炼，有复制、推广价值的，要提炼成"工作标准"进行推广；六是对按时完成计划任务或超额完成计划任务的单位和个人，在做好人单合一结算的同时，还应按月度或季度及时给予通报表彰和奖励，以此激励先进和鞭策后进。

三、周计划、月计划

使用精益经营管理平台进行计划管理，如表6-1所示。

表6-1　月计划、周计划表

项目名称								
预计业务量				实际业务量				
预计总收入				实际总收入				
预计总成本				实际总成本				
事项类型	事项名称	工作内容	责任人	完成时限	完成情况	问题分析	改进措施	
重点工作								
日常工作								
临时工作								

表6-2　月度生产要素补充计划

序号	下月业务量测算（万件）	补员计划						劳保用品补充计划			物料补充计划		
		月均产能（件/月）	现有人数	实际所需人数	补员人数	补员岗位	上岗时间	类别	数量	到位时间	类别	数量	到位时间
	a	b	c	$d=a/(b/c)$	$e=d-c$								

第二节 精益班组会议管理

会议是一把双刃剑，用得好可以披荆斩棘，开拓一片天地；用得不好则劳而无功，甚至反伤自身。项目组织通过会议传达精神、立目标、严管理、下决心，这不仅可以"安内攘外"，还可以改善现状，提升项目组织的竞争力。

1. 会议的五项功能

（1）会议是管理者与员工沟通的渠道；

（2）会议是干部学习的课堂；

（3）会议是员工训练的场所；

（4）会议是"疗伤止痛"的医院；

（5）会议是彰显英雄，展示才华的舞台。

2. 高效会议的原则

（1）会而有议。议，指议题和主题。会议一定要有主题。

（2）议而有论。论，指讨论、争论、议论。核心在于大家的参与。

（3）论而有行。行，是指会议达成的共识和标准，就是讨论完成后制定的工作标准和会后跟踪。

（4）行而有果。果，是指行为标准和行为方向，就是会议在达成共识的基础上还要求怎么做、谁去做。

（5）果而有报。报，指的是执行力，更准确地说就是"奖惩""功劳"。不要"苦劳"，只要"功劳"。会议中的"报"，核心就是执行力。

一、精益班组会议管理的总体要求

项目组织的班组会议管理，也是项目组织做好现场经营管理的重要工具之一。

1. 班组会议类型

会议类型可分为：班（组）长会议、班组骨干会议和班组全体员工会议。

2. 班组会议召开时间

按召开时间可分为：年度、月度、周、日会议；日会议可分为：班前、班后会议。

3. 班组会议内容

应包括但不限：

（1）班组年度、月度、周计划和日工作任务的颁布、布置落实和思想动员；

（2）班组每周、每日生产、服务计划和工作任务清单的分解、分配，责任到每一位员工；

（3）班组全体员工正常工作的排班、交接班和加班安排与检查情况通报；

（4）新员工入职上岗培训和老员工技能提升培训；

（5）临时性、突发性工作任务的动员和员工的组织与调配；

（6）注重企业文化、劳动纪律、安全教育，进行安全操作规程、企业文化培训；

（7）6S管理巡检情况通报，表扬、奖励先进员工，批评和惩罚违犯操作规程的员工；

（8）按日、周、月度工作计划和工作任务清单，盘点班组和每一位员工每日、每周、每月度完成经营任务的情况，并对每位员工完成的工作量进行公示，组织员工查找存在的问题，指导员工制定改进措施，并列入下一工作周期计划；

（9）公示每一位员工每日、每周、每月度完成经营任务的工作量，实行周薪制的以周为时间单位按人单合一结算劳动报酬，实行月薪制的以月为时间单位按人单合一结算劳动报酬，以激励员工真正实现自我经营、自我管理和自我发展。

为确保会议的效率和效果，必须建立良好的会议文化和会风，摒弃形式主义和官僚作风。为此应做到：凡会议，必有准备；凡会议，必有主题；凡会议，必有纪律；凡会议，会前必有议程；凡会议，必有结果；凡开会，必有训练，进行会议培训；凡开会，必须守时；凡开会，必有记录；凡会后，必有事后追踪。

会议管理的三个公式：

1. 开会 + 不落实 = 零；
2. 布置工作 + 不检查 = 零；
3. 抓住不落实的事 + 追究不落实的人 = 落实。

二、班组会议的主要类型

(一) 班（组）长会议

班长是产业工人之母，是联系员工的纽带和桥梁。

班（组）长会议，承担着上传下达的作用，是执行、完成班组任务的重要管理工具。

班（组）长会议，由项目负责人主持召开，参加会议人员包括：班长、组长和经营管理骨干。

班（组）长会议时间，分为定期会议和不定期会议。定期会议包括：月度会议和周例会。月度会议，每个月末或月初定期召开；周例会，每个周末或每周星期一定期召开。

不定期会议，是指当上级或客户下达新任务，或项目组织在经营中发生突发事件，临时组织召开的会议。

1. 月度会议主题

包括但不限：

（1）传达贯彻公司月度会议精神。

（2）讨论、研究、制定项目部和班组月度经营计划和经营预算。

（3）总结、分析、检讨上个月度经营计划完成情况和预算执行情况。

（4）分析、检讨客户人脉关系资源维护、业务转型、增值业务开发等存在的问题，研究业务转型和新业务开发策略，并制定、改进、落实措施和计划。

（5）分析、检讨经营员工情况，包括经营员工关怀、经营员工学习、经营员工技能提升培训、经营员工生活需求等存在的问题，并制定、改进、落实措施和计划。

（6）依据月度经营会计报表，分析固定费用和可变费用的经营情况，检讨在经营可变费用方面存在的问题，研究制定提升经营收益和利润率的改进措施与计划。

（7）对本月度在6S管理、劳动管理和完成经营任务指标等各方面表现突出的班组，授予月度流动红旗和发放奖金，鼓励先进，鞭策后进。

2. 周例会主题

包括但不限：

（1）对本周或上一周的生产或服务任务的完成进度进行分析，总结经验，查找问题，提出改进措施和要求。

（2）分析本周或上一周生产或服务质量问题及提出改进措施。

（3）分析本周或上一周员工考勤、排班、加班、交接班和劳动力调配等劳动管理存在的问题及提出改进措施。

（4）分析本周或上一周现场6S管理存在的问题及提出改进措施。

（5）对本周或上一周工作巡查、安全巡查、机器设备巡查和员工队伍动态情况进行通报，并针对存在的问题提出改进措施和落实时间。

（6）对本周或上一周工作表现突出的班组，授予流动红旗。

（二）班组全体员工会议

班组全体员工会议，分为班组月度会议、班组周会、班前会或班后会、班组早会。

1. 班组月度会议

班组月度会议，每个月初或月底召开一次，由班（组）长主持［班（组）长不在，由副班（组）长主持］，全体员工参加。项目负责人可列席会议，掌握各班组情况。

会议主题包括但不限：

（1）传达学习公司和项目部月度会议精神。

（2）通报本班组本月度完成各项经营任务指标和服务质量情况。

（3）通报本班组本月度现场6S管理和各位员工遵守、执行劳动纪律的综合情况。

（4）召开员工恳谈会，了解员工在工作中的困惑和生活中的困难，给予工作上的指导和生活上的帮助，对于在生活上有特殊困难的员工，要上报项目部领导，以求得项目部或公司的支持和帮助，通过关怀、关爱员工，激发全体员工的工作热情。

（5）对本月度完成各项经营指标的优秀员工进行表扬奖励，发放奖金。

2. 班组周会

班组周会，每个周末召开一次，由班（组）长主持召开，全体员工参加。

会议主题包括但不限：

（1）传达项目部周例会精神。

（2）通报本周完成各项经营任务指标和服务质量情况，分析、检讨存在问题，并明确改进措施。

（3）通报本周现场6S管理和各位员工遵守、执行劳动纪律情况。

（4）对本周能按标准完成和超额完成经营任务指标并遵守劳动纪律与安全规程的员工，进行通报表扬，并授予流动红旗。

（5）布置本周全班组应完成的工作任务指标。

3. 班前会或班后会

一般实行轮班工作的班组，可根据工作实际需要，召开班前会或班后会。由各班（组）长分别组织本班组全体员工参加。

会议主题包括：

（1）通报本班次考勤、加班、交接班情况。

（2）通报本班次现场6S管理存在的问题及改进措施。

（3）通报本班次工作巡查、安全巡查、机器设备巡查发现的问题，并提出改进要求。

（4）通报本班次生产任务或服务工作的完成进度和存在的问题，并提出改进要求。

（5）对本班次表现突出的员工进行表扬。

（6）布置本班次或下一个班次应完成的工作任务指标，并将任务指标分解到每位员工，给每位员工下达工作任务清单。

4. 班组早会

班组早会，实行固定时间上下班的，可召开早会。由各班（组）长主持召开，全体员工参加。

会议主题同上。

三、精益班组会议机制与管理技巧

（一）班前会会议机制

1. 班前会目的

班前会目的：传承企业文化，激发员工状态，提升团队士气，打造正能量工作氛围。

2. 班前会形式：

分为大班前会和小班前会

大班前会时间：每周一，时间 20～30 分钟

小班前会时间：每周二至周五，时间 15～20 分钟

参加人员：大班前会，项目部全体员工

　　　　　小班前会，班组全体员工

地点：大班前会，项目部会议室或工作现场

　　　小班前会，班组工作现场或室外

主持人：一开始由项目负责人、班（组）长主持，以后轮流主持

会议流程：

第一项：整队、点名（可按军姿训练）

第二项：唱公司之歌

第三项：舞蹈或游戏（打开身体、调整状态）

第四项：公司文化确认（价值观、愿景、目标、理念等）

第五项：感恩（双手合十、双眼微闭，跟随主持人逐句念诵）

　　　　　　　　感恩父母养育之恩
　　　　　　　　感恩客户成就梦想
　　　　　　　　感恩公司提供平台
　　　　　　　　感恩同事支持帮助
　　　　　　　　感恩家人理解包容
　　　　　　　　感恩老师助我成长
　　　　　　　　感恩国家政策扶持
　　　　　　　　感恩困难使我进步

第六项：新闻播报、喜讯报道、标杆分享

新闻播报，是让员工知道我们每天的工作是有意义的，公司和项目部的发展是不错

的，行业是有前景的。

喜讯报道，也就是表彰先进，是一种导向，一种榜样的作用和力量。在项目管理、班组管理中，管理者希望员工朝什么方向发展，要定个榜样和标准出来。

标杆分享，就是让优秀的员工做一次成功分享，现身说法。包括：昨日生产、销售、服务、后勤、卫生等方面的优秀典型。

第七项：今日工作安排

第八项：喊出公司、项目部、班组口号

（二）周会机制

1. 具体操作：

（1）开会前确定今天开会的主题。

（2）所有与会人员在开会前确定自己的想法和方案。

（3）开会的时候最高负责人不要先发言，必须留到最后才发言。

（4）主持人提前做好准备。

（5）会议开始之后，每个人轮流发言。

（6）发言完毕之后讨论应举手示意，主持人同意之后再发言。

（7）提出问题的人提出可操作方案。

（8）会议结束前职位最高的负责人只需要总结，不要做任何评判。

（9）会后，整理好会议记录，下发与会人员和相关部门。

2. 汇报工作流程机制

（1）计划安排的工作做到了什么程度，要如实汇报。

（2）哪些工作完成了，后续是怎么对接的。

（3）哪些工作没有完成，计划在什么时候完成。

（4）对自己的工作是否满意。

（5）对同事的配合是否满意，接下来应该怎么做。

（三）解决问题的会议

第一步：一个会议只解决一个问题；

第二步：提出问题之后，与会者轮流发言提出解决方案，同时大家举手表决是否可行；对于没有被选中的方案不做评论。

讨论发言注意事项：

（1）发言者，应站着说，并限定时间。

（2）发言者只能就此事发言，不谈其他。

(3) 每人只提一个核心问题，每个问题给出 1～3 个方案。

(4) 举手表决并选出最好的 3 个方案，不允许对别人的方案指责、评论。

(5) 把选好的 3 个方案交给项目负责人、公司领导决定，选出其中一个最优方案并执行。

(6) 所有与会者签字，形成会议纪要，以此兑现机制。

开会不是要把所有问题都解决完，而是把公司、项目部、班组的优势发挥到极致！

问题是一个一个解决的，而不是虎头蛇尾走程序、走形式！

开会是把人带到一个新状态，而不是让人更沉重！

（四）会议管理技巧

1. 要抓好会议决定的落实

班组会议，是各个班组统一思想，统一行动，完成经营任务指标的重要管理工具。既要重视会议的形式，更要抓好会议决定的落实。每次会议都要对上次会议决定的执行落实情况进行通报，分析、检讨执行落实中存在的问题，并制定改进措施，形成新的会议决定。只有这样反复循环，才能使会议成为一个真正有效的管理工具，而不是徒有形式。

2. 要依据工作的实际需要掌握会议形式

班组会议，有月度会、周会、班前班后会、早会，有班（组）长会、班务会等。但采用什么样的会议形式和会议种类，一定要根据工作实际和时间的节点来确定。切忌，为应付公司或项目部的要求，为开会而开会，搞形式主义。比如班前班后会和早会，是班前开还是班后开，还是开早会，应根据每个班次的时间节点来确定，不能生搬硬套。

四、班组会议的管理工具

班组会议工具，一般有：会议通知、会议议程、会议纪要、流动红旗、奖金等。

1. 会议通知

就是将会议时间、会议地点、会议主题提前告知参会者，让参会者提前做好会议准备，以确保准时参会。

2. 会议议程

就是将会议主题和内容设计成一个个议题，用时间分割法将议题编辑成发言或讨论的顺序，以控制会议时间，确保会议效果。

3. 会议纪要

主要记录每次会议的时间、地点、参加人员、会议主题、会议讨论研究事项和会议决定。会议纪要如表6-3所示。

表6-3 会议纪要

会议纪要			
会议时间		会议地点	
参加人员		缺席/请假人员	
主持人		记录人	
会议内容			

4. 流动红旗

主要用于精神激励。(1)按时间划分,可分为:月流动红旗、周流动红旗;(2)按单位划分,可分为:班组流动红旗、个人流动红旗;(3)按表彰内容划分,可分为:生产先进班组、服务先进班组、6S管理先进班组、安全先进班组,生产明星、服务明星、遵守纪律明星、机器设备维护明星、安全标兵等。

5. 奖金

主要作为物质激励。(1)按时间划分,可分为:季度奖金、月度奖金。在实际操作中只选择一种,设立月度奖金的就不设季度奖金,但月度奖金与季度奖金可在数额上有所不同;(2)按单位和个人划分,可分为:班组奖金、个人奖金。班组奖金,由公司领导或项目负责人颁发给月度或季度业绩第一名的组;个人奖金,由班(组)长颁发给月度或季度业绩优秀的员工。

第三节 精益安全管理

一、精益安全管理的总体要求

安全管理,是管理科学的一个重要分支,是为了确保业务项目在生产、销售、维修维护或服务等过程中的人员和财产安全,排除工作现场中涉及人身、设备、环境、操作等各种不规范做法和不安全因素,以确保业务项目的生产、销售、维修维护或服务的进度和质量,而采取的一系列有关安全防范的组织管理、培训、指导、检查、制度规范等管理方法措施,是减少意外事故损失的重要管理工作。

现场安全管理，包括安全组织管理、场地与设施管理、行为控制和安全技术管理四个方面内容，分别对生产、销售、维修维护或服务过程中的人、物、环境的行为与状态，进行具体的管理与控制。

二、安全管理中的五种关系和六项基本原则

（一）五种关系

1. 安全与危险并存的关系

安全与危险在同一事物的运动中是相互对立又相互依赖的存在。因为有危险，才要进行安全管理以防止危险。安全与危险在工作中并非是等量并存、平静相处的。随着事物的运动变化，安全与危险每时每刻都在发生着变化，进行着此消彼长的斗争。事物的状态将向斗争的胜方倾斜。可见，在事物的运动中，永远都不会存在绝对的安全和危险。

危险因素是客观地存在于事物运动之中的，是可知的，也是可控的。要想保持工作中的安全状态，就必须采取多种措施，以预防为主，规范操作，危险因素就能得到有效的控制。

2. 安全与生产的统一关系

生产是人类社会存在和发展的基础。如果生产中的人、物、环境都处于危险的状态，则生产无法顺利进行。因此，安全是生产的客观要求。当生产完全停止，安全也就失去意义。就生产的目的性来说，组织好安全生产就是对国家、人民和社会最大的负责。

生产有了安全保障，才能持续、稳定发展。如果生产活动中事故层出不穷，生产势必陷于混乱，甚至瘫痪状态。当生产与安全发生矛盾，危及职工生命安全或国家财产安全时，生产活动应停下来整治。消除危险因素以后，生产形势会变得更好。"安全第一"的提法，绝非把安全摆在生产之上，但忽视安全则是一种错误。

3. 安全与质量的包含关系

从广义上来看，质量包含安全工作质量，安全概念也包含着质量。它们之间交互作用，互为因果。安全第一，质量第一，两者并不矛盾。安全第一，是从保护生产因素的角度提出来的；而质量第一，则是从关心产品成果的角度强调的。安全为质量服务，质量需要安全保证。生产过程中无论丢掉哪一头，都会陷于失控状态。

4. 安全与速度的互保关系

生产的蛮干、乱干，在侥幸中求快，缺乏真实与可靠。一旦酿成不幸，非但无速度可言，反而会延误时间。速度应以安全作保障，安全就是速度。我们应追求安全加速度，

竭力避免安全减速度。

安全与速度成正比例关系。一味强调速度，置安全于不顾的做法是极其有害的。当速度与安全发生矛盾时，暂时减缓速度，保证安全才是正确的做法。

5. 安全与效益的兼顾关系

安全技术措施的实施，一定会改善劳动条件，调动员工的积极性，激发劳动热情，带来的经济效益足以使原来的投入得到回报。从这个意义上说，安全与效益是完全一致的，安全促进了效益的增长。

在安全管理中，投入要适度、适当，精打细算，统筹安排。既要保证安全生产，又要经济合理，还要考虑力所能及。单纯为了省钱而忽视安全生产，或单纯追求不惜资金的盲目高标准，都不可取。

（二）六项基本原则

1. 管生产的同时管安全的原则

安全寓于生产之中，并对生产发挥着促进与保证的作用。因此，安全与生产虽有时会出现矛盾，但从安全管理和生产管理的目标、目的来看，它们之间表现出高度的一致和完全的统一。

安全管理，是生产管理的重要组成部分。安全与生产在实施过程中存在着密切的联系，是两者共同管理的基础。

国务院在《关于加强企业生产中安全工作的几项规定》中明确指出："各级领导人员在管理生产的同时，必须负责管理安全工作。企业中备有有关专职机构的，都应该在各自业务范围内，对实现安全生产的要求负责。"

管生产同时管安全，不仅是对各级经营管理人员明确安全管理责任，同时也是向一切与生产有关的机构、人员明确业务范围内的安全管理责任。由此可见，一切与生产有关的机构、人员都必须参与安全管理并在管理中承担责任。认为安全管理只是安全部门的事，是一种片面的、错误的认识。

各级人员的安全生产责任制度的建立，管理责任的落实，体现了管生产同时管安全。

2. 坚持安全管理的目的性原则

安全管理的内容，是对生产的人、物和环境因素状态的管理，有效地控制人的不安全行为和物的不安全状态，避免或消除事故，达到保护劳动者的安全与健康的目的。

没有明确目的的安全管理是一种盲目行为。盲目的安全管理，充其量只能算作花架子，劳民伤财，危险因素依然存在。在一定意义上，盲目的安全管理只能纵容人的安全与健康的状态向更为严重的方向发展或转化。

3. 贯彻预防为主的方针原则

安全生产的方针，是"安全第一、预防为主"。安全第一，是从保护生产力的角度和高度来表明在生产范围内安全与生产的关系，肯定安全在生产活动中的位置和重要性。

进行安全管理不是处理事故，而是在生产活动中针对生产的特点，对生产因素采取管理措施，有效地控制不安全因素的发展与扩大，把可能发生的事故消灭在萌芽状态，以保证生产活动中人的安全与健康。

贯彻预防为主的原则，要端正对生产中不安全因素的认识，端正消除不安全因素的态度，选准消除不安全因素的时机。在安排与布置生产内容的时候，针对施工生产中可能出现的危险因素，采取措施予以消除是最佳选择。在生产活动过程中，经常检查，及时发现不安全因素，采取措施，明确责任，尽快地、坚决地予以消除，是安全管理应有的鲜明态度。

4. 坚持"四全"动态管理原则

安全管理，不是少数人和安全机构的事，而是一切与生产有关的人共同的事。缺乏全员的参与，安全管理不会有生气，不会出现好的管理效果。当然，这并非是否定安全管理第一责任人和安全机构的作用。生产组织者在安全管理中的作用固然重要，全员参与管理也十分重要。

安全管理，涉及生产活动的方方面面，涉及从开工到竣工交付的全部生产过程，涉及全部的生产时间，涉及一切变化着的生产因素。因此，生产活动中必须坚持全员、全过程、全方位、全天候的动态安全管理。

只抓住一时一事、一点一滴、简单草率、一阵风式的安全管理，是走过场、形式主义，不是我们提倡的安全管理作风。

5. 安全管理重在控制的原则

安全管理的目的，是预防、消灭事故，防止或消除事故伤害，保护劳动者的安全与健康。在安全管理的四项主要内容中，虽然都是为了达到安全管理的目的，但是对生产因素状态的控制，与安全管理的目的关系更直接，显得更为突出。因此，必须将对生产中人的不安全行为和物的不安全状态进行控制，看作是动态的安全管理的重点。事故的发生，是人的不安全行为运动轨迹与物的不安全状态运动轨迹的交叉。事故发生的原理也说明了对生产因素状态的控制应该作为安全管理重点，而不能把约束当作安全管理的重点，因为约束缺乏强制性的手段。

6. 在管理中发展、提高的原则

既然安全管理是在变化着的生产活动中的管理，是一种动态，就意味着它是不断发展的、不断变化的，以适应变化的生产活动，消除新的危险因素。然而更为需要的是不间断地摸索新的规律，总结管理、控制的办法与经验，指导新的变化后的管理，从而使安全管理不断地上升到新的高度。

三、精益安全管理的主要内容

（一）安全规划管理

安全管理，是一项系统性工作，涉及人、财、物和环境，在业务项目经营管理中，应对人、物和环境的安全管理进行统筹规划、统一计划。一是要把安全管理工作纳入业务经营管理工作中，做到年有规划，月有计划，周有重点，日有抓手，促使安全管理形成较强的整体性和连贯性。二是对于人数较多、危险源多、安全事故发生概率大的业务项目，应设置专职管理人员，对安全计划的执行、安全防范措施的落实进行检查，做到每天班前有提醒、班中有检查、班后有点评，每周有考评，每月有总结表彰，以使安全规划的落实形成循环。

（二）安全教育管理

安全管理，是一门管理科学，涉及人的安全管理知识、物的安全管理知识、环境的安全管理知识。尤其是人的安全管理，涉及人的思想意识、情绪和行为规范。因此，安全教育就成了安全管理中的一项不可或缺的重要内容和重要工作。

安全教育是一项经常性的工作，可通过专题宣传、专题培训学习、碎片化学习、月度会议、周会、班务会等形式强化安全知识学习，提高安全意识和规范操作行为。开展教育的具体形式包括：一是组织安全专题培训和训练，在上岗培训中要对新入职员工进行安全专题培训和训练，并要求考核通过后才可以上岗；二是要充分运用班（组）长会议、班前班会、早会、安全例会等会议，进行安全理念、安全意识、安全知识、安全纪律的学习教育；三是要利用工作中的各种接触沟通的机会进行安全教育，包括工作巡查时、员工面谈时、交接班时等；四是要利用板报、墙报、标语和微信等进行安全知识宣传，强化安全意识。要让员工的安全思想观念，从组织上"要我安全"，转变为"我要安全，我会安全"。

（三）安全巡查管理

安全巡查，是安全管理中及时发现安全隐患的一种有效方法，是安全专管员和班（组）长的一项重要管理工作任务，也是员工自查的一项重要内容。安全巡查的方式和主要内容如下：

1. **安全专管员巡查**

是安全专管员的一项专责任务，包括班前、班后的定时巡查和班中的不定时巡查。

（1）班前、班后定时巡查，是指专管员在班前和班后都要对作业环境、安全设施、机械设备、工具器械和安全防护用品等项目进行巡视检查，排查安全隐患，当发现安全隐患时应立即报告班（组）长进行整改，发现重大安全隐患要上报项目负责人进行整改，并做好每一项巡查记录和拍照存档；

（2）班中的不定时巡查，主要查看员工个人的工作操作行为和安全防护用品的佩带与使用是否规范，当发现员工有不规范行为时，要及时提醒、督促改正，并做好记录和报告班（组）长。

2．班（组）长安全巡查

分为班前定时巡查和班中不定时巡查。

（1）班前定时巡查，是班（组）长在每次交接班前必须履行的一项安全巡查任务，巡查的内容主要是对自己管理的生产区域的作业环境、安全设施、机械设备、工具器械和安全防护用品的安全隐患进行排查，对小的安全隐患要立即整改排除，对重大安全隐患要立即上报项目负责人和公司领导进行整改排除，以确保本班次在工作时不会发生意外事故；

（2）班中不定时巡查，是指班（组）长在本班次中应不定时地对员工佩带、使用安全防护用品和工作操作行为进行检查，对员工不按规定佩带、使用安全防护用品和不按规范操作的行为，要立即监督其进行整改，直至整改完毕才能离开，以杜绝人为的安全事故发生。

3．员工自查

是指所有员工在每次交接班时都要把安全工作作为交接班的一项重要内容，对工作场所的危险源及安全隐患进行自查，当发现安全隐患时要立即进行整改，直至排除安全隐患后才能办理交接班手续，以确保下一班次劳动环境的安全。

（四）安全事故处理

发生安全事故后，一是要立即组织施救和排除危险源，如发生人员伤害，班（组）长应立即组织现场工作人员采取急救措施送医治疗，同时保护好现场和向项目负责人及公司领导报告，如未发生人身伤害，应立即采取措施消除危险源，恢复生产；二是项目负责人应立即组织班（组）长和安全专管员调查事故发生经过，查明和分析事故发生原因，处理好后续事宜，并针对事故发生的原因制定安全防范措施；三是项目负责人撰写事故报告，向公司领导报告事故发生经过、原因和整改措施。

（五）安全考核管理

安全的考核管理，分为日常巡查考核管理和事故发生后的考核管理。

1. 安全巡查考核管理

是指班（组）长或项目负责人在每个班次的定时与不定时安全巡查中，对不戴安全帽、不戴高温手套、不穿工作服、不穿工作鞋的员工，或有工作服着装不规范、防尘口罩破旧不更换、安全帽系带脱落、工件堆码无序、设备检修不按规定挂警示牌等违规行为的员工，进行考核记录和口头警告，并责令和督促其立即改正。

2. 发生安全事故后的考核管理

是指发生安全事故后，在处理完后续事宜后要立即组织召开事故分析会，对相关责任人按责任大小分别给予书面警告、严重警告、记过、记大过等行政处罚，情节严重的还应书面通报公示，甚至追究刑事责任。

（六）安全制度管理

安全管理制度，是预防和处理安全事故的行为准则。但光有制度不行，还要建立执行、落实制度的机制。抓好制度的执行与落实，这样才能使安全工作得到真正的保障。项目组织在抓安全制度的执行与落实时，应重点抓好以下几项机制的执行与落实：

1. 安全分析例会机制

安全分析例会，是会议管理安全的一项重要管理工具。各个项目组织都应根据每一个业务项目的实际运营情况，每周或每月至少召开一次安全分析例会，总结、检讨上周或上月安全工作情况，布置本周或本月安全工作，通过会议分析安全隐患，强化安全意识，时时敲响安全的警钟，促使全体员工都自觉地投身到安全防范工作中去。

2. 安全巡查机制

安全巡查是落实安全行为规范的保障，各个项目组织负责人和班（组）长都应把安全巡查作为安全的抓手，通过定时与不定时安全巡查，及时发现员工的不规范行为和安全隐患并立即整改，防患于未然。

3. 安全防护用品的规范佩带、使用和行为规范机制

从事故原因看，有许多事故的发生都是因为员工不按规范佩带和使用安全防护用品或不按规范要求操作机器设备，因此各个项目组织的班（组）长应把员工规范佩带、使用安全防护用品和严格按规范要求操作机器设备作为预防安全事故的重中之重来抓，只有这样才能有效防止安全事故的发生。

4. 安全奖惩机制

安全制度的落实，一靠宣传、培训、提醒、强化安全意识、安全规范；二靠奖励，包括安全巡查中的适时表扬，月度、季度、年度安全标兵的评选和安全奖励红包的发放，表彰先进，弘扬正气；三靠惩戒，包括在安全巡查中发现不按要求佩带、使用安全防护

用品和不按规范要求操作机器设备的员工，要批评、警告，并立即进行整改，情节严重的要给予书面警告，对造成事故的要给予行政记过、记大过等处分，以确保安全制度落实到位。

四、精益安全管理的工具

精益安全管理工具，包括安全提醒、事故报备和存档处理。

1. 安全事项提醒

安全事项提醒，是预防安全事故发生的最基础、最基本的工作之一。提醒的时间和工具，包括班前或班后会提醒、安全巡查中提醒、微信提醒、工作清单提醒、安全事项通知单提醒和警示牌（标语）提醒。提醒的内容，包括危险源识别警示、员工佩带与使用安全防护用品不安全的行为、员工不按规范要求操作机器设备的行为、工作环境不安全状态等。提醒的责任人，包括项目负责人、班（组）长、安全员和员工之间相互提醒。表6-4为安全事项提醒通知单示例。

表6-4 安全事项提醒通知单

安全事项提醒			
提醒事项			
工作或改进要求			
责任人		检查人	
考核管理	是　否	处理结果	

2. 事故报备和存档处理

表6-5为事故报备和处理单示例。

表6-5 事故报备和处理单

事故报备和处理			
事故时间		事故地点	
事件经过			
事故原因			
处理结果			
改进措施			

第四节 精益机器设备管理

一、精益机器设备管理的总体要求

在业务项目的生产或服务经营过程中，机器设备的良好运转是确保业务项目完成生产产量和服务质量的重要保障。因此，精益机器设备的管理，就成了项目负责人及班（组）长在组织生产和服务经营中的一项重要工作任务与职责。

精益机器设备管理，是指项目负责人、班（组）长和设备检修人员在生产与服务经营过程中，应定时与不定时地对本班次所使用的全部机器设备进行巡视检查，通过采用看、听、摸、闻、问、测等检查方法，检查员工的操作行为，检查机器设备的运转状态。当发现有员工操作不规范时，要立即纠正整改；当发现机器设备出现异常情况时，要立即停机进行检查和维修、维护，以确保机器设备始终处于良好运转状态。

二、机器设备管理的主要内容

1. 设定机器设备管理标准

项目组织要根据所经营的业务项目对机器设备的维护保养和管理的要求，制定、颁布班（组）长和设备检修人员检查机器设备的内容、标准、方法与注意事项。然后再根据检查内容、标准，制定相应的检查记录表以及相关的检查规则。

2. 开展日常机器设备检查

机器设备的日常检查，可分为四级检查：

（1）项目负责人巡查。项目负责人是每一个业务项目经营管理的第一责任人，应每月不定时对本项目组织所使用的机器设备巡查一次；

（2）班（组）长检查。班（组）长是班组经营管理的主要责任人，应在每次交接班前对本班的机器设备各检查一次，并在每次班中还要结合工作巡检、安全巡检对机器设备进行巡查；

（3）设备检修人员专职巡查。设备检修人员是机器设备的专职维护人员，除了在班前和班后要对本班的机器设备各巡查一次，还应在班中不定时对本班的机器设备进行巡查，以确保机器设备始终处于良好运转状态。

（4）员工自查。机器设备是员工完成生产或服务任务的武器，每一个员工都应将机器设备视为自己的"第二生命",都应在每班次的接班前和交班前对自己操作的机器设备进行一次检查,并将检查情况如实做好记录,以确保机器设备的正常运转。

巡查、检查不是形式,不是走马看花。巡查、检查要切实按照机器设备检查的内容、标准、方法和注意事项进行,运用眼见、耳听、手摸、鼻闻、工具测试等方法,对运行中的机器设备形状、位置、颜色、气味、声音、温度、振动等方面进行全方位监控,并将每一台机器设备的巡查情况登记备案,以作为机器设备维护维修和保养的依据。

3．做好机器设备巡查、检查记录

设备检修人员、班(组)长巡查和员工自查,都要按照机器设备巡检和自查记录表,根据设备维护要求,对每一次巡查结果进行真实、详尽的记录,做到不漏项,并签名确认。发现有缺陷或故障时,不但要做好缺陷记录,更要进行具体说明。如可制作巡查记录表,对检查结果正常的打"√";出现故障并已检修好的打"△";发现故障待检修的打"×",并在当班记录栏中作相应说明。

4．机器设备维护和故障处理

机器设备能否始终处于良好运转状态,一靠日常的维护保养,二靠检修。

各级巡查人员在巡查过程中,一是要督促操作人员每天做好维护保养,包括加油、清洁等;二是在巡查过程中发现机器设备有较大的缺陷或故障时,应立即停机并报告项目负责人和公司领导,安排专业人员来处理;三是对一些危及人身安全的设备故障问题,应立即采取安全措施,设置安全防护区域,并按规定安排专业人员挂牌检修,检修完后再按规定摘牌。

三、精益机器设备巡查的管理技巧

1．大型、贵重、复杂的机器设备的管理

安排专职人员维护保养和维修,并督促做好维护保养;如果机器设备是租赁的,应在租赁协议中约定由租赁方派驻专职人员负责维护保养和维修,并督促租赁方人员做好维护保养和维修工作。

2．小型机器设备和简单工具的管理

在操作手册中规定由操作人员做好每日的维护保养,并在巡查时督促落实。

3．员工日常使用的易耗品设备管理

由各个项目组织所在的公司统一采购,根据工作任务的需求限量发放,以减少不必要的浪费。

4．实行培训、巡查、记录、考核闭环管理

一是要加强机器设备的使用、维护保养技能培训,确保操作人员具备熟练的操作、使用和维护保养设备的技能，为设备的安全运行保驾护航。二是要把每一个班次机器设备的运行和维护保养情况，列入交班列表在交接班时，交班人员要用列表交代清楚机器设备的运行和维护保养情况，接班人员依据交班列表对机器设备的运行和维护保养情况进行逐一核实，再在交班表上签字接班，以防接班后发生事故。三是项目负责人、班（组）长和专职检修人员要强化定时与不定时巡查，以确保机器设备的质量。四是完善机器设备缺陷的发现、记录、汇报、消缺等处理流程，确保机器设备的良好运转。五是建立健全的机器设备操作使用、维护保养等责任考核和责任追究制度。

四、机器设备巡查的管理工具

表6-6为机器设备巡查记录表示例。

表6-6 机器设备巡查记录表

设备巡查记录表			
机器设备名称			
检查项目		检查内容	
检查方法		检查标准	
班次检查时间		检查结果记录	
缺陷点		缺陷情况	
处理措施			
检查人签名			

第五节 精益经营管理活动统计

一、精益经营管理活动统计的总体要求

精益经营管理活动统计，是指为了有效提高项目组织的经营效益和工作效率而采取的统筹汇总各项经营工作、管理工作的数据，包括生产量或服务工作量、经营措施的绩效、有效工作时间等，并进行分析，以此作为改善经营管理的重要依据。

在项目组织的经营管理过程中，每日、每周、每月的经营活动和管理活动，都会产

生大量的数据。将这些数据综合汇总形成大数据并加以分析，就能成为项目组织持续提升经营效益和提高工作效率的重要管理工具。

要实现这个目标，就要求各公司和各个项目组织管理者做好以下几项工作：一是要求所有员工都要运用互联网平台把自己做的经营管理和业务工作按工作流程标准做好，以形成可统计分析的数据；二是要做好各类、各项报表的填报，以确保数据的真实性；三是要运用互联网大数据做好数据的分析，并用分析好的数据在经营管理中对劳动力、时间、设备、劳保用品等资源进行精益优化配置，从而提高项目组织的运作效率和经营利润。

二、精益经营管理活动数据统计的主要内容

（一）生产量或服务工作量数据的统计

生产量和服务工作量，是公司与客户结算、项目组织与公司结算、班组与项目部结算、个人与班组结算的依据；也是项目组织、班组分析有效工作时间和劳动生产率的重要依据。

每个项目组织都应以项目部、班、组和个人为单位，按天、周和月进行生产量或服务工作量统计，并由统计人员汇总后上报给项目负责人、客户和公司，以作为各级结算的依据。

同时，通过按天、周与月统计生产量和服务工作量，各个项目组织和各个班组还可以对计划生产任务量与实际生产任务量、计划服务工作量与实际服务工作量进行对比分析，寻找出提高产量和效益的精益方法。

（二）经营收入、利润率和现金回收数据统计

将企业的组织管理以项目组织形式划分为一个个独立核算的经营单位，其目的就是要提高项目组织所有成员的经营意识和经营责任。而做好经营收入、利润率和现金回收数据的统计，则是强化经营意识和经营责任的一个很有效的管理工具。

由此，每一个项目组织都应依据自身经营的业务类型、组织的规模来设置统计单位和时间周期。一是统计单位设置，生产性和规模比较大的项目组织可以项目部、班组与个人为单位来统计；服务性和规模较小的项目组织可以项目部与个人为单位来统计。二是统计时间周期设置，生产性和规模比较大的项目组织可以天、周与月为时间单位进行统计；服务性和规模较小的项目组织可按周、月为时间单位进行统计。

各个项目部、班组和个人，通过对每天、每周、每月的实际经营收入、利润率和现金回收数据进行统计分析，一是可以让项目部、班组和个人清晰掌握完成经营任务指标的进度，增强每一个人的经营意识和经营责任心；二是可以每月评选出月度优秀项目部、

优秀班组和优秀个人，颁发流动红旗和奖金，激励先进，鞭策后进；三是可以总结优秀项目部和班组的先进经验进行推广，以提升公司的整体经营业绩。

（三）成本费用数据统计

项目组织利润率的提升，主要靠成本费用的经营，尤其是可变成本费用的经营。因此，每个项目组织都要运用《经营会计报表》，对每一笔成本费用的开支情况进行统计，并与经营预算和经营收入进行对比分析，看看成本费用的开支与经营收入的占比是否与经营预算相符。如果成本费用开支大于经营预算开支，就要分析原因，找出增收节支的方法；如果成本费用的开支小于经营预算开支，就要总结经验，形成制度，以获得更好的经营业绩。

（四）工序、工艺流程数据统计

工序、工艺流程的优化，是提升生产效率和服务效率的重要管理环节。而要做好工序、工艺流程的优化，就必须做好日常的工序、工艺流程数据的统计，然后通过对数据进行分析，找出可优化的节点，对工序、工艺流程进行优化，从而实现效率的提升。

因此，项目组织的负责人和班（组）长，在日常的经营管理中要重视对生产和服务的各个工序、工艺流程的工作状态进行实时监控，对各工序和工艺环节的产出量、工作耗时，以及每个员工每个小时和每天的产出量、工作耗时等相关数据进行统计汇总，为改造、优化工序和工艺流程提供数据支撑。

统计方法，可采取监控统计法和个人统计法相结合的方法。监控统计法，是指监控人采用直接观察法或抽样观察法，对各个工序和各个工艺环节的产出量与工作耗时进行统计；个人统计法，就是由员工个人将每小时、每天、每周、每月的生产量或服务工作量统计出来，交给班（组）长或监控统计人。

（五）员工工作过程数据统计

员工的有效工作时间和技能熟练等级，是提高劳动生产率的重要保障。各个项目组织的负责人和班（组）长，都应关注和重视做好员工的出勤率、有效工作时间、技能熟练等级等相关数据统计。这些数据，一方面可用于培训、指导，帮助员工提高有效工时和工作效率；另一方面可用于分析、研究如何提高整个项目组织团队劳动生产率。

三、精益管理活动数据的统计技巧

如果项目组织经营的业务是劳务承揽或业务外包项目，在设计生产量或服务工作量统计表格时，除了新增的统计科目外，要尽量与客户方原来的统计表格一致，以使统计出来的数据有可比性。如需要员工自行统计生产量或服务工作量数据时，统计出来的数据要与客户方原统计的数据进行核对。

在进行员工有效工作时间、技能熟练等级和工序与工艺流程等相关数据统计时，通常有直接观察法、抽样观察法和员工自我统计法等方法。但直接观察法需要投入大量人力物力，不宜采用。统计时可采取抽样观察统计和员工自我统计的方式来收集数据。

要求员工运用互联网＋生产＋服务＋销售等精益经营管理平台，按工作和业务流程规定，将工作数据和业务数据录入精益管理系统，由系统自动统计、分析各项数据结果。

第六节　精益后勤保障管理

精益后勤保障管理，是指各个项目组织在经营业务项目时，为确保业务经营能顺畅运营而提供的辅助物资供应和后勤保障支持的管理活动。包括两个方面：一是为保障业务的顺畅运营而提供的物资保障管理，就如俗话所说"兵马未动，粮草先行"，这是业务运营成功的重要保障之一；二是通过精益管理，节约后勤保障用品成本的开支，甚至从中开发出利润点，提高业务经营的利润率。

后勤保障包括：劳保用品保障、辅助设备保障、辅助工具保障、员工宿舍保障、员工交通保障、员工通信保障、员工文体活动保障、员工文化学习保障，等等。

此节只重点阐述劳保用品保障和员工宿舍保障的精益经营管理，其他后勤保障项目的经营管理，由各个项目组织在各个业务项目的经营中依据实际发生的保障需求，参照劳保用品保障和员工宿舍保障精益经营管理的管理要求与方法进行管理。

一、精益劳保用品管理

（一）精益劳保用品管理的总体要求

精益劳保用品管理，是指在业务项目运营中为保障员工在劳动过程中的人身安全与身心健康，而提供的保质保量的劳保用品的一系列有关统计、采购、发放、使用、回收等行为的管理方法和措施。

实施精益劳保用品管理，就是既要为员工提供保质保量的劳保用品，保护好员工的人身安全与身心健康；又要采取各种有力措施节约劳保用品的采购成本和使用成本，减少浪费，提高业务项目运营的利润率。

（二）精益劳保用品管理的内容步骤

1. 统计劳保用品的需求种类、数量并进行市场询价

各项目组织在业务项目正式运营后，项目负责人应深入业务项目现场，与该业务项

目的相关管理人员进行对接沟通咨询，并召开班（组）长座谈会，了解本业务项目原来所需的劳保用品种类、使用量、使用周期及价格，统计各类劳保用品每月所需的数量，然后汇总上报给公司后勤保障部门，以便公司到市场询价和采购。

劳保用品类型包括：防护服，如工装、工作服；防护鞋，如防砸鞋、绝缘胶鞋；防护手套，如电焊手套、绝缘手套；防护面罩，如防尘口罩、过滤式面具等；防护帽，如安全帽、保安夏秋帽；其他防护用品，如安全带、绝缘棒、绝缘垫、防护眼镜、耳塞、洗衣粉、毛巾、香皂等。

2. 构建劳保用品管理制度

劳保用品的管理，集采购、保管、申领、审批、发放、使用、回收等一系列环节，必须建立一整套相对应的管理制度，以减少各环节出现差错所带来的损失，使劳保用品管理成为业务项目经营的利润支持点。

劳保用品采购与保管，由公司统一采购，由各个项目组织统一管理。公司在统一采购前，应寻找至少三家以上劳保用品供应商对比劳保用品价格和质量，选择价廉质优者购买，及时配送到各个项目组织。

无论是采购还是保管人员都应使用公司精益管理软件，按流程、标准要求采购和管理劳保用品。采购与保管应由2人以上分别担任，各负其责，不得一人双兼。

库存劳保用品的种类和数量要科学制定，合理控制，对于常用、易耗、便于保管和适于批量采购的可适量增加库存，但要避免不必要的储存或过量积压。领取的非消耗性用品（如计算器、剪刀等）应列入移交，如重复申领，应说明原因或凭损毁原物以旧换新，杜绝虚报冒领。

无论是采购，还是使用申领，每个环节都要登记，形成资料数据，计算出定额，以便在制定预算与核算时作为依据。

3. 规范劳保用品配发和使用

（1）不同工作条件、性质的岗位配备不同标准的劳保用品。劳保用品的发放，必须严格按照配发标准执行，履行申领发放手续，做好发放、领用时限记录及台账，以备盘点、检查时用。

（2）员工在生产或服务工作时间内，必须按规定使用劳保用品，包括必须按规定穿着工服等，并由项目负责人、班（组）长负责监督、检查本项目部、本班组员工使用劳保用品的情况。

（3）对临时突击而调换岗位的职工，根据岗位标准配发劳保用品。任务完成后，使用的劳保用品采用回收或转折价给员工个人的方式进行处理。

（4）使用过程中如发现劳保用品丢失、被盗的，要立即报告项目负责人，及时办理补领手续，补领新品，但需按新品价格缴交费用，如工服则按折旧情况予以赔偿。

（5）正确使用劳保用品。应杜绝野蛮违章使用劳保用品，不得随意改动工服的样式和穿着方法；应做好清洗、保养工作，保持劳保用品的正常使用状态，员工工服应保持干净、整齐、无破损；失效、无法使用的劳保用品必须立即更换，根据工服的使用期限及时进行折旧，按时为员工更换新的工服。

（6）员工请假、工伤等离开工作岗位一个月以上，按月发放的劳保用品停发。员工离职时，应把劳保用品上缴回公司，应交而未交的按其原值在工资中扣除相关费用。

（三）精益劳保用品管理技巧

（1）各公司都应根据各个项目组织所经营的业务项目的需要，建立劳保用品供应商渠道，并尽可能用招标方式统一大规模采购劳保用品，以降低劳保用品的成本费用。

各项目组织在承接业务项目经营的前期，如客户要求外包员工的工装款式要区别于客户员工工装时，要与客户进行沟通，尽快明确外包员工工装的款式，并积极寻找几家物廉价美的工装供应商上报公司，由公司实行统一采购。

（2）积极与客户进行沟通，尝试租借或低价购买客户原有的劳保用品及设备，以降低劳保用品的费用。如客户要求外包员工的工装与客户员工工装同款式时，可与客户沟通，租借或低价采购客户原有工装，以降低外包业务项目经营成本。

（3）统计分析每月劳保用品的使用数量，制定每月劳保用品的配发标准，严格控制劳保用品的使用量，降低劳保用品的费用支出，提高业务项目经营收益。

（4）建立节约劳保用品奖励制度与机制。员工节约劳保用品，按其节约数量提取一定金额在当月奖励给员工，作为对员工节约成本的奖赏。

（四）精益劳保用品管理的工具

应使用精益劳动管理系统办理劳保用品的采购、申领、发放等手续，记录劳保用品存量等。如表6-7、表6-8所示。

表6-7 劳保用品申领登记表

序号	项目名称	品名	数量	规格	申请人签字	日期

表6-8 员工工服破损/折旧更换登记表

姓名		岗位	
旧工服领用日期			
工服更换配备			
工服更换情况	□破损　□折旧　单价：(　　)元/套，需支付(　　)元			
情况说明			
员工签字		项目经理签字		项目人事部签字	

二、精益宿舍管理

(一) 精益宿舍管理的总体要求

精益宿舍管理，是指根据业务项目经营的实际需要，为需要住集体宿舍的员工提供清洁、整齐的宿舍供应和管理。宿舍管理包括：宿舍租赁与装修、用品购置、住宿人员安排、清洁卫生、租金收取和宿舍环境及秩序管理等。

是否为员工提供集体宿舍，应根据业务项目实际需要与客户进行沟通，共同协商决定。为员工提供集体宿舍居住有可能会出现以下两种情况：一种是所承揽的业务项目，客户可以为外包员工提供集体宿舍。当出现这种情况时可直接与客户协商宿舍管理办法：一是由项目组织把客户提供的宿舍租赁下来，由项目组织自行管理；二是宿舍由客户管理，项目组织安排员工入住。另一种是客户不能提供集体宿舍，要项目组织到周边去租赁宿舍。如果出现这种情况，要与客户协商请求在资金上给予支持，包括提高业务外包单价，然后再去寻找房屋供应商，协商租赁房子的租期和价格。

员工宿舍管理，是精益后勤保障管理的重要工作之一。一方面可以为员工提供稳定、舒适、有序的休息环境，提高员工思想和工作的稳定性，降低员工招聘难度和招聘成本；另一方面要通过精益劳动管理系统，降低宿舍空置率，减少成本，把宿舍管理作为一项业务来经营，为整个业务项目经营提供后勤保障服务和利润支持。

(二) 精益宿舍管理的内容与步骤

1. 确定宿舍地点及价格

根据项目实际需求，可通过网站、地产供应商及相关人士推荐，尽量在项目周边寻找距离工作地点较近、交通便利、安全措施良好，并曾经做过集体宿舍的房屋作为集体宿舍。寻找好房屋后，与房屋供应商协商确定租赁价格，签订房屋租赁协议。

2. 房屋简易装修和购置宿舍用品

房屋租赁后，一是要对房屋进行检修，包括墙面粉刷、电路检修、卫生间检修、门锁检修和文化室的装修等；二是根据房间大小购置宿舍用品，包括床、床垫、被子、衣柜衣架、电视机、办公桌等。

3. 制定宿舍管理注意事项

（1）每个宿舍应由员工自行选择宿舍长，并由宿舍长监督其他室友，管理一切内务，分配清扫，保持整洁，维持秩序，管理水电、煤气、门户；

（2）宿舍现有的器具设备（如电视、煤气灶、玻璃、卫浴设备、门窗、床铺等）都以完好状态交付员工使用，如有疏于管理或恶意破坏的情况，由有关人员负担修理费或赔偿费，并视情节轻重论处；

（3）宿舍不得留宿外人或亲友，如外人拜访应登记姓名、关系及进出时间；

（4）住宿员工不得于宿舍内聚餐、喝酒、赌博或有其他不良或不当行为。

（三）精益宿舍管理的技巧

1. 控制宿舍床位空置率

主要通过以下两种方式：

一是灵活签订租赁宿舍合同。在签订房屋租赁合同时，应加以下条款"可提前3至5个工作日内实现房屋租赁或退租"，如客户单位出现大幅度裁员或突发事件时，该条款可以保障宿舍床位及时增加或减少。

二是应建立员工退宿制度。凡员工需要退宿的，必须提前20至30天向项目负责人申请退宿。项目负责人对此进行规划，可实施安排新员工入住、宿舍退租、外租床位等相关操作，以便降低宿舍床位空置率。

2. 适当安排超标住宿

项目报价时，应与客户协商确定每个住宿员工的管理费用及房间的标配住宿人数，然后通过适当安排员工超标住宿，实现项目增收。如工厂普工项目，房间标配住宿人数为6人，按每人每月165元向客户收取员工住宿管理费用，通过与客户进行沟通，可暂时安排房间入住8名员工，从而赚取2人住宿管理费用，实现项目宿舍管理增收，提高项目收益。

3. 提供宿舍增值服务

根据宿舍员工需求，在宿舍添置上网、洗衣机、电视机等增值服务，并按月向员工收取增值服务费。

4. 积极与客户进行沟通

尝试免费或低价租借客户原有的员工宿舍及生活设备。

5. 应安排同一班次的员工入住同一个宿舍

此举便于提高团队凝聚力，降低员工离职率，降低招聘成本。

（四）精益宿舍管理的工具

使用精益劳动管理系统，记录管理员工住宿情况。如表6-9、6-10、6-11、6-12、6-13所示。

表6-9　员工宿舍入住申请表

姓名		性别		岗位	
申请入住日期		申请原因			
班/组长审批		项目负责人审批		项目人事部审批	

表6-10　员工退宿申请表

姓名		性别		岗位	
申请退宿日期 （需提前一个月）		申请原因			
班/组长审批		项目负责人审批		项目人事部审批	

表6-11　员工宿舍入住登记表

序号	入住日期	姓名	班组岗位	宿舍号码	床位	联系方式	退宿日期	退宿签名	钥匙交还	备注

表6-12　宿舍公共物品清单表

宿舍公共物品	□钥匙　　□床　　　□衣柜　　□被子 □空调　　□书桌　□灯　　　□椅子 □窗帘　　□电视　□其他：
	201 年 月 日
是否存在损坏情况	201 年 月 日

表 6-13　宿舍公共物品损坏赔偿单

　　根据项目宿舍物品管理有关规定，经项目人事部核实，并报项目负责人批准，现将有关赔偿事宜通知如下：

1. 丢失/损坏的物品：

2. 计赔标准：

3. 应赔金额（大写）：

4. 请接此通知后，务必在三个工作日内凭本通知单到财务处办理赔偿手续。逾期不办，视作故意丢失损坏公用物品处理，除按规定赔偿外，还将给予相应的纪律处分。

第七章 精益员工劳动管理

随着中国人口红利的逐渐消失，中国已从人力资源时代走进人力资本时代。过去那种粗放型、浪费型、廉价式用工模式已不能再延续，尤其是随着中国市场经济的不断完善和互联网技术、人工智能技术迅速发展，传统行业日臻成熟，大部分行业都进入新常态和存量市场，市场空间和利润空间越来越小，人力成本越来越高（每年按15%～25%幅度上涨）。如何减少时间浪费、减少合作浪费、减少人力成本浪费，以获得利润最大化，已成为每个企业都在探索的重大课题。

所谓人力资本时代，是指随着人口红利的消失，劳动者的体力能力、技能能力、智力能力、智慧能力都已经上升为人力资本，只有按照资本投资理念去经营和管理劳动力，劳动力才能焕发出新的活力和动力。精益劳动管理，就是在这样的趋势背景下应运而生的。精益劳动管理的核心价值，就是把劳动者的劳动时间、劳动动作、劳动能力、工作合作、劳动力配置，以及劳动场所的现场管理，都当作资本投资来进行细分经营和细分管理，以使劳动力产生倍增效益。

精益劳动管理主要由两大部分组成：一是精益有效工时管理；二是精益现场劳动过程管理。

第一节 精益有效工时管理

精益有效工时管理，是指企业在生产、销售、服务、后勤或卫生等经营活动中，将员工在工作过程中的工作时间、工作动作、工作轨迹、工作标准、工作合作、劳动力配置等进行精益规范，从而实现减少时间、动作、合作和劳动力配置中的浪费，提高劳动生产率和人均效益。

精益有效工时管理，是精益劳动管理的重要组成部分，包括：精益考勤管理、精益排班管理、精益交接班管理、精益业务量管理、精益劳动力配置管理、精益员工动作管理、精益工作轨迹管理、精益工艺流程标准管理。

一、精益考勤管理

（一）精益考勤管理的总体要求

精益考勤管理，是指将劳动者在上班时间段内"在"或"不在"的情况进行详细记录，包括上班考勤、中间休息考勤、午饭后上班考勤、上班时间内串岗聊天考勤、下班考勤等等，以此规范劳动者上下班、中间休息和不随意串岗聊天行为，提高劳动者的有效工时率。

有效工时管理分为三步骤：记录时间、分析时间、安排时间。

记录工作时间是第一步，是对劳动者的劳动过程进行精益劳动管理的基础，而考勤又是"记录工作时间"的基础。

（二）考勤管理的主要内容

1．明确工作时间

工作时间主要依据工作性质、工作任务确定。在我国常用的工作制类型有：固定工作时间制、轮班工作制、不定时工作制和综合工作制等。

按照《劳动法》《劳动合同法》和《国务院关于职工工作时间的规定》："职工每日工作8小时、每周工作40小时，因工作性质或者生产特点限制，不能实行每日工作8小时、每周工作40小时标准工时制度的，按照国家有关规定，可以实行其他工作和休息办法。国家机关、事业单位实行统一的工作时间，星期六和星期日为周休息日。企业和不能实行前款规定的统一工作时间的事业单位，可以根据实际情况灵活安排休息日。"

每日8小时、每周40小时工作制，也称标准工时制、正常工作制，一般通用于国家机关、事业单位、企业职能部门和坐班式岗位。

按照每日8小时、每周40小时工作制规定，超时工作按加班计算。因此，企业在实行过程中应依据工作性质和工作任务，以每日8小时、每周40小时工作制为原则，采用轮班工作制、不定时工作制和综合工作制。尤其是生产性企业和服务行业企业，通常会采用轮班工作制，在具体形式上可分为：两班倒、三班倒、四班倒等。

凡实行不定时工作制和综合工作制，必须获得当地县以上人力资源和社会保障部门批准方可实行。

企业无论实行何种工时制度，都必须以国家每日8小时、每周40小时工作制规定为基本原则，结合企业的生产或服务性质，才能灵活制定各岗位、各班次的工作时间长度、上下班时间点、班前班后时间等工时规定。

2．制定考勤规则

根据员工出勤的各种情况，包括迟到、早退、旷工、脱岗或睡岗、请假、调休、全勤、加班加点、外出或出差等情况，制定相应的行为规范、流程标准及奖惩措施等规章制度后纳入员工手册，并向全体员工颁布实施。实行劳务承揽的项目单位，还应将考勤规则报本公司和客户单位备案，并同时把考勤规则设置到"精益劳动管理系统"。

例如"迟到"，红海人力集团在承接韶钢项目时规定员工：迟到15分钟以内的，每次考核扣除20元；迟到60分钟以上的，计旷工一天，考核除扣除当月绩效工资50%外，并进行书面警告。

例如"旷工"，红海人力集团在承接邮政项目时规定员工：旷工是指未经同意或未按规定程序办理请假手续而不在岗；包括旷工半天、旷工一天；如一个月内累计旷工超过2天，作辞退处理。

例如"脱岗或睡岗"，红海人力集团在承接韶钢项目时规定员工：当班睡岗、串岗或从事与工作无关活动的，每次考核扣除绩效工资50元。

例如"请假"，包括病假、事假、工伤假等多种类型，需要制定相应的请假流程和约束条件。如红海人力集团在承接韶钢项目时规定员工：凡请病假者发放基本工资，扣除当天绩效工资；请病假的需开三甲医院以上病假单；凡请病假、事假者，必须得到班长的批准，且必须在当班4小时前，将病事假条送达给组长，并把请假内容用短信形式发给班长，便于班组安排工作，否则一律按旷工处理；凡请事假，没有特殊理由不准批（特别是中夜班）；凡请事假者，扣除当天基本工资、绩效工资，如扣除工资额不足100元的，由请事假者补交其差额至100元，作为顶班人员的加班工资；每个员工请病假、事假的天数，纳入年度的绩效考核……

例如"外出或出差"，应规定必须经主管同意，并在"精益劳动管理系统"上填写出差申请，并由相应主管签名确认等。

3. 考勤的实施

（1）选择考勤方法。考勤方法可采用考勤机、PC互联网和移动手机考勤。实行项目制管理的人员和外勤工作人员应尽量采用移动手机考勤，这样不仅便于考勤数据统计，减少时间浪费，也能公正记录员工的出勤、缺勤工时，杜绝手工考勤作假等行为。考勤方法对比如表7-1所示。

表7-1 考勤方法对比表

考勤方法	优点	缺点	适用范围
指纹打卡机考勤	有效避免代打卡的现象，无须卡片等耗材，只要购买机器连接电脑就可以使用	一开始要采集员工的指纹，比较麻烦；而且识别率不高，容易受很多因素的干扰，如出汗、有静电等	适用于人员工作地点相近、固定的项目

续上表

考勤方法	优点	缺点	适用范围
PC互联网和移动手机考勤	基于移动通信网络和互联网的考勤系统,由无线终端和网络管理平台组成,来确定某人在某一时间所处位置,只要通过手机、电脑联网就可以使用"外勤宝"系统进行考勤	容易受项目员工自有通信设备、上网情况、现场网络信号等因素影响	适用于人员工作地点相距较远、不固定的项目

（2）考勤结果处理

在红海人力集团自主研发的系统软件"外勤宝"及精益劳动管理系统后台自动化汇总统计考勤数据，作为记录奖惩依据，并严格按照员工出勤或缺勤的数据，计算员工的薪酬。

二、精益考勤管理的方法技巧

1．合理安排员工加班和补休

（1）对于按工时计价的项目，凡因项目需要安排员工加班的，项目驻场员或项目负责人应事先进行确认，并由本人填写《加班申请表》。

（2）所有申报加班费必须首先抵冲病、事假，应尽量安排员工在闲时补休，从而减少加班成本，提高项目收益。

（3）对于按单价计价的项目，可根据项目实际需要，鼓励员工加班，在员工增加收入的同时，也增加了项目总体业务量或加快了项目进度，从而提高项目收益。

2．员工请事假，须先行寻找顶岗人员再准予请假

对于一些必须保证有人在岗的岗位，请假员工应先自行找到其他项目或其他班次的员工来顶岗，以此保证项目的正常运行。此外，请假员工当天的工资计入顶岗员工的工资。

3．设立全勤奖

根据项目实际制定全勤奖制度，对当月在项目规定的上班时间没有迟到、早退、请假、旷工、脱岗、串岗、睡岗的员工，给予一定数额的全勤奖金，奖优罚劣，以此提高员工的工作积极性。

4. 合理设定班前准备和班后交接时间

即把班前准备时间设定在上班之前而不是上班之后，把班后交接时间设定在下班之后而非下班之前。例如红海人力集团在承接邮政项目时规定：全体员工必须提前5分钟到达工作岗位做好岗前准备；管理人员（包括主管、组长）提前10分钟到位。又如红海人力集团在承接韶钢项目时规定：各班组提前半小时召开班前会，接班前5分钟未进入工作岗位的，每次扣除绩效工资20元。

5. 临时工考勤要按时、按量

项目负责人不但要记录临时工的实际工作时间，还要记录每个临时工的每小时工作量或服务质量情况。当临时工平均每小时工作量或服务质量未达到项目规定要求时，则按实际每小时工作量发放工资（即平均每小时工作量或服务质量/项目规定每小时工作量或服务质量），以便提高临时工的工作效率，减少临时工人数，提高项目收益。

三、考勤管理工具

1. 请假申请

员工请假申请，应使用"外勤宝"或精益经营管理系统办理请假手续。请假申请无须专门拟写"请假标题"；请假时间包含了开始至结束的具体日期或时间，系统可自动计算出"请假天数"或工时数；鉴于项目实际情况，不提倡实行"带薪年休假"等。请假申请如表7-2所示。

表7-2 请假申请表

申请人姓名		岗位名称		申报日期	
请假类别		请假时间		年 月 日 时至 年 月 日 时	
请假原因					
工作交接安排					
班/组长审批			项目部经理审批		

注①请假类别为病假、事假、婚假、产假、丧假、工伤假、意外事故假；②所有请假事宜必须提前2天填写《请假申请表》，并完成审批流程；③请假单存项目组织，作为考勤依据。

2. 外出或出差申请

员工临时外出或出差，使用"外勤宝"或精益经营管理系统办理申请手续。应注明从何处出发、到何目的地；选择从开始至结束的计划出差具体日期。外出或出差申请如表7-3所示。

表7-3 外出或出差申请表

姓名：		岗位：	
出发地：		目的地：	
出差时间：		年 月 日至 年 月 日	
出差目的：			
项目负责人审批：		日期：	

3．加班申请

对于按时计酬项目加班，应用"外勤宝"或精益经营管理系统办理加班申请手续。选择加班时段类型："工作日加班""周末假日加班"或"法定节假日加班"；选择加班的具体日期及具体时间点，并由系统自动计算加班工时数；阐明原因并提交项目主管审批。加班申请如表7-4所示。

表7-4 加班申请表

姓名		岗位		日期	
加班时段类型	□工作日加班 □周末假日加班 □法定节假日加班				
具体加班时间	年 月 日 时至 年 月 日 时				
加班原因					
班/组长审批			项目负责人审批		

四、精益排班管理

（一）精益排班管理的总体要求

精益排班管理，是指每月依据应完成的生产量、业务量、服务工作量或服务工作时间，运用精益劳动管理系统排班工具，对每个班组、班次的上岗工作人员进行科学排班，使每个员工都清晰掌握每月、每日何时上班、上什么班次，从而杜绝员工无序上班的情况和减少劳动力资源的浪费。

精益排班管理，是精益计划配置劳动力的重要组成部分，其实质和目的是协调业务量与劳动力，以及劳动者与劳动者之间时间资源的科学配置，实现劳动力资源与业务量和时间资源的最优化配置。

有效工时管理的核心之一是劳动力与时间的安排，即精益排班管理。只有排班最优化，项目的劳动效率与成本开支才能达到最优配比，项目的经营管理效益才能实现最大化。

（二）排班管理的内容与步骤

1. 依据业务量确定用工人数和班次

项目业务量一般分为两大类型：一种是生产量，一种是服务工作量。生产量主要指生产性项目需要完成的业务量；服务工作量主要指服务性项目需要完成的工作量。

（1）依据生产量确定用工人数和班次，主要依据与客户签订的协议里约定的业务量和每月客户下达的生产计划来确定。在实际运营中，每月的用工人数和排班的班次，主要依据客户每月下达的生产计划任务来确定。

（2）依据服务工作量确定用工人数和班次，主要依据客户提供的历史数据，分析该项目业务量的规模、周期等变化规律，并结合客户每月的需求，再来确定该项目每月的用工人数和排班班次。

无论是生产性项目或是服务性项目的排班，原则上都应以月度为时间单位，将一个月四周的每日工作时间进行科学排班，并于当月25日前公布下月排班表，使员工提前掌握工作时间，便于员工之间相互调班、换班，以体现科学管理与人性化管理相结合。

例如红海人力集团在承接韶钢项目时，项目组织承接的业务是客户流水线上的小部分辅助工序，项目产量基本是由客户上游工序延伸而来。客户本身是分甲乙丙丁四班三转，并已经把全年班表排好，所以要求项目组织必须与其相对应，即项目组织排班也必须分甲乙丙丁四班三转。

2. 确定工作班制和班次时间

依据不同的项目业务类型和业务量，会出现各种不同工作班制，包括：单班制、两班制、三班制、四班三转制、四班制等。

确定好项目工作班制后，再依据班制确定班次和班次时间。如下表所示：

表7-5 工作班制表

工作班制		含义	适用范围
单班制		一般仅在白天工作，一周七天不停业，员工实行轮休	如银行大堂经理等服务型岗位
两班制		需要24小时一直有人在岗，每天分早、中两班或早、晚两班	如红海人力集团承接的海心沙安保员等服务型岗位
三班制	间断性三班制	有固定公休的三班制轮班形式，即公休日停产，全体员工休息，公休日后轮换班次	如机械加工等生产型岗位
	连续性三班制	不能间断的企业，一年内除了设备检修或停电等情况外，必须连续组织生产，公休日也不间断	如医药、能源、钢铁、汽车制造业等生产型岗位

续上表

工作班制		含义	适用范围
四班三转制		四班三转的轮休制，是以八天为一个循环期，组织四个轮班，实行早、中、夜三班轮流生产，保持设备连续生产不停，员工每八天轮休两天的轮班工作制度。 除每天三个班生产，一个班轮休，两天一倒班，工作六天休息两天之外，还可以安排工作三天休息一天，或者工作九天休息一天或者工作九天休息三天，从循环期上看，可以分为四天、八天、十二天等形式	如红海人力集团承接的韶钢项目的炼轧厂生产线等生产型岗位
四班制	四八交叉作业制	一昼夜24小时内组织四个班生产，每班工作8小时，前后两班之间的工作时间相互交叉，交叉时间一般为24小时	如矿产资源开采等岗位
	四六工作制	每一个工作日由原来组织的三班生产，改为四班生产，每班由8小时工作制改为6小时工作制	如矿产资源开采等岗位
五班轮休制		即"五班四转制"，员工每工作十天轮休两天的轮班制度。是以十天为一个循环期，组织五个轮班，实行早、中、夜三班轮流生产，保持设备连续生产不停，并每天安排一个副班，按照白天的正常时间上班（不超过6小时），负责完成清洗设备、打扫卫生、维护环境等辅助性、服务型工作任务	如电力生产或石油化工等行业的大中型生产岗位

班次时间的安排，可根据项目实际需求来设定每一班次的上班时间和下班时间。班次时间的设置里，要注意转班（如原来上白班的转为上晚班）的时间安排。例如红海人力集团承接的海心沙安保员项目，实行两班倒，班次时间安排为8∶00—20∶00 和20∶00—8∶00；其中设定转班的班次时间为每月15号、30号，即每隔半个月换一次班。

同一项目内的不同岗位，可能有不同的轮班方式和班次时间安排，应根据项目具体分析和设定。

3. 依据岗位特点和员工个体情况进行分班

确定轮班方式、班次时间之后，再对项目员工进行分班。

（1）对于原本已经有员工在运行的项目，在分班前，应了解掌握每位员工的技能类型、技能等级、个性特征和兴趣爱好等情况，以及项目各个岗位的重要性、各个岗位的技能要求等。综合各方面有关要求再进行分班，尽量优化组合，以促进班组成员之间的协同性。

（2）对于项目员工中有新手或技能不熟练者，应尽量新旧员工分布均匀，或尽量把负责带教的师傅与徒弟安排在同一班次。

（3）对于项目需要招聘新员工的，在招聘员工时要按照本项目的排班要求来招聘适合的人员。

因此，排班人员应了解项目中每位员工、每个岗位的情况，并将其中重要的信息资料录入到精益劳动管理系统中，以便更好地让系统进行匹配，从而排出最科学合理的班表。

4. 明确并设定排班规则

员工分班后，应根据项目的业务要求及公司的人力资源政策等，明确排班的规则，并在精益劳动管理系统设定相应的规则。包括但不限于：

（1）明确项目哪些日期不安排休息，哪些日期一定安排休息；

（2）明确员工每个排班周期休息天数；

（3）明确员工排班最长连休不超 X 天，连续上班时间不超 X 天；

（4）明确项目每天的休息人数 =（项目员工总数 × 排班周期每个员工休息天数）/（排班周期天数 – 不能放休假天数）；

（5）其他。

5. 生成和检查调整排班表

根据排班规则生成排班表后，还需对排班表进行检查核对，并作相应调整。主要检查要素包括：

（1）现有排班是否契合生产量、服务工作量的变化规律，劳动力资源配置是否符合业务量高峰和低谷的趋势。

（2）员工个人特点是否契合项目的要求，重点检查员工的业务熟悉程度、技能状况，甚至可以兼顾员工的个人状况如工作班次偏好、上班距离等。还应检查员工有没有特别的请假要求、是否有临时任务的安排、是否参加培训安排等，并进行相应调整。例如红海人力集团承接的海心沙安保员项目，排班时一般不安排现场主管在周六休息，因为周六游客最多，保安服务工作量和难度很大。

(3) 根据排班规则检查每个员工的休息天数、工作班次是否比较均衡，力争做到科学合理。

(4) 测算分析该班表对应的总人工成本，对比项目产量和收入，检查人工成本是否在合理范围内，寻找是否还有方法可以优化现有排班，从而降低成本。

(5) 是否符合重要或特殊岗位的要求。如红海人力集团承接的海心沙安保员项目，其中某个岗位比较特殊，在客户及政府领导车辆的专门出入口，安排的上岗员工就要有相应素质。

（三）精益排班管理技巧

1. 优化轮班方式

(1) 项目需减少轮班数的，可通过以下方法实现：一是在承接项目初期，积极与项目员工沟通，利用多劳多得的理念，说服员工改变原有轮班方式，增加每班次工作时间，提高员工每月收入。例如红海人力集团承接海心沙安保员项目时，与项目员工们进行协商，增加工作时间提高计酬方式，把 8 小时工作制改为 12 小时工作制，优化了项目轮班方式，提高了项目员工劳动效益，减少了所需项目员工人数，从而降低了项目成本，提高了项目收益。二是项目员工自然流失时，通过补贴兼岗奖励及多劳多得的理念，鼓励现有员工承接流失员工的工作，促使现有员工自发加班加点完成所有工作，实现减员增效，并与员工沟通改变原有轮班方式，以便于他们有足够时间完成相关工作，这样也能降低项目成本，提高项目收益。

(2) 项目要增加轮班数的，如项目各时段的业务量变化较大，可依据项目各时段的预计业务量把一个班的员工拆分为多班，并明确各班员工人数。例如红海人力集团承接的邮政分拣项目，因某区分拣中心每日早上业务处理量较小，而下午业务处理量较大，他们就把原来的单班制 9 名员工分为两班制，早班为 3 人，中班为 6 人，这样可以减少临时工成本，提高项目收益。

2. 调节员工上班时间

一是根据项目实际情况，排班时应把项目员工的休息日期尽量安排在项目工作闲时或法定节假日，避免支付高昂加班费用，才能降低项目成本，提高项目收益。二是兼顾项目运营和员工两者的需求，提升员工士气和满意度，达到项目最佳经营效果，避免员工连续 7 天上班等。

3. 员工个性化配置

使用精益劳动管理系统，让员工自助更新个人状态，从而优化排班。各项目排班人员应根据员工的特长、工作状态、兴趣爱好，对员工进行合理搭配。例如红海人力集团承接的海心沙安保员项目，有些保安岗亭的工作环境比较好，在排班时就要尽量让每位员工都有机会上岗。

4. 授权现场班（组）长临时调配员工上岗

当项目较复杂或者项目人员流动率较高时，排班管理的重要技巧之一就是适当授权现场班组，让现场班组主管能根据实际情况进行调整，更加高效和恰当地安排员工上岗或休息。例如红海人力集团承接的海心沙安保员项目，因项目经常出现临时任务，而且人员流动也比较频繁。在这种情况下，项目组织授权现场领班，可以根据临时任务、人员请假或离职的状况，安排员工上岗，并记录下当月的调整情况及时汇报项目组织。又如红海人力集团承接的韶钢项目，当班人员请假时，班长临时调配人员上岗，确保项目顺畅运营。

5. 适当安排员工交叉上班

当员工从事前后密切衔接的不同工序时，为实现各班之间无缝衔接，使前后两边的工作密切配合，可安排各班员工交叉上班，以减少不必要的工时损失。例如红海人力集团承接的邮政分拣项目，某区分拣中心在下午5点业务处理量会剧增，他们就在这个时段安排早、午班员工交叉上班，以弥补劳动力的不足，既降低了人工成本，又保证了项目顺利运转，增加项目收入。

（四）排班管理工具

使用精益劳动管理系统进行排班，生成相应排班表。

现根据对红海人力集团承接的邮政分拣项目、海心沙安保项目和韶钢生产线项目的调研，以及对各行业轮班方式的研究，总结出以下几种轮班方式：

1. 两班制排班表（海心沙安保项目），如下表。

表7-6 两班制排班表

序号	日期星期 姓名	1	2	3	4	5	6	7	8	9	10	11	12	13	14	15	16	17	18	19	20	21	22	23	24	25	26	27	28	29	30	备注
		一	二	三	四	五	六	日	一	二	三	四	五	六	日	一	二	三	四	五	六	日	一	二	三	四	五	六	日	一	二	
地面区（一班）																																
1	唐一	L	A2	A2	A2	A2	A2	L	A2	A2	A2	A2	A2	L	E1	E1	E1	E1	E1	L	E1	E1	E1	E1	E1	L	E1	E1	E1	E1	L	电话1

续上表

序号	日期星期\姓名	1一	2二	3三	4四	5五	6六	7日	8一	9二	10三	11四	12五	13六	14日	15一	16二	17三	18四	19五	20六	21日	22一	23二	24三	25四	26五	27六	28日	29一	30二	备注
	2014年8月 地面区（一班）																															
2	王二	A2	L	A2	A2	A2	A2	L	A2	A2	A2	A2	A2	A2	L	C7	E1	E1	E1	E1	E1	L	E1	E1	E1	E1	E1	E1	L	E1	E1	电话2
3	袁三	A2	A2	L	A2	A2	A2	A2	L	A2	A2	A2	A2	A2	A2	C7	E1	L	E1	E1	E1	E1	E1	L	E1	E1	E1	E1	E1	E1	L	电话3

备注：1. A1：08：00－16：00   A2：08：00－20：00

A3：08：00－16：00   A4：00：00－08：00   A5：08：30－16：30

B1：08：00－15：00   B2：10：00－22：00

C1：14：00－22：00   C2：14：00－18：00

C3：14：15－22：15   C4：14：30－22：30

C5：15：00－22：00   C6：15：00－23：00

C7：16：00－24：00

D：09：00－18：00

E1：20：00－08：00   E2：22：00－08：00

E3：22：00－10：00

F1：00：00－08：00

L：休息　　　J/加班次代号：休息日加班　　S：病假　　　W：事假　　　CL：补休　　　AL：年休假

X：旷工　　　M：婚假　　　F：丧假　　　IF：计生假　　　I：工伤

2. 排班表经服务中心经理签批后，立即生效，各部门不得随意更改。

3. 如无特殊情况一律按排班表严格执行。

4. 如需调班，须至少提前一天填写调班单，经服务中心经理核准方可调班，否则按旷工处理。

2. 间断性三班制

间断性三班制如下表。

表 7-7 间断性三班制排班表

日期	第一周	公休日	第二周	公休日	第三周	公休日	第四周	公休日
班组1	早	休	中	休	夜	休	早	休
班组2	中		夜		早		中	
班组3	夜		早		中		夜	

班次时间段：早班为08：00至16：00；中班为16：00至24：00；夜班为24：00至08：00。

3．四班三倒制排班表（韶钢项目）

四班三倒制排班如下表。

表 7-8 四班三倒制排班表

班名＼日期	1	2	3	4	5	6	7	8
甲	夜班		白班		中班		休息	
乙	白班		中班		休息		夜班	
丙	中班		休息		夜班		白班	
丁	休息		夜班		白班		中班	

班次时间段：08：00－16：00（早班）
　　　　　　16：00－24：00（中班）
　　　　　　24：00－08：00（夜班）

4．四八交叉作业

四八交叉作业如下表。

表7-9 四八交叉作业

工作班次	班组1	班组2	班组3	班组4
上班时间	8：00-16：00	14：00-22：00	20：00-4：00	2：00-10：00

5．五班轮休制

五班轮休制如下表。

表7-10 五班轮休制

日期	1	2	3	4	5	6	7	8	9	10
班组1	早	中	中	副	休	早	晚	晚	副	休
班组2	副	休	早	中	中	副	休	早	晚	晚
班组3	休	早	晚	晚	副	休	早	中	中	副
班组4	晚	晚	副	休	早	中	中	副	休	早
班组5	中	副	休	早	晚	晚	副	休	早	中

五、精益交接班管理

（一）交接班管理的总体要求

交接班管理，是衔接班组与班组之间、员工与员工之间的工作，是将上一个班的工作向下一个班进行全面详尽交接的一个重要的管理环节，它是确保项目高效、平稳、安全、有序地进行的一项重要保障工作。

1．交接班管理的内容步骤

（1）明确交接班流程。

交班前准备工作→接班前现场检查→交接班员工沟通解决→交接班确认→交接班完成。

（2）做好交接班前准备工作。

①主管领导检查本班人员的精神状态、仪容、仪表；

②对本班次需要注意的事项进行安排指导；

③检查各种记录是否齐全、正确（如是否存在可疑人员或存在安全风险等情况）；

④检查岗位使用物品功能是否正常（如设备运行是否顺畅或存在故障等情况）；

⑤检查岗位是否整洁，是否按要求摆放物品；

⑥开交班前碰头会，主管领导听取本班人员对本次接班后的工作意见；

⑦一切无误后，方可进行交接班。

（3）做好交接班过程管理。

交接班工作时，必须做到"五清"和"四交接"。

①"五清"即：看清、讲清、问清、查清、点清。

②"四交接"即：面对面交接、文字交接、在岗交接、实物交接。

面对面交接：交接班双方均应立正，面对面进行交接沟通（如现场管理、设备运行状况和安全风险存在问题）。

文字交接：填写交接的注意事项（交接班记录）。

在岗交接：必须在交接岗位上进行本岗位的交接工作。

实物交接：具体物品的交接（如对讲机等）。

③交接班的内容一律以记录和现场交接为准，凡遗漏应交代的事情，由交班者负责；凡未接受清楚的事项，由接班者负责；交接班双方都没有履行交接手续的内容，由双方负责。

④接班人员应提前10-15分钟到达当班人员集合场地，由接班主管领导布置相关工作及事宜，接班人员到达岗位后要查阅交接班记录簿，了解有关工作的注意事项，然后准时开始交接班工作。如果遇有特殊情况，可以延迟交接班时间。

⑤交接班时，双方应履行交接手续，在按规定将项目逐项交接清楚后，交班人员先在交接班记录簿上签名，然后接班人依次签名。从即时起，岗位的全部工作由接班人员负责，交班负责人可离开岗位。

⑥交接班手续未结束前，一切工作应由交班人员负责。如在交接班时发生事故，应由交班人员负责处理，交班人员可要求及指挥接班人员协助处理。

⑦在下列情况下，不得进行交接班：

交班人处理事物未结束时不得交班；

在处理事故时（但可在告一段落时，得到带班员或主管同意后进行交接班）；

接班人员有喝酒情况或精神不正常时，或接班人突发疾病等特殊情况；

交班人员未正式办理交接班手续就擅自离开工作岗位。

2. 做好接班后工作

（1）接班后各岗位应及时将本岗位交接情况向本班主管领导汇报（如：01岗交接完毕，岗位一切正常）。

（2）主管领导要在接班后立即巡视各岗位，及时发现上一班的遗留问题。

（3）根据当天天气或特殊节日等因素调整岗位情况。

（4）主管领导组织各岗位人员做好岗位工作，保持本岗位干净整洁。

（5）落实并完成上级布置的工作，与其他各部门做好协调、沟通。

（6）准备交接班工作及交班后的讲评工作。

（二）精益交接班管理技巧

1. 召开班前会议

接班人员应提前 10 - 15 分钟到达接班现场了解情况，并由班组长组织本班人员召开班前会议，布置相关工作，交代须注意的安全风险事宜及应急事件处理方法，以便实现交接班无缝衔接，确保项目劳动效率。

2. 做好交班准备，避免风险发生

交班前 30 分钟应由班组长检查本班员工是否做好相关交班准备，如岗位是否整洁，工具是否按要求摆放，岗位使用物品功能是否正常，各种记录是否齐全、正确，是否存在潜在危机情况等，以便实现交接班无缝衔接，避免项目危机事件的发生。例如红海人力集团承接的海心沙安保员项目，员工在交班前，如发现有可疑人员在护江栏杆边徘徊多时，有跳江自杀嫌疑，在交接班时要告之接班员工，密切注意该人员行为，一有异常，马上制止，确保项目安全运转，体现专业性。

（三）交接班管理的工具

用精益劳动管理系统进行交接班记录和管理。参考下表。

表 7 - 11　交接班记录表

岗位		日期		年　月　日　时　分	
交接物品情况：					
有关事项：			跟进处理情况：		
存在风险事宜：					
交班人		工作时间：XX：XX - XX：XX		交班人确认签字	
接班人		工作时间：XX：XX - XX：XX		接班人确认签字	

第二节　精益员工业务量管理

一、精益员工业务量管理的总体要求

精益员工业务量管理，是指按每个工作日、每周、每月度，对项目员工所完成的合格产品产量、销售量或服务工作量等劳动成果的数量与质量进行统计分析，作为员工计算工资、奖金的依据。

二、员工业务量管理的步骤

(一) 整理员工业务量类型

根据项目实际情况,按岗位确定员工完成业务量类型及质量要求。

(二) 分析岗位影响员工业务量的因素

要统计分析项目各岗位员工完成业务量受主客观因素的影响情况,从而制定项目各岗位招聘标准及员工培训计划。业务员完成情况影响因素如表7-12所示。

表7-12 业务员完成情况影响因素

主观因素	客观因素
员工的工作态度、入职年限、技能水平、道德素质、学历、年龄、户籍、项目工艺流程标准等因素	项目原料供给量、客户需求业务量、项目闲忙时、设备先进性等因素

(三) 员工业务量统计方法

1. 实测法

一是将客户原有统计员工业务量的历史数据作为基数,然后运用实测法,用一周时间观察记录每个员工的业务量完成情况;二是通过项目负责人运用精益劳动管理软件统计工具,实测每个员工的业务量完成情况。

2. 估算法

通过研究分析项目历史业务量数据及每个员工劳动效率情况,估算每个员工业务量完成情况。

(四) 统计分析员工业务量

通过统计分析项目每个员工所能完成的业务量数额,从而为项目计划管理、排班管理、劳动力调配管理等模块建立数据基础。

三、精益管理员工业务量的技巧

(1) 在项目调研阶段,通过统计分析各岗位员工的工作年限、年龄等因素与完成业务量的关联性,总结出适合项目各岗位的招聘标准及用工方式,从而保证员工队伍的稳定性,提高员工工作效率,降低招聘成本,提高项目收益。

员工业务量如是我方先行统计,则注意与客户数据进行核对。同时,在计件的项目中，员工产出的业务量、计件方法、计件工作量与客户的原计划有出入时，可从中争取我方合理利益，从而增加项目收入。如红海人力集团承接的邮政分拣项目折叠报纸业务量计算，如当天报纸夹杂了较厚的其他广告资料，处理的工作量大大增加，他们在计算份数时就与客户商量调整计算方式——不能1份报纸就按1份算，而是要按1.5份或2份算，这样就相应增加了项目收入。这是项目实际运作中可挖掘的精益经营的利润点之一。

观察现场员工业务量，如发现异常情况，及时进行调整。例如红海人力集团承接的邮政分拣项目，某位员工平时每日完成量在1500件上下，但本周连续三天工作量大幅下降，班长就要仔细观察该员工的表现，主动关心员工，如获知该员工是因为家庭出现变故或身体不适时，要调整其工作量。

（2）建立超额业务量奖励制度，鼓励员工在工作时间内超额完成业务量，并根据项目各岗位员工完成业务量的情况进行奖励，激发员工提高工作效率的主观能动性，减少加班成本，提高项目收益。

四、员工业务量管理的工具

使用精益劳动管理系统，录入和分析员工业务量，如下表：

表7-13　员工业务量统计表

员工姓名	
岗位	
技能水平	
业务类型	
每小时业务量	
完成业务质量情况	

第三节　精益劳动力调配管理

一、精益劳动力调配管理的总体要求

精益劳动力调配管理，是指在业务项目经营过程中要充分经营好员工的流动性，运

用员工的流动性来降低经营成本。具体来说，就是在业务项目经营过程中当业务量发生变化时，首先在本项目不同班组、不同班次时间之间进行劳动力调配使用，以减少项目新增劳动力成本；其次，在本项目抽调不出劳动力时，应在本区域相同项目之间进行劳动力调配使用；再次，当从本区域相同项目之间抽调不出劳动力时，则应从外部调动劳动力资源，以满足项目业务量或人员的临时突发变化。

精益劳动力调配管理，其目的和实质就是不能因项目业务量增加就招新人，也不能因项目业务量减少就让员工闲置。要通过劳动力调配手段，盘活现有员工存量和技能组合，促使劳动力使用与项目业务量相匹配，降低项目人工成本。

二、劳动力调配管理的步骤

（一）分析项目业务量及劳动力需求

首先，应掌握项目业务量情况，即该项目每月生产量或服务工作量的大小、业务量的淡旺季变化规律、每周或每日的业务量高峰低谷变化情况。这些数据和规律，可直接与客户沟通交流获得，可从客户项目历史数据资料中获得，可以从咨询该项目原有班（组）长、员工中获得，还可以由我方实际运营该项目一段时间后得出。

其次，要清楚劳动力资源需求，包括现有项目员工总数，项目岗位或工种情况，各岗位或工种实际在岗人数、最大需求人数（业务量最大时）、最小需求人数（业务量最小时）等状况，以及能够调用的外部劳动资源情况。

掌握了项目业务量的变化规律及劳动力的需求，就能把握劳动力调配的时间点、调配的方向、调配的数量等。

（二）观测项目员工劳动效能

在了解掌握项目劳动力状况后，还需进一步观测和评估现有员工的劳动效能情况，主要是各岗位员工的工作量饱和度或有效工时的情况（方法可参考《有效工作时间信息采集表》），现有员工的劳动效率以及现有员工的技能类型、技能等级或技能熟练程度等情况。

掌握了员工的劳动效能，才能知道项目中哪些岗位、哪些员工还有多少潜力可挖、可调配。

例如红海人力集团承接的邮政分拣项目，首先测算出每个工序的实际工作数量，掌握各区人员工作的熟练情况等有效数据，再根据各区的业务量波动情况，匹配不同岗位的员工。

（三）调配使用劳动力

对于有规律可循的业务量变化，可以通过排班缓解部分劳动力调配的问题。

对于不可预计的、临时的、突发状况带来的业务量变化（即当项目业务量大幅增加导致劳动力紧缺，或员工请假、离职等造成岗位空缺时），则可通过如下方式灵活调配劳动力：

1. 调配班组内劳动力

班组内单个、少量岗位空缺或工作量增加有限的，先由班（组）长组织本班在岗员工以加班、提高有效工时（加大工作饱和量）和并岗兼职等手段，来完成生产或服务任务；也可以从本班在轮休的员工中抽调人员上班，以顶替空缺人员。

2. 调配本项目单位内劳动力

当某班组人员空缺较多或工作增加量较大而调用本班人员仍无法解决时，则由班长或项目负责人与本项目其他班组沟通，调配具有相同、相似技能或能力的员工，支援该班组完成生产或服务任务。例如红海人力集团承接的邮政分拣项目，根据本项目内五个区域的业务量情况，对各区域用工进行跨区域灵活调配，将五个区域的不同岗位员工进行合理安排，从而缓解某一个区域因临时业务量增大而导致人手紧缺的状况。

3. 调配跨项目单位劳动力

当项目内劳动力调配后仍然无法保质保量完成生产或服务任务的，则由该项目负责人或项目所在公司的项目总监，与其他项目负责人沟通，调配具有相同、相似技能或能力的员工予以支援。例如红海人力集团承接的韶关韶钢项目，曾经在韶关韶铸项目抽调2个钳工去韶钢项目，完成任务后再回到韶铸项目继续上班；也曾经抽调"电信区域中心一万号"的培训班长，去做某银行客服人员的一次收费培训项目。

4. 调配外部临时工

当项目所在公司内部劳动力调配后仍然无法保质保量完成生产或服务任务的，必要时则从外部招聘使用临时工。

（四）考核奖励调配使用的员工

对于服从调配使用的员工，还应做好员工调岗、调班时的工作业绩评估，以及员工归队后的奖励。

三、精益劳动力调配管理的技巧

（一）制定物质激励措施

一是建立具有激励性的薪酬方案，如实行计件工资制，多劳多得，以便员工乐意接受调配去完成增加的项目业务量。例如红海人力集团承接的邮政分拣项目，实施了从计时工资到计件工资的薪酬变革，并把员工分成包装组、收寄组、封发组和计价组四个组别，按组考核各个组的实际任务完成量，以发放绩效工资，即采取按组计件模式。另外，针对每组中工作表现突出的员工，额外给予300元到500元的奖励，激发员工积极性。

二是调配员工时，其工资可按员工原岗位工资或所调至岗位的工资来结算，建议就高不就低；对并岗兼职的员工给予一定的并岗补贴。

三是对跨区域调配带来的交通、用餐等费用给予报销，并给予一定额度的调配补贴，确保受调配员工不用支付额外成本，还能得到一定收益。例如红海人力集团承接的邮政分拣项目，计划实行服从调配积分激励制度，服从一次跨区工作安排可获得相应的积分，当积分达到一定数值可以获得现金奖励。

四是把工作配合度纳入绩效考核，鼓励员工服从调配，对不服从调配的视实际情况扣分。例如红海人力集团承接的邮政分拣项目规定，所有邮件的装卸由全体员工协助完成（特殊情况由主管安排），如发现不服从者，第一次提出警告，第二次扣除绩效工资100元，如再无改进作辞退处理；特快以及国际函件的运送由收寄位、邮资机位负责，如遇业务量大，所有人员必须协助，如发现推辞者，一次性扣除绩效工资50元。

以较少的成本解决员工调配的问题，从而使项目获得业务量增加或项目正常运转的较大收益，也避免新招聘人员等带来的额外成本支出。

（二）采用感情维系措施

项目负责人、班（组）长应与员工建立良好的关系，以感情维系工作上的合作，实现调配顺畅。

一是关心员工生活。例如红海人力集团承接的海心沙安保业务项目，很多保安员都是从偏远山区来到广州，人生地不熟，项目组负责人在安排好他们的宿舍后，还应带他们去购置各种生活用品，事无巨细地安顿好他们的衣食住行，让这些员工感受到组织上的关爱；同时项目组还不定时地组织他们加餐，跟他们打成一片，建立良好的关系。一旦有临时任务，在休息期间的保安员大多愿意接受安排抽调上班。

二是关心员工思想。例如红海人力集团承接的韶钢项目，员工主要来源于当地农民。为了安定这些员工，项目组负责人经常深入宿舍进行家访，了解他们的想法，用诚意去打动他们，使他们在业务项目经营需要时能随时接受调配。

（三）招聘符合调配条件的员工

项目组织在招聘员工时，要甄选能接受工作调配的员工，以顺应在业务经营过程中能随时接受工作调配的需要。条件主要包括：（1）能服从公司做出的在不同区域（在适当范围内）、不同岗位之间调动的临时工作安排；（2）在年龄层次、居住地等方面，能适应业务项目量增加带来的临时工作任务安排；（3）在技能类型和技能熟练程度上，能符合临时调配工作的需要等。

例如红海人力集团承接的邮政分拣业务项目，为减少劳动力的流动性和人力成本，他们在招聘中大力甄选容易调配与低成本的固定劳动力，大大降低了成本。他们在招聘中发现各区现场周边有大批已经退休或准备退休的老年人。该人群属于返聘人员，只需缴纳商业保险，且长期居住在老城区，愿意接受上班地点的灵活调配，非常适合项目的工作要求，这样就能把五个区域生产现场的劳动力联动起来，跨区域进行调配，大大提高效率和降低成本支出。

（四）培养岗位多能工

项目运营中，项目负责人、班（组）长应注意有意识地让表现积极、能力较强的员工轮调其他岗位工作，以培养其熟悉多个岗位工作、掌握多项岗位技能，即成为岗位多面手。这样才能在需要调配劳动力时灵活处理，也降低招聘新人的成本或使用临时工的成本。

（五）建立临时工"蓄水池"

为保障项目的顺畅运营，减少固定劳动力成本，在业务量增量时期，可使用临时工替工。为此，应建立临时工"蓄水池"。一是可以多找几家劳动力供应商长期合作，确保其价格稳定、人员供应稳定和能提供一定技能基础的员工；二是可与项目附近的高校、技校和职业学校合作，组织勤工俭学的学生或实习生，构建一支具有相关技能的临时工队伍，随时应项目的需要进行调配。

由于临时工往往人工成本较高，也需付出一定招聘成本，且临时工技能培训不足，工作效率较固定员工低，因此需谨慎使用。例如红海人力集团承接的邮政分拣项目，通过灵活排班和较有竞争性的加班补贴，促使固定员工主动接受排班和加班安排，大大减少临时工的使用。

四、劳动力调配的管理工具

各项目在进行劳动力调配时，应使用精益劳动管理系统进行辅助操作和激励。参考下表：

表7-14 劳动力调配申请表

员工姓名	
调配方式	□跨项目调配　□跨班调配　□班内调配　□临时工
调配时间	年　月　日　时至　　年　月　日　时　共计（　）小时

续上表

调配原因			
项目负责人审批		项目人事部审批	

注：此申请表须由班/组长或项目负责人提交，存项目人事部，作为工资结算依据。

第四节 精益员工动作管理

一、精益员工动作管理的总体要求

精益员工动作管理，是指按岗位作业要求，规范员工工作时的四肢操作顺序和细节，形成标准的操作动作，从而使员工的动作幅度和次序经济有效，减轻操作人员的身体疲劳，提高工作效率。

从劳务承揽项目和人力资源服务外包项目看，员工动作主要包含两大类型：手工作业、机器操作。

二、员工动作管理的步骤

（一）规范员工操作机器的动作

对于机器操作类的动作管理，主要以遵守设备操作说明和岗位操作规范为主要内容。

一是把客户原有的相关岗位职责要求、设备操作规程、作业指导书等修改成本项目的操作规程。

二是组织或参加客户组织的设备、岗位操作技能培训，对岗位职责、专业技能、业务流程、作业指导书、设备操作规程（含安全规程、检修维护规程）以及实践操作要领等进行专业培训并考核，考核合格才能上岗。部分特殊岗位，还应取得有关部门颁发的操作证、特殊工种操作证后，才能上岗操作。

三是员工上岗后，项目负责人应严格按照设备说明书、岗位操作规程的操作步骤、操作要求（含动作、安全要求等）、注意事项等，检查、督导员工作业。

四是应经常提醒员工及时清理设备、运输工具和现场的卫生。

（二）管理员工手工作业的动作

一是安排老人带新人，即让老员工、技能熟练的员工，以师傅教徒弟的形式，教导新员工或技能生疏的员工，使他们能尽快按照正确的动作、较快的速度进行操作。

二是观察并指导员工改进动作。项目负责人、班（组）长应注意在现场随时或定期观察、分析员工的作业动作，发现不必要的或幅度过大的动作后要指导员工改进。例如：缩短伸手、握取、移动和放手等有效动作的作业时间；尽量减少或简化寻找、选择、定位等动作，以免消耗过多时间，降低作业效率；设法废除持住、休息、迟延等无效动作。

三是观察现场员工作业范围内的环境布置及辅助工具的情况，放置最适合员工动作的辅助工具设备和布置良好的作业环境，使员工的操作动作更加顺畅和经济，提升工作效率。

四是项目负责人、班（组）长可在例会或工作沟通时，与员工交流作业的心得体会，提醒员工注意改进动作顺序和方法等。关键是要培养员工分析、判断和总结经验的意识。

五是制定员工行为、动作规范，严格工作纪律。有的员工在操作过程中会有自己的习惯动作，其中有些是多余的，这可能会影响作业速度或产生不良品，这就要进行纠正，使其动作标准化、规范化。

三、员工动作管理的技巧

（一）善用客户原有的动作标准

在项目客户原有的岗位操作规范、作业标准的基础上，对其进行改进和完善，使之成为新的操作规范标准。同时，在项目运行过程中，随时对规范标准进行改进，精益动作管理。

（二）采用标杆法分析改进员工动作

标杆法，就是选择模范典型作为参照，改进不足，提携落后。在动作管理上，项目管理人员可以通过历史数据或现场观察，选择单位时间内完成业务量最大、效率最高的员工，观察他们的操作动作细节，然后采用头脑风暴法，由他们本人各自把操作动作按顺序提炼出来。在此基础上，将多数人都使用的动作要领归纳为一套标准动作，再推广到其他班组、岗位。

使用标杆法进行动作管理，还应注意几点：一是观察所得并不一定是标准动作，要综合分析，甚至还要亲自操作，进行动作分解和验证；二是要组织其他员工现场学习、现场应用，使员工有直接的感受和演练；三是最佳动作标准推广应用后，还应不定时观察、检查和比较，确认改善的效果，并进一步实施改进。

（三）建立员工动作优化激励制度

一是实施计件等人单合一薪酬激励制度，这是员工积极改进动作、加快工作速度、提高效率的根本动力。二是设立动作优化建议奖，鼓励员工在日常工作中发现问题，并向项目负责人提出相应优化改进建议，根据建议有效性和采纳程度给予员工相应奖励，从而激发他们工作积极性。

四、员工动作管理的工具

一是标杆员工头脑风暴法；二是使用精益劳功管理系统记录员工改进动作的建议。如下表：

表7-15　员工动作优化建议表

项目/班组		优化动作名称	
建议人姓名		建议人岗位	
现状及主要存在问题描述			
优化、改善的具体措施或方法			
优化、改善后预期效果			
项目负责人意见（含是否实行）			
奖励方式			
建议人签名确认		项目负责人签名	

第五节　精益员工工作轨迹管理

一、员工工作轨迹管理的总体要求

精益员工工作轨迹管理，是指运用"外勤宝"，对既定工序中员工或外勤员工工作的移动方向、路线和距离进行管理，确保监控目标衔接顺畅、时间安排合理，以提高工作效率。

监控和管理员工工作轨迹，特别是外勤人员在工作时间的行动轨迹，其本质是促使员工在正确路线和最短距离内完成最大生产量或服务工作量，减少时间浪费，提升项目运营效率。这是精益劳动管理的意义所在。

二、员工工作轨迹管理的步骤

（一）分析确定工作轨迹管理的重点

项目负责人应根据本项目实际，分析主要工序、岗位的工作内容要求，从中确定需要开展工作轨迹管理的重点工序、岗位。员工移动幅度较大或移动距离较远的岗位，通常需要进行工作轨迹管理。

例如红海人力集团承接的海心沙安保项目，有固定的保安亭岗和移动的巡逻岗，其中移动巡逻安保员就采用了工作轨迹管理。

需要进行工作轨迹管理的岗位通常有：外勤销售员、送货员、售后维修服务员、投递员、运输司机、巡逻保安员、安全巡检员、客户巡防员和巡店员等。

（二）制订实施员工工作轨迹规范标准

工作轨迹规范标准，主要包括：该移动岗位员工的移动方向、路线、距离和时间等方面的标准与要求。项目负责人可从客户方拿到相关岗位的工作轨迹规范标准资料并进行改进，或在项目实际运营中梳理总结新的工作轨迹规范和标准，再培训员工按照标准轨迹执行。

（三）监控工作轨迹标准的执行并改进

项目负责人应不定期观察和抽查员工的工作轨迹，发现问题要组织优化改进。

1. 检查监控

对于要户外作业的岗位，可以把相关规范标准设置到精益经营管理系统进行检查监控。这就容易监控员工的行走路线是否按既定轨迹、是否脱岗、是否真正到达现场等。

对于在固定场所但需要工作轨迹管理的岗位，则主要由项目负责人或班（组）长实施现场监控和指导。主要是监控员工的工作停留时间，督查员工工作效率等。

2. 分析问题

抽查跟踪员工每周、每天、每小时的工作轨迹路线、距离和时间数据，以及检验员工工作成果，从中分析和发现存在问题。

主要从两方面着手：一是工作轨迹本身的设计是否科学合理，即分析是否在最佳路线、最短距离或最短时间内完成任务，并达到最佳的生产或服务质量；二是员工是否有遵循既定工作轨迹行动，未执行规范标准的原因和相应的生产或服务效果情况等。

3. 轨迹改进

根据以上问题分析，采取改进措施，完善员工工作轨迹的规范标准。关键是要组织项目班（组）长甚至员工共同讨论，制定解决问题的方法和改进措施。

员工工作轨迹分析改进方法，主要有：

（1）取消。取消不影响产品或服务质量和工作进度的环节，如不必要的搬运、检验等工序，以及除必要休息之外的人员和设备的闲置时间等；

（2）合并。将两个或两个以上的工序或工作合并，消除重复现象；

（3）重组。改变工作程序，重新组合工作的先后顺序，包括生产或服务现场机器设备位置的调整等；

（4）简化。使行动轨迹尽量地简化或行动距离减少，如在正常区域内完成而不必移动身体等。改进员工工作轨迹，就是优化现场布局、更新生产设备、简化合并工作环节和调整工作时序等。在整体布局已确定的情况下，就要对现场的物流、设备、废料、运输设备和人员作业位置等进行合理布置。

例如红海人力集团承接的邮政分拣项目。某区在刚承接项目时，其杂志刊物等物料直接卸放在现场门口，作业时需从门口搬运该物料到房间的最里面再进行封装，这种方式费时费力。项目承接后，他们对工序进行调整，把物料堆放位置移到房间中央，这就优化了封装工人的工作轨迹，从而提升了效率。

（四）做好工作轨迹相关的成果管理

对于在固定场所但需要工作轨迹管理的岗位，其工作成果直接在现场产生，因此其工作轨迹容易管理。

对于要户外行动的岗位，对员工的工作轨迹进行管理很重要，但这并不是管理的关键。关键是员工在按既定的工作轨迹行动后，产生良好的工作成果。

例如外出拜访客户，我们可以设定一定的轨迹，监控员工是否有按轨迹行动，是否有脱岗办私事，是否在客户现场等。但最重要的是，我们应及时了解员工拜访客户的质量和效果，包括拜访客户的身份、人数、洽谈沟通的主要内容，结果如何等细节。

又如揽收投递员工的工作轨迹管理，需要检查员工是否在既定的路线和范围内进行揽收、投递工作，但更重要的是让员工按时、按量、按质完成任务，并把客户的基本信息、揽收有关事项等信息收集汇总。

三、精益员工工作轨迹管理的技巧

（一）沿用客户原有的工作轨迹规范标准

这是劳务承揽项目的常用方法。由于客户方原本管理这些项目，非常熟悉该项目的各个岗位的工作要求，以及其中蕴含的工作质量、工作效率的提升空间，因此从客户方拿到原有的工作轨迹规范标准，与客户方加强沟通，交流如何设定这些规范和标准，对

第七章 精益员工劳动管理

我们开展项目大有裨益。

（二）采用关键点标注法进行管控

劳务承揽项目，基本为辅助性业务和简单工序，对各个岗位工作轨迹的关键点进行检查监控，基本就能满足项目要求。这样既能达到项目生产或服务工作的要求，又能节约人力、时间和成本。

例如巡逻保安员，把他一天的工作如需要巡逻的路线、时间点等规划好，然后在关键点设置签到本或定点打卡或拍照签到即可。这样就能大大节约检查监控的投入，提高项目运营效率。

（三）建立工作轨迹优化激励制度

对员工工作轨迹实行梳理再造时，要集思广益，不固守现有工作轨迹设计。鼓励员工在日常工作中发现有关工作轨迹的问题，向项目组提出建议，并根据建议有效性给予员工奖励。

四、员工工作轨迹的管理工具

对于需要较远距离移动作业的项目，可以运用精益劳动管理系统"外勤宝"定位跟踪员工的工作轨迹，再用系统后台对照员工工作轨迹看是否与项目要求相符。

1. 使用"外勤宝"

完成现场数据采集，或跟踪员工的轨迹行动过程中产生的信息和成果。如客户拜访记录等。客户拜访记录、员工工作轨迹优化建议如表7-16、表7-17所示。

表7-16　客户拜访记录表

客户名称		受访人姓名	
受访人职务		受访人电话	
本次拜访原因			
本次拜访目标			
所达成的共识			
未解决的事项			
拜访现场图片		直接上司批示	

2. 在系统上收集员工对优化工作轨迹的建议

建议如下表：

表7－17　员工工作轨迹优化建议表

项目/班组		优化轨迹名称	
建议人姓名		建议人岗位	
现状及主要存在问题描述			
优化、改善的具体措施或方法			
优化、改善后预期效果			
项目负责人意见（含是否实行）			
奖励方式			
建议人签名确认		项目负责人签名	

第六节　工艺流程标准管理

一、工艺流程标准管理的总体要求

工艺流程标准管理，是对项目内各项工序、环节的前后顺序安排和衔接点进行管理，通过规范程序和操作标准，使生产或服务运转顺畅和确保产品或服务质量的过程管理。

劳务承揽项目的工艺流程标准管理，主要包括两个方面：一是在承揽项目后，要严格按照客户方原有的工艺技术和业务流程标准执行操作；二是要善于发现客户方原有的工艺技术和业务流程标准的不足，在原有的工艺流程标准基础上，进行工艺流程标准的重组、再造，提高项目运营效率和效益。

二、工艺流程标准管理的步骤

（一）梳理发布项目各项流程标准

项目负责人可先组织各班组按照项目原有操作程序方法进行作业。该流程标准主要包括：操作流程图、相应各个工序环节的工序名称、作业标准（作业指导说明）、标准时间、衔接点及其权责、在岗人数等。其他必要的辅助规定，如使用物料的名称、规格、数量，使用设备、工具，检验产品或服务的要素、标准等。

（二）培训实施工艺流程标准

组织或参加客户方组织的工艺流程标准培训，提升员工岗位操作技能，促使员工熟悉流程标准，尤其是熟悉各工序环节的衔接作业和控制标准。

（三）检查分析流程标准的执行情况

在执行实施项目工艺流程标准的过程中，项目负责人应督导各班（组）长实时监控了解员工执行流程标准的情况。一是检查发现员工执行流程标准中存在的问题，并分析原因。二是检查流程标准本身是否存在问题，根据先进性原则（即技术先进和经济合理）、可靠性原则（即程序标准、方法成熟可靠）和适应性原则（即适应现场实际的最佳方法）进行分析。

（四）实施流程标准重组再造

根据以上问题分析，组织人员讨论改进或完善措施，以求达到合理利用资源、提高工序效率、降低项目损耗的目的。例如红海人力集团承接的邮政分拣项目，刚承接时项目没有所谓的工序流程，又面临人员流失和工作量增加的压力，项目负责人迫切需要寻找出路。除人员合理调配的方法外，理顺和改进工序操作流程与标准也成为必要措施。其方法和过程主要是：一是经调研，积累项目各个业务的运作过程、岗位操作规范、作业标准等信息数据；二是派遣多个客服人员到现场了解和熟悉各项工序操作，并现场操作和体验；三是打造"流水线"，把业务按照操作的时间次序，划分成为几个前后连续、互相衔接的工序环节；四是重新布置现场工位，按照各工序环节的前后衔接来布局现场各个区域；五是把员工划入不同的小组，安排到相应的岗位。

三、精益工艺流程标准管理的技巧

（一）大胆重组、再造流程标准

劳务承揽和人力资源服务外包项目，不再是仅仅管理员工的招聘、劳动合同、工资和社保，还有经营业务。项目负责人要打破惯性思维，不但要大胆地对我们自己的业务进行管理运营，更要有流程标准再造意识。管理人员心中要清楚重组现有业务工序、岗位，改变现有工作程序和操作标准，可能会提高有效工时、降低成本。而我们所承揽的项目，基本涉及的都是辅助性业务，其流程标准的梳理再造难度不高。例如红海人力集团承接的邮政分拣项目，所承揽的业务都是手工作业或半机械作业，简单易懂。关键是要有意识去改变业务程序和现场布局。

（二）依靠一线员工体验和讨论改进流程

优化流程标准不是短时间内能做到的，需要运营项目一段时期，由项目负责人、班

（组）长甚至各个岗位上的员工，深刻体验整个业务流程，再经过多次思考、讨论才能采取改进措施。例如红海人力集团承接的韶钢项目，客户方原来的钢条点数设备由两个人完成操作，一人站在高处的钢条流水线平台上观察和指挥，另一人站在平台下的设备上操作。承揽项目后，之前不方便的操作，引起了班（组）长的重视。于是该班（组）长与员工一起想办法，最终拿出一个方案，即在高处的钢条流水线平台上建一个岗亭，将原来在底下平台操作的设备上移。这样只要一人操作即可，不仅压缩了人工成本，还提高了效率。

四、工艺流程标准管理的工具

在精益劳动管理系统上设定和录入工艺流程标准。如下表：

表 7-18　XX 工艺流程标准表

工艺流程项目	具体步骤	工作内容	工序标准	备注

注：1. 本表应附工艺流程图；2. 工序标准含工序用时、产品质量标准等。

第八章 精益人力资源管理

第一节 人力资源管理概念

人力资源管理（Human Resources Management），是指企业的一系列人力资源政策以及相应的管理活动。这些活动主要包括企业人力资源战略的制定、员工的招募与选拔、培训与开发、绩效管理、薪酬管理、员工流动管理、员工关系管理和员工安全与健康管理等。即：企业运用现代管理方法，对人力资源的获取（选人）、开发（育人）、保持（留人）和使用（用人）等方面所进行的计划、组织、指挥、控制与协调等一系列活动，最终达到实现企业战略发展目标的一种管理行为。

人力资源管理的最终目标是促进企业战略目标和经营目标的实现。阿姆斯特朗对人力资源管理体系的目标做出了如下规定：

（1）企业的目标最终将通过其最有价值的资源——它的员工来实现。

（2）为提高员工个人和企业整体的业绩，人们应把促进企业的成功当作自己的义务。

（3）制定与企业业绩紧密相连，具有连贯性的人力资源方针和制度，是企业最有效利用资源和实现商业目标的必要前提。

（4）应努力寻求人力资源管理政策与商业目标之间的匹配和统一。

（5）当企业文化合理时人力资源管理政策应起支持作用，当企业文化不合理时人力资源管理政策应促使其改进。

（6）创造理想的企业环境，鼓励员工创造、培养积极向上的作风，人力资源政策应为合作、创新和全面质量管理的完善提供合适的环境。

（7）创造反应灵敏、适应性强的组织体系，从而帮助企业实现竞争环境下的具体目标。

（8）增强员工上班时间和工作内容的灵活性。

（9）提供相对完善的工作和组织条件，为员工充分发挥其潜力提供所需要的各种支持。

（10）维护和完善员工队伍以及产品和服务。

一、人力资源管理的任务

人力资源管理的基本任务在于为组织发展提供人力资源上的保证。加里·德斯勒把它概括为六个方面：

（1）通过计划、组织、调配和招聘等方式，保证一定数量和质量的劳动力与专业人才，满足企业发展的需要。

（2）通过各种方式和途径，有计划地加强对现有员工的培训，不断提高他们的劳动技能和业务水平。

（3）结合每个员工的职业生涯发展目标，对员工进行选拔、使用、考核和奖惩，尽量发挥每个人的作用。

（4）协调劳动关系。运用各种手段，对管理者与被管理者、员工与雇主和员工与员工之间的关系进行协调，避免不必要的冲突和矛盾。同时，要考虑到员工的利益，保障员工的个人权益不受侵犯，保证《劳动法》的合理实施。

（5）对员工的劳动给予报酬。通过工作分析和制定岗位说明书，明确每个岗位的功能和职责，对承担这些职责的人的工作及时给予评价和报酬。

（6）管理人员的成长。管理人员的培训和开发是现代人力资源管理的重要内容之一，要保证任何部门、任何位置的负责人随时都有胜任的人选来接任。

二、人力资源管理的主要活动

人力资源管理的主要活动又称为人力资源管理的各项职能，是指组织中人力资源职能管理人员所从事的具体工作环节。不同规模的组织所涉及的活动略有区别，尤其是在人力资源管理部门岗位设置和人员分工上有很大的不同。但从最全面的角度来看，人力资源管理的主要活动有以下几个方面：

1. 人力资源规划

这一过程是在最初的人力规划基础上发展起来的。人力资源规划的目的，是协调组织对员工数量和质量的需求，与人力资源的有效供给。需求源于公司运作的现状与战略发展预测，供给则涉及公司内部与外部的有效人力资源的供应量。内部供给是指在组织内部建立人力资源流动市场，运用优化劳动组合机制实现人力资源的有效配置，以减少冗员和降低解雇成本；外部供给则取决于组织外的人员数量，一般会受国家人口红利趋势、教育发展和劳动力市场竞争力等多项因素影响。规划活动将概括出有关组织的人力资源需求，并为人员招聘、人员选拔、培训与奖励等活动，提供所需信息。

2. 人员招聘

招聘之前，要做工作分析，明确任职资格条件。在此过程中，要对某一岗位的工作职责进行仔细分析，做出岗位描述，明确胜任该岗位的能力条件，作为甄选应聘人员的依据。然后根据对应聘人员的吸引程度选择最合适的招聘方式，包括报纸广告、互联网招聘网站、人力资源市场、人才交流会、校园招聘会等。

3. 人才选拔

人才选拔分为内部选拔和外部选拔。内部选拔主要是将经历过沉淀考察的优秀员工，选拔作为管理骨干和技术骨干。内部选拔是组织培养、构建骨干队伍的主要源泉；外部选拔是内部选拔的重要补充，是人才队伍建设的重要组成部分。外部选拔有多种方法，如简历筛选、面试、结构化面试、测试和评价中心等，可用于从应聘人员中选择最佳候选人。通常是一步筛选后保留条件较合适者，应聘人员较少时这一步骤就没有必要了。决定候选人时需要一些辅助手段，即制定理想候选人标准。

4. 绩效评估

这是一种根据设定的工作目标评价员工业绩的方法，但并未被广泛接受。尤其是随着互联网技术的发展，平台组织思维和平台组织建设已被广泛采用，过往的绩效评估考核面临严峻挑战，甚至已有管理大师提出"去绩效考核化"。

绩效评估作为一项评价员工业绩的工具，人事人员往往只参与制定程序、标准，而过程的管理则通常留待业务部门经理去完成。一般是在有关人员填写一系列表格后，由员工的直接上级、部门经理对其月度、半年度、年度的业绩进行考核评价，然后安排绩效面谈，告诉其考核结果。业绩评价一般都用事先设定的量化指标进行考核，其月度考核结果用于计发员工的绩效工资；年度考核结果主要作为员工表彰奖励的依据和技能提升培训。

5. 绩效指导

有效地指导员工完成绩效任务，是每一个经营管理者实施绩效管理的一项重要工作任务。绩效指导应着重做好以下几项工作：

首先，要掌握恰当的指导时机。在以下几种情形下，要给予及时指导。

（1）当员工在执行绩效计划过程中，征询对某个新问题的看法时，应给予指导。

（2）当员工希望解决某个问题时，应给予具体的帮助、指导或提供相关的资源支持，在必要的时候应进行手把手教学。

（3）当发现采取改进措施可以使某项工作做得更好、更快时，要及时指导员工采取措施、改进做法，以提高效能。

（4）当员工经过培训掌握了新的技能，应及时指导员工将新技能与当前的工作相结合，以促进工作的有效改善。

其次，要选择恰当的指导方式，才能提高指导的效果。具体的指导方式有以下三种：

（1）具体指示型指导：对于那些知识和技能欠缺的员工，应给予一套有效完成任务所需要的具体指示，必要时要亲自传授、讲解完成任务的技能。同时，要在团队内创造一个公开、平等的交流环境，为他们快速地学习和成长提供良好的工作氛围。

（2）方向引导型指导：如果所属员工已掌握了完成任务的基本知识和技能，只是在遇到一些特殊情况时缺乏有效的处理方法。在这种情况下，经营管理者，主要是给予方向性，并为员工提供更多解决问题的资源和信息，激发员工学习处理问题的激情和愿望，最终学会自己独立或找人合作去把问题处理好。

（3）鼓励型指导：对于已具有完善的知识和技能的员工，指导一般不要到具体的细节，只需将达成的结果和标准要求界定清楚，在实施过程中给予恰当的建议和鼓励，让他们充分发挥自己的潜力和创造力。

第三，要做好绩效考评结果的反馈工作。

经营管理者对所属员工每周、每月、每季、每年度，进行绩效考评后，应当与员工进行绩效面谈，将考评结果反馈给员工。反馈的事项包括但不限以下内容：第一，按照实际业绩执行结果对比原定计划指标的完成率；第二，根据 20/80 原则界定成绩与存在的主要问题；第三，深入分析问题产生的原因，确定主要改善着力点；第四，共同制定改进计划和措施，以便员工下月、下季或下年度改进工作方法，更好、更快地提高工作业绩。

6. 培训

培训是人力资源开发的重要手段。这一活动关系到企业应建立何种培训体系，哪些员工可以参加培训等问题。培训种类多样，从员工上岗培训、在职技能提升培训到派遣参加外部培训机构、学校提供的脱产学习和培训课程。当组织对核心员工在公司内的发展有所计划时，培训与发展的关系就显而易见了。这种情况下管理人员应该努力使公司需要与个人事业发展相协调。

7. 报酬与奖惩

这项工作涉及企业劳动报酬分配政策、形式和办法，范围很广，包括工资级别与水平的确定，福利与其他待遇的制定，奖励与惩罚的标准和实施以及工资的测算方法（如岗位工资、计件工资或绩效工资等），各种补贴的确定。

8. 劳动关系

涉及这一部分的环节包括与员工签订劳动合同、试用期管理、续签劳动合同、变更劳动合同、终止或解除劳动合同，处理员工与公司或员工之间可能会出现的纠纷，制定员工的权利和义务，按照劳动法律法规处理各类员工问题，制定员工投诉制度。人事主管还要针对国家和当地政府新出台的劳动法律法规、规章政策，提供制度建设与修订意见，并应熟知与法律条款适用性有关的实际问题。

9. 员工沟通与参与

通过召开会议、微信、视频、OA办公系统和移动办公系统等形式将有关信息传达给员工，安排一定的方式使员工对公司的决策有所贡献（如提出建议方案）。在特定环境中，协商也可归入此类活动。目前，越来越多的公司采用平台组织和团队式的管理方式，如互联网平台、项目部、质量小组等，这样员工就有更多机会参与到和其工作相关的决策活动中。

10. 人事档案记录

员工的人事记录通常由人力资源部门集中管理。这些记录中包括最初的应聘材料与后续工作添加的反映员工工作经历、成绩、潜力、个性特征、兴趣爱好和工作失误等资料。员工档案是人事决策的一项重要依据。随着计算机的普及，许多公司采用了人力资源管理信息系统，用计算机来管理人事档案资料。

第二节　精益人力资源管理

一、精益人力资源管理概念

精益人力资源管理，是指运用精益经营与精益管理的理念、方法和互联网＋人力资源管理，对人力资源管理的一系列活动进行精益经营和精益管理，以减少各项管理活动、各个管理环节的差错和失误，提升员工的工作效率和工作质量，实现以相对低的人力资源成本，快速达成人力资源管理目标的一种新型的人力资源管理模式。

人是生产要素当中最重要、最活跃的要素。任何事情、任何工作、任何业务都需要人去做、靠人来完成，但人的本性天生会具有一定的自私性、懒惰性、贪欲性，喜欢自由、散漫、贪图安逸。因此如何把人的思想、人的能力经营好，如何把人管好，如何把人的主观能动性和积极性调动起来，就成了人力资源管理的一门科学和艺术。

众所周知，任何事情都是人做的。只要把人的理念、价值观、思维方式、人性和能力经营好，把人的行为管理好，就能把事情、业务做好。人与事是对立统一的矛盾体，检验有没有把人性经营好、把人的行为管理好，就是看有没有把事情做好。

精益人力资源管理，就是运用经营人性的理念和科学的管理工具与方法，把人与事统一起来，把做事的每一个程序、每一个环节流程化、标准化，实现人单合一有机的结合，以此减少员工做事的差错率，提升员工做事的效率和工作效果。

精益人力资源管理活动的目的和实质：一是通过精益人力资源各项活动的管理，保障员工的体面劳动，使员工的合法权益不受侵害；二是要激发员工的工作激情和付出，并把员工的激情和付出记录备案，作为衡量分享企业经营财富的依据；三是要将员工的工作业绩与财富分享相结合，实行可视薪酬，让员工快乐工作、幸福生活。

二、精益人力资源管理的主要内容

（一）精益人力资源成本管理

人力资源成本，是指组织在人力资源获取、开发、配置、使用和保护等各个环节产生的成本。

外部承揽、外包的业务项目产生的人力资源成本，主要分为获取成本、开发成本、使用成本、保护成本和离职成本。因此，各个项目组织在人力资源成本的投入上，应从项目组织的定岗定编、招聘与配置、培训与开发、员工激励和员工关怀等五个方面进行管控。

详见图8-1精益人力资源成本管理：

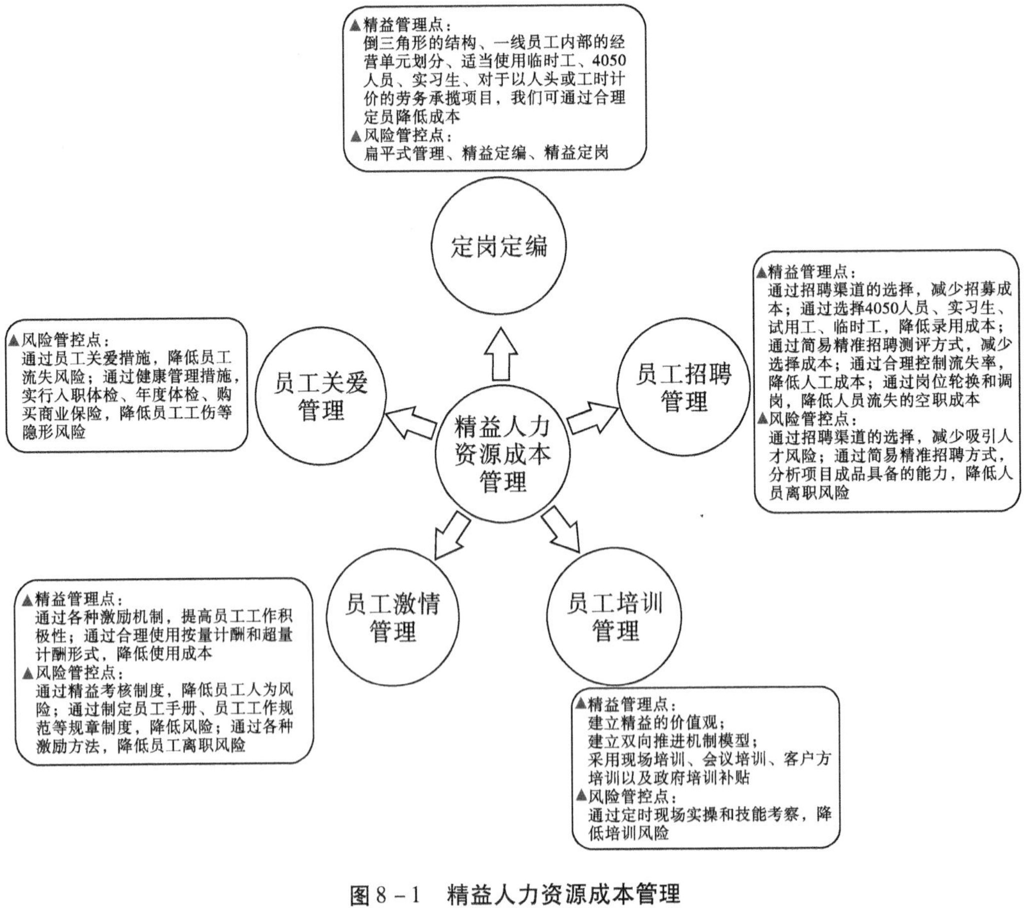

图8-1　精益人力资源成本管理

三、精益人力资源成本管控技巧

在通常情况下,各个项目组织在人力资源成本的管控方面,往往只关注人力资源的显性成本,即使用成本和保障成本,而忽略人力资源的隐性成本,即人力资源获取成本、开发成本以及离职成本。但这些隐性成本往往又是影响项目组织人力成本的关键因素。

各个项目组织在业务项目运营时,一是应关注招聘人员时的招聘成本、选择人员的成本、录用人员的成本和安置员工的成本;二是要关注员工开发时的岗前培训成本、岗位培训成本以及脱产培训成本;三是要关注员工流失时的岗位空置成本。

(一)精益人力资源成本计算方法及管控技巧

下面列举一些隐性人力资源成本的计算和管控方法,提供给各个项目组织在经营业务项目的过程中借鉴使用,以便能够更全面地对所经营的业务项目的运营成本进行测算、分析和管控,有效提高项目组织的净利润率。人力资源成本的计算方法及精益管控技巧详见下表:

表8-1 人力资源成本的计算方法及精益管控技巧

项目	细项	含义	计算方法	精益管控技巧
获取成本	招聘成本	组织在招聘的整个过程中所产生的成本支出。招聘成本包括招聘过程中的招聘人员劳务费、招聘业务费和招聘管理费等部分	招聘成本=招聘人员劳务费+招聘业务费+招聘管理费	1. 根据项目场地的情况进行渠道选择,如派发传单、委托招聘、定点招聘、内部推荐 2. 预知招聘人员薪酬、招聘车(派发传单或招聘车在同一个地方只能逗留2-5天)
	选择成本	包括笔试成本、面谈成本、测评成本、分析汇总成本和体检成本	选择成本=笔试成本+面谈成本+测评成本+分析汇总资料成本+体检成本	1. 直截了当与员工说明项目薪酬待遇、工作强度、职位发展、吃住情况,让员工选择 2. 使用计算机进行测试(心理、职业、性格、专业知识),节省成本 3. 建议试工1-3小时,根据应聘者的实际情况决定是否录用

续上表

项目	细项	含义	计算方法	精益管控技巧
获取成本	录用成本	包括录取手续费、调动补偿费、搬迁费和旅途补助费等由录用引起的有关费用。这些费用一般都是直接费用。被录用者的职务越高，录用成本也就越高。而从企业内部调动录用职工仅是工作调动，一般不会再发生录用成本。	录用成本 = 录取手续费 + 调动补偿费 + 搬迁费 + 旅途补助费等	1. 统一安排员工入职时间（在8点前），并统一向员工介绍项目的情况 2. 要求员工入职前准备入职资料 3. 要求员工在入职表上填写并确认员工的真实情况
	安置成本	包括支付给员工的安家费、安置过程中的行政管理费、工作所需的装备费以及参与安置的其他员工的劳务费（时间成本）等	安置成本 = 安家费 + 各种安置行政管理费用 + 必要装备费用 + 安置人员时间损失成本	1. 与客户沟通，工作装备、劳保用品能否由客户提供 2. 员工为50人以下，可以通过外卖快餐解决三餐问题；若为50人以上，建议项目组集中煮食 3. 与客户方打好交道，尽量使用客户方的设备
开发成本	岗前培训成本	岗前培训成本包括培训者劳动报酬、受训者受训时间机会成本、学习材料费、行政管理费和设备折旧费等	岗前培训成本 = 培训者劳动报酬 + 受训者受训时间机会成本 + 学习材料费 + 行政管理费 + 设备折旧费	1. 员工入职1-3天为试工，可视其工作情况考虑是否录用，不给予工资 2. 与客户方沟通，由客户方统一对入职员工进行培训
	岗位培训成本	岗位培训成本包括培训者劳动报酬、受训者受训时间机会成本、学习材料费、行政管理费和设备折旧费等	岗位培训成本 = 培训者劳动报酬 + 受训者受训时间机会成本 + 学习材料费 + 行政管理费 + 设备折旧费	1. 会议培训，每次培训时间不得超过2小时 2. 师傅带徒弟培训 3. 客户方培训

续上表

项目	细项	含义	计算方法	精益管控技巧
开发成本	脱产培训成本	脱产培训成本包括支付给培训单位的费用、支付给受训员工的补助费用、受训员工的受训时间机会成本、组织培训管理费用、组织内部培训专家报酬、学习材料费和设备折旧费	脱产培训成本 = 支付给培训单位的费用 + 支付给员工的补助费用 + 受训员工的受训时间机会成本 + 组织培训管理费用 + 组织内部培训专家报酬 + 学习材料费 + 设备折旧费	1. 参加政府举办的培训 2. 参加客户方举办的培训 3. 运用政府在职职工技能提升培训资助或农民工培训资助费用，组织员工脱产培训
使用成本	工资支出成本	包括基本工资、岗位补贴、任务奖励、创新奖励、建议奖励和个人其他荣誉奖励	工资支出成本 = 员工基本工资 + 绩效工资 + 岗位补贴 + 奖励	1. 业务量可评估、可统计，统计成本不高，客户方以结果的考核的可用计件方式结算工资 2. 业务量不可评估或统计成本高，客户方以过程考核的可用计时方式结算工资
保健成本	保险类成本	包括社会保险和商业保险等	支付的保险类成本 = 应支付员工的社会保险 + 商业保险	1. 使用4050人员 2. 使用实习生、勤工俭学学生 3. 使用临时工
保健成本	员工保健成本	包括组织举办体育活动费用、健康宣传的费用、改善员工工作环境和卫生条件以及体检等费用	员工保健成本 = 组织举办体育活动费用 + 组织举办健康类讲座的费用 + 健康类宣传费用 + 改善员工工作环境、卫生条件费用 + 体检费	1. 要求员工入职前进行体检 2. 开展6S工作，要求员工上下班整理办公场地卫生 3. 参与客户方举办的体育活动 4. 与客户方打好交道，使用客户方的设备

续上表

项目	细项	含义	计算方法	精益管控技巧
离职成本	离职补偿成本	离职补偿成本是指企业辞退员工，企业应补偿给员工的费用，包括至离职时间为止应付员工的工资、一次性付给员工的经济补偿金、必要的离职人员安置费等支出	离职补偿成本＝经济补偿金＋截至离职日期的当月的工资	1. 保留辞退员工出勤记录、违纪记录、业绩记录 2. 协商员工主动离职，其方法包括学习式培训期降薪、心理施压、加大工作量等，增加员工的心理压力，逼使员工主动离职
	离职手续办理成本	离职手续办理成本是企业管理人员因处理离职人员有关事项而发生的管理费用	面谈时间成本费＝（与每人面谈前的准备时间＋与每人面谈所需时间）×面谈者工资率×企业离职人数 与离职有关的管理活动费用＝各部门对每位离职者的管理活动所需时间×有关部门职工的平均工资率×离职人数 离职前效率损失＝正常情况平均业绩－离职前这一期间内的平均业绩	1. 统一办理离职手续 2. 要求员工按时填写离职调查问卷（不记名） 3. 要求员工准备好离职资料（离职申请书） 4. 要求员工提前一个月告知离职 5. 离职面谈不要超过10分钟
	岗位空置成本	岗位空置成本是指员工离职后职位空缺的损失费用，由于某职位空缺可能会使某项工作或任务的完成受到不利的影响，从而造成企业的损失		1. 轮岗工作 2. 使用临时工 3. 员工合理调配或加班

2. 精益人力资源成本计算与管控案例分析

下面运用上述人力资源成本的计算方法和精益管控技巧，对某物流分拣业务项目涉及的隐性人力资源成本进行逐个分析、测算。

【案例背景】

X公司经过招投标承揽了某物流公司的经营权，主营业务为封发邮件和收寄邮件工作。此项目的人工隐性成本如下（相关数据为案例举例）：

1. 获取成本

（1）招聘成本。此项目工作地点位于A小区附近，且离公交站只有100米的距离。因项目需要在短期内招聘足够的员工开展工作，项目小组安排一名招聘人员［4 000元/月（含社保、公积金）］在小区内摆摊（摊位费为100元/天），并安排一名临时工（15元/小时，每天4小时）在公交站附近派发传单，同时印制200张联系卡片（50元）。经过5个工作日的招聘，有20名应聘者通过第一轮面试，则此次招聘工作的成本如下：

公式：招聘成本＝招聘人员劳务费＋招聘业务费＋招聘管理费

即，4000÷21.75（每个月的上班天数）×5＋15×4×5＋100×5＋50＝1 769.54（元）

（2）选择成本。项目组安排一名驻场管理员［4 000元/月（含社保、公积金）］于早上9：00～11：00对前来应聘的20名应聘者进行第二次面试，而后在当天上午11：00～12：00对成功通过第二次面试的3名应聘邮件封发员岗位的人员进行录入测试，对6名应聘收寄员岗位的人员进行了收寄邮件的技能测试，测试完毕后录用了此9名人员，使用的设备为1台电脑（价值4 000元），使用了1天。本次选择成本为：

（一般电脑的寿命是200 000小时）

公式：选择成本＝笔试成本＋面谈成本＋测评成本＋分析汇总资料成本＋体检成本

即，4 000÷21.75×0.5（工作时间为半天）＋4 000÷200 000×3＝92.01（元）

（3）录用成本。驻场管理人员［4 000元/月（含社保、公积金）］约成功录用的9名员工统一于第二次面试后的第二天早上8：00～12：00到工作地点办理入职手续，员工当日最低工资为70元，则录用成本为：

公式：录用成本＝录取手续费＋调动补偿费＋搬迁费＋旅途补助费＋新入职员工劳务费

即，4 000÷21.75×0.5＝91.95（元）＋70×9＝721.95（元）

（4）安置成本。办理员工入职手续后，驻场管理人员［4 000元/月（含社保、公积金）］给新入职员工派发了工卡（2元/张），并给收寄员派发手套（5元/对），并用一个下午向员工介绍部门情况、工作职责等各项内容。其安置成本为：

公式：安置成本＝各种安置行政管理费用＋必要装备费用＋安置人员时间损失成本

即，2×9＋5×6＋4 000÷21.75×0.5＝139.95（元）

2. 开发成本

（1）岗前培训成本。项目组按照客户方的要求在员工入职第一天为新入职员工［2

500元/月（含社保、公积金）］进行入职培训（包括纪律要求、员工手册、上下班时间、日常情况），并派发学习手册（2元/本），培训地点在会议室（租金为500元/月）。其岗前培训成本为：

公式：岗前培训成本＝培训者劳动报酬＋受训者受训时间机会成本＋学习材料费＋行政管理费＋设备折旧费

即，$4\,000 \div 21.75 \times 1 + 2\,500 \div 21.75 \times 1 + 2 \times 9 + 500 \div 30 \times 1 = 1\,253.06$（元）

（2）岗位培训成本。项目组在每周星期五下午组织员工进行岗位技能培训，培训地点在会议室（租金为500元/月），一个笔记本（2元/本），其每次岗位培训成本为：

公式：岗位培训成本＝培训者劳动报酬＋受训者受训时间机会成本＋学习材料费＋行政管理费＋设备折旧费

即，$4\,000 \div 21.75 \times 0.5 \times 9 + 2\,500 \div 21.75 \times 0.5 + 2 \times 9 + 500 \div 30 \times 0.5 = 635.53$（元）

（3）脱产培训成本。为提升新员工的素质，项目组应客户方要求开展了3天全脱产培训，培训地点在会议室（租金为500元/月），由项目负责人负责培训［6 000元/月（含社保、公积金）］，给予员工每人一支笔（1元/支）、一个笔记本（2元/本）、一份学习材料（2元/份），使用多媒体进行培训（租金400元/月）。此次脱产培训成本为：

公式：脱产培训成本＝支付给培训单位的费用＋支付给员工的补助费用＋受训员工的受训时间机会成本＋组织培训管理费用＋培训专家报酬＋学习材料费＋设备折旧费

即，$6\,000 \div 21.75 \times 3 + 2\,500 \div 21.75 \times 3 \times 9 + 1 \times 9 + 2 \times 9 + 2 \times 9 + 400 \div 30 \times 3 + 500 \div 30 \times 3 = 4\,066.03$（元）

3. 保健成本

项目组每周举行一次羽毛球活动，锻炼员工身体。每场羽毛球租赁费70元，则员工每个月度的保健成本为：

公式：员工保健成本＝组织举办体育活动费用＋组织举办健康类讲座的费用＋健康类宣传费用＋改善员工工作环境、卫生条件费用＋体检费

即，$70 \times 4 = 280$（元）

4. 离职成本

（1）离职手续办理成本。有3名员工由于不适应工作环境而辞职，与此3名员工项目驻场管理人员进行离职面谈共2小时后办理离职手续，并到行政部负责人交还工卡。离职手续成本为：

公式：面谈时间成本费＝（与每人面谈前的准备时间＋与每人面谈所需时间）×面谈者工资率×离职人数

与离职有关的管理活动费用＝各部门对每位离职者的管理活动所需时间×有关部门职工的平均工资率×离职人数

即，4000÷21.75÷8×2＋2500÷21.75÷8×2×3＝132.18（元）

（2）岗位空置成本。此3名离职员工，其中1名是封发员，2名是收寄员。但因此时为招聘淡季，两周后才有应聘者通过面试并入职。此3人的岗位空缺导致当月月度完成率下降，且有员工因过度加班导致疲劳工作产生废品而被客户方罚款。这些都是岗位空置产生的成本。

四、精益人力资源定岗定编管理

（一）去多层级组织架构设置

1. 扁平式组织架构设置

扁平化组织架构，是指通过减少管理层级，使组织的决策层和操作层之间的中间管理层级尽可能减少，以便使组织的决策信息快速传递至生产、营销和服务的最前线，从而提高组织效率的富有弹性的新型管理模式。

项目组织是扁平化组织架构的一种模式，其核心目的是让员工在项目组织内实现自我经营。而要让员工真正实现自我经营，就要让员工在组织内有调配现有资源的权力。传统的金字塔组织架构是多层级管理，各层级不是独立经营核算单位，层级与层级之间严重影响信息的传达，员工不能独立自主经营，决策效率十分低，难以及时应对市场的变化和客户的需求。

将各个业务项目实行项目组织模式运营，就是将各个项目组织转化为一个个独立核算的经营单位，减少管理层级，给予一线项目组织和员工更快更便捷地调动资源、整合资源与配置资源的自由裁决权，以使各个项目组织在瞬息万变的市场环境中能迅速做出决策，提高运营效率，以快速、符合期望或者更加优质的商业模式和服务产品来抓住客户的心。图8－2为项目组织扁平式组织架构图示例。

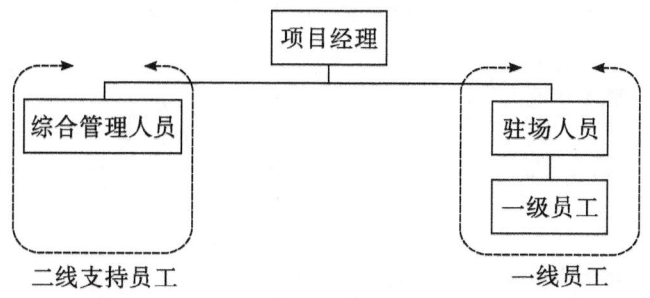

图8－2　项目组织扁平式组织架构图

2. "倒三角"型组织管理模式

传统的"正三角"型组织管理模式，项目负责人在最上层，然后是驻场人员，最后是一线员工。二线支持部门由项目负责人进行调配，信息的传递由项目负责人反馈给员工，员工来响应客户的需求。这样的管理架构继承了传统的管理层级和责权体系，保证了金字塔顶部高管人员的权威，是一种上层决策、下层执行的管理路径。但由于决策者离市场较远，对信息不够敏锐、反应不够迅速，这样的决策过程往往效率低，最后的结果也未必是正向的。

所谓"倒三角"型组织管理模式，就是在项目组织下按工序设置 N 个班或项目小组，把每一个班或每一个项目小组划分为一个个独立核算的经营单位，项目负责人与二线部门直接或者间接地给予支持，在项目组织内部推行两级会计结算，即项目部与班组结算，班组与员工结算。让一线员工真正实现自我经营、自我管理、自我发展，从而在根本上提高项目组织运营效率和效益。

"倒三角"型组织管理模式，是真正的以市场、以客户为导向，并充分发挥员工主人翁精神，与企业同命运的新型管理模式，具有深远的现实意义。

第一，市场反应速度大大提高。直接面对客户的一线员工，以客户的需求为直接指令，无须层层汇报而导致决策延缓，能够迅速满足客户需求，为客户提供产品和服务，从而实现以客户需求为导向的服务。

第二，项目组织管理者的工作量减轻。当项目组织内每个班组都成为独立核算的经营单位后，项目负责人就不需要为保证完成工作而时刻盯着员工。而员工由于有了充分的自主经营权，也可以根据任务的完成情况，从中获得更大的物质和精神收益。如图 8-3 所示。

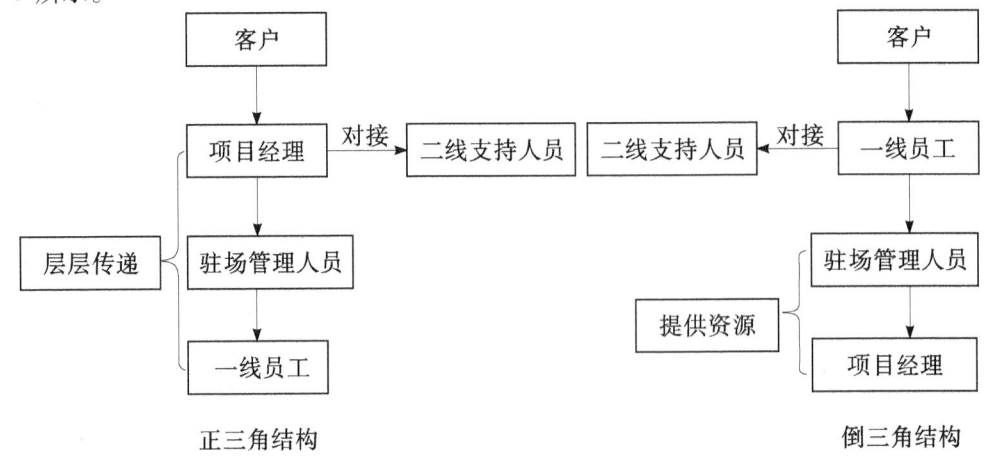

图 8-3 从传统的"正三角"型管理模式到"倒三角"型管理模式

（二）班组独立核算经营的划分

按照项目制人单合一的经营理念，凡是能以经济指标或以业务量单价结算的单位，都应划分为独立核算经营单位，以激发员工自主经营、自我管理的激情和能力付出，以提升人均效益，实现劳动生产率最大化。因此，所有项目组织凡是经济体量比较大或有班组的，都应尽量将班组划分为独立核算的经营单位，这样才能充分调动全体员工自主经营、自我管理的激情和能力付出。

1. 独立经营前与独立经营后的区别

独立经营前与独立经营后的区别如表 5-2 所示。

表 5-2　独立经营前与独立经营后的区别

独立经营前	独立经营后
经营收入：员工以打工的心态在工作，不关心班组的经营收入，也不清楚自己为班组创造了多少收入和利润，挫伤了员工的工作积极性	经营收入：每个班组都是一个独立的经营单位，全员都要对班组的经营收入和利润承担责任，每个员工都是经营者，提高了员工的工作积极性
经营意识：命令与执行式工作方法，员工等待领导安排工作，缺乏自主经营意识，更没有节省成本和创造利润意识	经营意识：实现班组独立核算经营后，员工人人成为经营者，自我经营、自我管理、自我发展，经营意识大幅增强
成就感：员工在命令下、考核中工作，按月拿工资，即使班组创造了利润，也没有什么成就感	成就感：实行独立核算经营后，创造的收入和利润按收入指标与业务量单价实行人单合一结算，人人都享受到了创造价值的成就感

2. 班组划分为独立核算经营单位的原则

第一，能独立完成生产或服务任务；

第二，能将经营收入指标独立核算经营；

第三，按班组实行独立核算经营后，能促进整个项目组织的经营目标任务的完成和经营计划的实施。

3. 班组独立核算经营划分的方法

将班组划分为独立核算经营单位的决策权力在项目经理手中。各个项目经理可依据所经营的业务项目来确定是否将班组划分为独立核算经营单位。但根据项目制人单合一的经营管理原理，经营单位越小，越能激发员工自主经营、自我管理、自我发展的激情和能力付出。因此，原则上凡是项目组织内下设有两个以上班（组）的，都应将班组划分为独立核算经营单位。具体怎样划分，应依据业务项目的类型、计价方式来确定。

将班组划分为独立核算经营单位的基本思路如下：

第一，凡是班组能按经营收入和利润率结算的，应尽量按经济指标实行独立核算经营和结算；

第二，凡是既能以经济指标结算，又能按业务量＋单价结算的班组，实行按经济指标＋业务量单价结算的独立核算经营模式；

第三，不能以经济指标结算，但可以按业务量＋单价结算的班组，可实行按业务量单价结算的独立核算经营模式；

第四，不能按业务量＋单价结算，但可以按工作清单量＋单价结算的班组，可实行按经济指标＋工作清单量单价结算的独立核算经营模式；

第五，既不能按业务量单价结算，也不能按工作清单量单价结算的班组，可以实行按工时＋单价结算的独立核算经营模式。

第三节　精益定岗定编管理

为优化人工成本，各个项目组织都应通过科学的数据分析，对所经营的业务项目需要的岗位和人数进行定岗定编，其中包括应设置多少固定岗位、多少临时工岗位以及需要配置多少固定工、多少临时工。比如采用人、机、单为一个经营单位的，一台机器配一个技术操作能手、二至三个辅助员工，就形成了一个固定岗位和一名固定工，二至三个临时岗和二至三名临时工。

一、岗位设置的方法

业务项目经营的主要利润来源之一是劳动力的配置和人工成本的优化，也就是说，定岗是优化人力成本的一项重要工具和方法。因此，各个项目组织对所经营的业务项目都要依据业务项目实际经营的需要进行定岗设计。

定岗的基本原则：一是要有科学的数据作支撑，就是要通过实操运营，了解、掌握各工序或机器设备操作所必须配置的技能能手；二是要计算固定岗与临时岗的配比，怎样配置才能最大化优化人工成本。

以下提供四种方法供大家采用，详见下表：

表8-3 定岗的方法及适用项目

岗位设置方法	定义	特点	适合劳务承揽项目
基于工序流程与任务设置岗位	将工序和任务,作为岗位设置的依据	最大的特点就是只需要简单明确员工的具体工作任务和工作职责。工序较为复杂且不能同一岗位完成,则根据工序的复杂性设立多个岗位	基于工作任务分工明确、工序流程明确且职责简单清晰的项目。如红海人力集团承接的邮政项目、韶钢项目
基于工作角色设置岗位	把工序相关的各个岗位组合起来,形成团队进行工作	最大特点是能迅速回应客户、满足客户的各种要求。同时,又能克服各部门、各岗位自我封闭、各自为政的毛病。员工能在一个由拥有各种技能、各个层次的人组合起来的团队中工作,不仅可以利用集体的力量比较容易地完成任务,而且可以从中相互学到许多新的东西,也能经常保持良好的精神状态	基于团队型工作,工作任务分工明确的劳务承揽项目。如软件开发项目
基于设备的操作设置岗位	将需要操作的机械设备或岗亭作为岗位设置的依据	最大的特点就是只需要简单明确员工的具体工作任务、工作职责和操作标准	以机械设备操作、岗亭为主的劳务承揽项目。如装卸项目、保洁项目、保安项目
基于能力设置岗位	明确工作目标,按照工作流程的特点层层分解到岗位	此类岗位的任务种类是复合型的,职责也比较宽泛,对员工的工作能力也要求全面一些。这种设置的好处是岗位的工作目标和职责边界比较模糊,使员工不会拘泥于某个岗位设定的职责范围,从而有发挥个人特长的余地	要求复合型人才、工作能力要求全面、岗位职责范围较广的劳务承揽项目

二、精益定编的思路

（一）精益定编的思路

精益定编，即精益定员。在各个业务项目的实际运营中，要有精益定员、精益用工的思维。但要实现精益定员、精益用工，必须遵守两个基本原则：一是按工作量确定用工人数原则，要依据任务的轻重缓急、任务量的大小灵活配置和使用劳动力；二是优化劳动组合的原则，要依据工作任务性质和工作量，由技术操作能手或岗位核心骨干自由组合，形成强有力的战斗力。这种组织形式可采用小额任务指标内部竞标形式来优化劳动组合。

下面是依据任务的性质、轻重缓急和任务量的大小，灵活配置、使用劳动力的一些方法：

1. 通过合理调配人手降低人员使用数量，减员增效

对于生产量不稳定的业务项目，项目组织可以通过忙时加班、闲时将员工调配到别的业务项目或补休的方式，降低人员数量。对于临时性的业务项目，项目组织可以通过临时调配同类业务项目的员工完成临时性工作，通过降低人员使用数量达到减员增效。

2. 运用流动性经营思维，合理合法使用非全日制用工、小时工、短期临时工和实习生等，降低用工成本

对于一些可复制性高、技术性低、专业要求较低的业务项目，可以采取使用非全日制用工、小时工、短期临时工、4050人员，以及技校、中职、大学实习生和勤工俭学学生等用工形式来完成业务任务，通过流动性经营来节省成本。

3. 运用轮班制节省成本

对于一些生产型、中低端服务型的业务项目，在精益定员时均可实行轮班制，以实现员工数量最优化。

4. 通过工作量合并节省成本

对于一些每日工作时间低于4小时的业务，或生产性日产量低于每日正常产量50%的岗位，可以合并工作量，使用合二为一的方法精减人员。

（二）定编方法

1. 定编方法的类型

为降低冗员或人员不足带来的人力资源浪费和效率降低的风险，各个项目组织对所经营的业务项目都需要科学定编。定编的方法分为劳动效率定员法、设备定员法、岗位定员法、按比例定员法和工时定额法等五种。如邮政的分拣业务项目，一般采取的是劳动效率定员方法；安保业务项目，一般采用的是按岗位定员的方法；工厂生产线业务项

目，一般采用的是设备定员+劳动效率定员相结合的定编方法。具体详见下表：

表 8-4 定编的方法和适用项目

定编方法	定义	业务项目	公式	项目组织需考虑因素
劳动效率定员法	根据生产任务量、员工的劳动效率、有效工时利润率、出勤等因素来计算岗位人数的方法	生产线制造业务、流程承揽业务、配送服务、第三方物流等	定编人数=生产任务总量/（工作时间×产量定额×出勤率×有效工时利用率×平均完成率） 定编人数=生产任务总量/（产量定额×出勤率×有效工时利用率）	（1）核定产量 （2）量化有效工时利润率 （3）量化出勤率
设备定员法	根据需要开动的设备台数、班次和工人看管定额来计算和确定员工人数的一种技术方法	机械操作业务、电子商务、客服中心、生产制造、安装、维修和餐饮服务等	（1）单机设备定员： 定编人数=（设备开动台数×每台设备的定员标准×该类型设备平均开动班次/出勤率）+替休人数 设备开动台数=合同期任务完成总量/单机设备合同期内效率 单机设备效率=每班设备生产效率×合同期工作天数×班制数×设备作业率 替休人数=基本定员人数×轮休系数 轮休系数=全年天数÷（全年天数-全年周数）×（每周休息天数-节假日-年休假）-1 （2）多机设备定员：对员工看管多机台设备所确定的定员。其定员人数主要取决于设备开动的台数和工人在同一时间内能够看管的设备台数。 多机台设备定编人数=（设备开动台数×每台设备开动班次）/（员工看管定额×出勤率）+替休人数	（1）完成生产任务所必须开动的设备台数，不能简单地按照现有设备数量来计算定员人数。因为现有设备数量中可能包括备用设备，以及由于生产任务减少或者设备效率提高而停开的设备。但对企业生产任务增加需要增添相应的设备数量应考虑在内 （2）确定每人可看管的设备台数 （3）确定每天的班次 （4）确定每班的生产效率 （5）量化出勤率 （6）确定替休人数

续上表

定编方法	定义	业务项目	公式	项目组织需考虑因素
岗位定员法	根据生产工作岗位的多少与岗位工作负荷量的大小，计算和确定员工人数的方法	保安、财务、会计、招聘、培训、信息开发、平台设计、研发、设计、实验和电工	定编人数＝设备开动台数（岗位的数量）×每台设备（岗位）的定员标准×该类型设备（岗位）平均开动班次/出勤率＋替休人数	（1）看管的岗位数量 （2）看管的岗位负荷量。如果岗位负荷量不足4小时的，就要考虑兼岗、兼职、兼做。高温、高压、高空等工作环境差、负荷量大、强度高的岗位，工人连续工作时间不得超过2小时，总的负荷量应视情况给予适当放宽 （3）要掌握每一个岗位的危险和安全程度 （4）确定生产班次、倒班及替班的方法。多于多班制的劳务承揽项目，需要按开动班次计算多班生产的定员人数及计算替休人员等 （5）量化出勤率 （6）确定替休人数

续上表

定编方法	定义	业务项目	公式	项目组织需考虑因素
按比例定员法	以同一岗位工作任务量相关的代表性标志物（可以是人，也可以是其他）为对象，用该代表性物质的数量同定员人数的比例关系来体现定员标准的一种技术方法	餐饮服务、保洁、班（组）长、现场管理人员	某一定员人数＝服务（面积、人员）总数×比例	（1）量化服务（面积、人数）与员工的比例 （2）量化出勤率
工时定额法	根据生产任务量所需的时间、员工的工时定额、有效工时利润率、出勤等因素来计算岗位人数的方法。	制造承揽、流程承揽、配送服务、第三方物流	定编人数＝（生产总量×工时定额）/（制度工作时间×平均完成定额率×出勤率×有效工时利用率） 定编人数＝（生产总量×工时定额）/（制度工作时间×出勤率×有效工时利用率）	（1）量化完成每个工序或每件产品的时间 （2）量化有效工时利润率 （3）量化出勤率

表8-5 不同类型岗位的定员考虑因素

岗位分类	定编考虑因素	定员方法
业务（生产）岗位	技术因素：技术水平、设备类型和数量等 劳动组织因素：生产定额、劳动生产率、工作班制、出勤率等 生产经营因素：生产任务、销售额等	劳动效率定员法 设备定员法

续上表

岗位分类	定编考虑因素	定员方法
职能管理岗位	管理因素：管理模式、管理职能、部门设置、岗位设置、人员比例 劳动组织因素：工作量、分工专业化程度、工作精细要求	按比例定员法
辅助支持岗位	劳动组织因素：服务对象、工作班制、出勤率 管理因素：管理模式	岗位定员法 设备定员法
行政管理岗位	管理因素：组织机构、管理幅度、岗位设置、管理分工等	岗位定员法

三、定编案例分析

（一）劳动效率定员法

如红海人力集团承接的邮政项目，如果按照每日需要收寄的邮件数量为10 000 件，此工序平均每人每小时能处理300 件，每人上班工作时间为8 小时，出勤率为97%，有效工时率为85%。每日收寄岗位需要的人员数量计算方式如下：

公式：定编人数 = 生产任务总量/（工作时间×产量定额×出勤率×有效工时利用率×平均完成率）

即，人员数量 = 10 000 ÷（300 × 8 × 97% × 85%）≈ 5（人）

（二）设备定员法

1. 单机设备定员法

某铁矿项目年计划采剥总量为1 500 万吨，每班每台设备工作效率为2 000 吨，设备作业率为68.5%，员工出勤率为96%，每台定员2 人，实行连续性三班制生产，员工每周休息1 天，其定编人数为：

公式：

（1）定编人数 =（设备开动台数×每台设备的定员标准×该类型设备平均开动班次/出勤率）+ 替休人数

（2）设备开动台数 = 合同期任务完成总量/单机设备合同期内效率

（3）单机设备效率 = 每班设备生产效率×合同期工作天数×班制数×设备作业率

（4）替休人数 = 基本定员人数×轮休系数

(5) 轮休系数 = 全年天数 ÷（全年天数 – 全年周数 × 每周休息天数 – 节假日 – 年休假）– 1

即，单机设备效率 = 2000 × 365 × 3 × 68.5% ≈ 150（万吨）

设备开动台数 = 1 500 ÷ 150 = 10（台）

基本定编人数 = 10 × 2 × 3 ÷ 96% ≈ 63（人）

轮休系数 = 365 ÷（365 – 52 × 1 – 11）– 1 = 0.21

替休人数 = 63 × 0.21 ≈ 13（人）

定编人数 = 63 + 13 = 76（人）

2. 多机设备定员法

某纺织厂织布车间，根据计划期生产任务所必须开动的布机台数为 1000 台，每个挡车工看管定额 34 台，实行四班三运转制，出勤率为 95%，求其定编人数。

公式：多机台设备定编人数 =（设备开动台数 × 每台设备开动班次）/（员工看管定额 × 出勤率）+ 替休人数

即，织布机基本定员人数 = 1000 × 3 ÷ 34 ÷ 95% ≈ 93（人）

因其为四班三运转制，就是三个班工作，一个班休息，也就是上班 6 天，休息 2 天，那么每周休息 1.75 天。

因此轮休系数 = 365 ÷（365 – 52 × 1.75 – 11）– 1 ≈ 0.39

替休人数 = 93 × 0.39 ≈ 37（人）

定编人数 = 93 + 37 = 130（人）

（三）岗位定员法

如某保安项目有 7 个固定岗，每个岗位都必须有 1 个员工站岗，每个岗位全月且全天 24 小时都需要有员工值班，岗位设定 3 个班次，员工工作时间为每天 8 小时，每周休息 1 天，员工的出勤率为 99%，则定编人数为：

公式：定编人数 = 岗位的数量 × 岗位的定员标准 × 岗位的班次 ÷ 出勤率 + 替休人数

即，基本定员人数 = 7 × 1 × 3 ÷ 99% ≈ 21（人）

轮休系数 = 365 ÷（365 – 52 × 1 – 11）– 1 = 0.21

替休人数 = 21 × 0.21 ≈ 4（人）

定编人数 = 21 + 4 = 25（人）

（四）按比例定员法

某保洁项目需要承揽 1 000 平方米一层的保洁工作，共有 5 层，工作时间为 8 小时，每周工作 5 天，已知 1 个保洁员与清洁面积的比例为 1∶500（平方米），则定编人数为：

公式：定编人数 = 服务（面积、人员）总数 × 比例

即，$1\,000 \times \dfrac{1}{500} \times 5 = 10$ 人

（五）工时定额法

某项目本月需要生产 10000 件成品，已知制作每件成品需要 0.5 小时，员工的出勤率为 98%，有效工时利用率为 80%，员工每天上班 8 小时，每月上班 22 天，平均完成定额率为 125%，则定编人数如下：

公式：定编人数 =（生产总量 × 工时定额）/（制度工作时间 × 平均完成定额率 × 出勤率 × 有效工时利用率）

工时定额：每生产一个成品的时间

即，$10\,000 \times 0.5 \div (8 \times 22 \times 125\% \times 98\% \times 80\%) \approx 29$（人）

第四节　工时定额和有效工时利用率的核定

一、工时分类

制度标准工时由作业时间、准备结束时间、休息与生理需要时间、非生产时间和停工时间组成，详见下表：

表 8-6　工时分类

工时分类		工时消耗内容
作业时间	基本作业时间	机动作业时间、机动作业和手动作业相结合时间、手动作业时间。
	辅助作业时间	为保证基本工艺过程的实现而进行各种辅助性操作所消耗的时间。
准备结束时间		工人为了生产一批产品事先进行准备和事后结束工作所消耗的时间。更换工作服，检查及润滑设备，借还、整理工具，清扫和整理工作环境，填写记录，办理交接班手续，更换及刃磨刀具，操作中校正量具及调整设备，设备试运转。准备时间因批量大小而不同，批量越大，每一零件的准备时间越少。在大量生产中，产品终年不变，可不计准备时间。一般按操作时间的 2%～7% 进行计算
休息与生理需要时间		为恢复体力、视力的休息和吸烟、喝水、上厕所、吃饭、午休。一般按操作时间的 10%～15% 进行计算

续上表

工时分类		工时消耗内容
非生产时间	组织造成非生产时间	寻找工具夹、材料、半成品，找领导或检查人员，领导谈话或参加活动、会议，班组管理，返修与本人无关的工具或设备、非工人原因产生的废品
	个人造成非生产时间	返修个人原因造成的不合格品；个人做了非本职工作，多余的动作造成的工时损失；干私活；看病；哺乳等
停工时间	组织造成停工时间	等待工作，等图纸、材料、吊车、运输工具，等检验、工具量具，停电，设备故障等
	个人造成停工时间	迟到、早退、旷工、闲聊、串岗、擅离岗位及办私事

二、工时定额的核定

工时定额是指在一定的技术状态和生产组织模式下，按照产品工艺工序加工完成一个合格产品所需要的，除去准备时间、休息时间与生理时间的真正工作时间。根据对劳务承揽项目的调研，我们总结出在承揽一个项目的时候，项目单位需要对现场进行调研，无论是对工序的工时测量，还是对设备、物料以及工作环境、工作强度的评估，都需要做好精确的测量。如何核定工时定额，我们提供以下三种方法，供大家选用，如下表：

表8-7 工时定额方法以及适用项目

工时定额方法以及优缺点		
方法	定义	适合项目类型
经验法	根据定额人员、技术人员和老工人的实际经验，对影响工时消耗的各因素进行综合的粗略分析，笼统地估算整个工序的定额。此外，还可以一个工序的工时定额为基础，其他类似的工序定额以其作为参考值	适合没有相关项目实践经验、工序较为简单、定额准确程度要求较低、生产条件较为稳定、员工非常熟悉工序的项目
精细法	明确工序数量，测算每个工序用时，计算所有工序用时	适合已有项目经验、对测量人员要求较高、工序较为复杂的项目
统计法	对多人生产同一种产品测出的数据进行统计，计算出最优数、平均达到数，以平均达到数为工时定额的一种方法，主要应用于大批、重复生产的产品的工时定额的修订	适合生产条件较为稳定、大批重复生产的项目

三、有效工时利用率的核定

有效工时是指员工实际投入在工作上的时数。有效工时利用率是指在工作日内,完全用于生产劳动并能创造出劳动价值的工时与制度标准工时之比,以百分率表示。项目单位在现场调研的时候必须调研有效工时的利用率。

核算公式:有效工时 = 制度标准工时 – 准备结束时间 – 休息与生理需要时间 – 非生产时间 – 停工时间

有效工时利用率 = 有效工时/制度标准工时 × 100%

详细核算方式见《有效工时核算方法》。

【名词解释】

(1) 生产任务总量:结算期内应完成的生产任务总量。

(2) 制度工作时间:核算期内应工作的时间。(每天工作8小时,每月工作24天,月度的制度工作时间为192小时)

(3) 产量定额:单位时间内的产量。(单位时间可按时、天、月计)

(4) 出勤率:实际出勤率。出勤率 = 实际出勤天数 ÷ 应出勤天数(一般以季度、半年度的平均值为准)

(5) 有效工时利用率:(制度标准工时 – 准备结束时间 – 休息与生理需要时间 – 非生产时间 – 停工时间)/制度标准工时 × 100%

(6) 平均完成率:每月完成产量的平均完成率。

完成率 = 实际产量 ÷ 应完成产量(一般以季度、半年度的平均值为准,若没有数据则不需放入核算)

四、管理有效工时的技巧

项目单位通过对员工有效工时的测算,明确哪些工时消耗是必需的、有效的,哪些工时消耗是不合理与无效的,需要充分合理地利用工作时间。管理有效工时的技巧的应用主要表现为以下3个方面:

(1) 理想的有效工时利用率为70%~80%。若有效工时利用率低于60%,则需要考虑工序流程是否合理,如何减少工序间的断链时间,能否按照产品的工艺流程顺序将不同的设备或者其他制造资源重新排列在一起组成生产线,使产品在加工过程中没有停滞和等待;可通过按加工顺序排列设备、按节拍进行生产、站立式走动作业、轮岗工作、"U"形布置、作业标准化实现连续流。若高于90%,则需要考虑是否损害员工的身体健康,带来工伤风险。

第八章 精益人力资源管理

（2）若有效工时利用率过低还可考虑是否能够缩减其他的工时，如班前会议时间缩短；制定作业标准以减少废品产生；员工下班前检查设备，减少下一次开工的准备时间；合理安排轮岗，减少员工因工作疲惫产生停工时间和非生产时间。

（3）合理考虑员工工作是否饱和，通过饱和度的情况来调配员工岗位。若饱和度低于40%，则针对特定岗位合理调配工作，以保证员工工作量大致均等。

第五节 班（组）长管理幅度的确定

一线人员的人数通过上述的精益定编思路确定后，就要确定班（组）长的人数。各个项目单位可通过管理幅度测算管理人员与员工人数之间的配比。

按照人力资源管理心理学的测试，一个人的直线管理幅度是5～7人。但在实际管理中，有效管理幅度的大小应依据管理者本身的素质与被管理者的工作内容、能力、工作环境及工作条件等诸多因素来确定、调整管理幅度和管理层次。

一、确定各变量对管理人员工作负荷的影响程度

影响管理幅度主要有功能的相似性、地区的相近性、指导与控制的工作量、功能的复杂性、计划的工作量和协调工作量等6个因素。

为了定量反映各个变量对管理人员工作负荷的影响程度，首先要按照每个变量本身的差异程度将其划分为若干个等级。我们把每个变量分成五个等级，然后根据处在不同等级上的变量对管理人员工作负荷的影响程度，分别给予相应的权数。权数越大，表示这个等级上的变量对管理幅度的影响越大。六个变量所确定的权数如下表所示：

表8-8 管理人员监督控制指数表

影响因素	各因素的点值				
地区的相近性	在一起工作	在同一个工作场所	在同一个区域但不同楼层的办公场所	在同一个区域但不同的办公楼	在不同的地区
	1	2	3	4	5
功能的相似性	完全相同	基本相同	相似	基本不同	根本不同
	1	2	3	4	5

续上表

影响因素	各因素的点值				
地区的相近性	在一起工作	在同一个工作场所	在同一个区域但不同楼层的办公场所	在同一个区域但不同的办公楼	在不同的地区
	1	2	3	4	5
功能的复杂性	简单重复	例行性	稍微复杂	复杂多变	高度复杂多变
	2	4	6	8	10
指导与控制的工作量	监督训练轻松	有限的监督	定期性监督	经常性监督	经常紧密监督
	2	4	6	8	10
协调工作量	与别人工作不关联	与别人工作有一定关联	适度、易控的关联	相当密切的关联	相互接触面广且情况多变
	2	4	6	8	10
计划的工作量	范围与复杂性很小	范围与复杂性有限	范围与复杂性较高	在政策引导下需努力制订计划	需要随机拟定计划
	2	4	6	8	10

上表中，各个不同等级的变量对管理幅度的影响程度用权数来表示，最低是1，最高是10。下面列举两个劳务承揽项目中管理幅度测算的案例，给各个项目单位在应用时做参考。如表8-9所示。

表8-9 管理幅度测算例子

劳务承揽项目	地区的相近性	功能的相似性	功能的复杂性	指导与控制的工作量	协调工作量	计划的工作量	总权数
海心沙安保项目	因在统一范围不同的地方工作，队长需要进行定期巡查，所以系数为2	因其实行轮岗工作，功能的相似性为2	因队长的工作主要是巡查保安员，为简单重复性工作，系数为4	每天定期进行巡查并及时监督队员工作情况，每周培训队员，职能复杂性为6	主要与客户方的管理人员协调沟通队员人数和工作质量情况，因此系数为4	每天的工作量较为定点定额，系数为2	20

238

第八章　精益人力资源管理

续上表

劳务承揽项目	地区的相近性	功能的相似性	功能的复杂性	指导与控制的工作量	协调工作量	计划的工作量	总权数
韶钢棒钢生产项目	小组在一起工作，因此地区的相近性为1	因其实行轮岗工作，功能的相似性为2	每天从事的都是炼钢的重复性工作，功能的复杂性为4	因在一起工作，能够轻松监督并在岗培训员工，因此系数为2	主要与客户方的管理人员协调沟通业务量和工作质量情况，因此系数为4	因工作量不稳定，需要按照韶关的政策计划工作量，因此系数为8	21

二、确定具体的管理幅度

表8-10为主管人员管理幅度建议数表。根据韶关棒钢生产项目的权数，我们可以推断出其管理幅度为9-12人。根据红海人力集团承接的海心沙安保项目的权数，我们可以推断出其管理幅度为9-12人。

表8-10　主管人员管理幅度建议数表

总权数	管理幅度建议数	总权数	管理幅度建议数
40～42	4～5	28～30	6～9
37～30	4～6	25～27	7～10
34～36	4～7	22～24	8～11
31～33	5～8	20～22	9～12

但值得注意的是，以工序为班组的项目，如红海人力集团承接的邮政分拣项目的班（组）长的管理幅度，我们可以按照工序流程来定出管理人数，也可参照此方法进行管理幅度的测量。

第六节　精益招聘管理

招聘工作，就是把合适的人招募进来，匹配至合适的岗位上，使其能够满足这个岗位的业绩需要。

招什么人？

（1）招认可公司、行业、文化的人；

（2）招动力大、阻力小、有信念的人；

（3）招有结果、有资源的人。

一、招聘工作流程

第一步：招聘准备

这一步要做好两项工作：首先，招聘需求的确认，包括部门、岗位、人员需求标准等；其次，准备招聘工作的具体方案，包括招聘渠道、方式选择、招聘广告拟制等。

第二步：信息发布

这一步工作的主要内容是：确定招聘信息的内容、选择发布渠道、选择发布时间和评估招聘信息发布的影响力。

第三步：筛选简历

这一步工作的主要内容是：汇总已经收到的简历，按是否基本符合面试要求进行筛选。

第四步：面试测试

这一步工作的主要内容是：通过组织面试和笔试，对应聘者的能力进行鉴定。

第五步：评估决定

这一步工作的主要内容是：对参加面试和测试的应聘者进行评估，并且依据企业用人标准决定是否有合适的人可录用。

第六步：录用通知

这一步工作的主要内容是：将企业的录用信息及时通知被选定的人选，并进行录用工作的相关准备。

第七步：结束工作

这一步工作的主要内容是：一是对整个招聘工作做阶段性的回顾总结，检查招聘工作中存在的问题，并找出可以解决这些问题的方法；二是跟踪新人在试用期的表现，直至试用期结束并评定是否按期转正。

二、招聘需求的确认与谁去招聘

在企业人力资源部及人力资源管理者还无法独立全面判断企业招聘需求的时候，招聘需求主要由业务部门主管（或经理）提出，或者是由企业高层决策者（包括老板）提出。所以，对于招聘需求的确认就有两种形式，如图8-4所示：

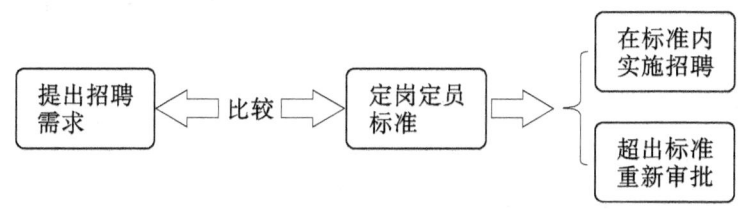

图8-4 招聘确认流程

一种是企业已经制定了各部门、各个项目组织的"定岗定员标准"。当需求部门提出招聘需求的时候，在"定岗定员标准"计划之内的，人力资源部只需依据"定岗定员标准"，组织实施招聘工作；不在"定岗定员标准"计划之内的招聘，则有可能是企业的经营活动发生了变化，当出现这种情况，则需要重新上报企业高层进行审批，获得批准之后才能实施招聘。

另一种是企业没有制定"定岗定员标准"，当有部门提出招聘需求时，人力资源部无法确认是否需要实施招聘，就需要直接上报企业高层，由他们确认是否需要实施招聘。

如果项目组织是真正实现了独立经营核算和人单合一结算的，项目组织的招聘需求可依据项目组织的经营预算和经营会计核算来确定。

谁去招聘？

A．业绩好的人去招聘；

B．有信念感、认可公司的人去招聘；

C．状态好、又帅又靓的人去招聘；

D．上级间接领导去招聘。

三、招聘信息的内容及其发布

（一）招聘信息的内容

1．公司简介

公司简介一般包括：公司名称、成立时间、现有规模、主要经营范围、地理位置、主要产品及技术领先程度、客户信誉、获得荣誉、拥有人才和公司未来发展定位等。

2．岗位名称

岗位名称的写法由企业岗位设置而来，一般采用社会通用名称。如果是因企业特色而设置的岗位，其名称也需要用大家能够理解的说法来描述。

3. 工作内容

工作内容是指该岗位需要完成的工作任务和担当的职责风险，它因企业的组织机构和规模大小而不同。

4. 任职条件

任职条件一般包括这些内容描述：年龄、工作时间、工作经历、工作行业背景、工作岗位、学历、专业、专业证书（包括技术能力证书）、某方面技能、已有薪资水平、性格等。

5. 待遇福利

关于薪资福利，一般只写一个大概数额。是否在招聘信息中写明薪资待遇，要看企业的定位以及薪资待遇是否具有竞争力。

6. 联系方式

联系方式方便应聘者找到企业进行相关的应聘活动。一般的联系方式会提供：简历投递邮箱、公司网址、总机电话及公司经营地址。

7. 交通提示

交通提示在应聘者前来面试的时候提供，一般会提示公司附近有什么公共交通设施可供使用。

（二）招聘信息的发布

招聘信息因招聘渠道不同而有不同的发布形式。一般形式如表 8-11 所示：

表 8-11 招聘渠道对比

招聘渠道	招聘信息发布形式
网络招聘	提供电子版本，由招聘网络公司发布
报刊招聘	提供电子版本，由报刊编辑印刷发布
现场招聘会招聘	提供电子版本，由招聘组织单位制成广告印刷品发布；现场视频展示发布
校园招聘	提供电子版本，由学校就业办打印并张贴在就业安置橱窗里发布；制成易拉宝、PPT、视频，在校园招聘会上展示发布
企业内部推荐	打印张贴在企业内部橱窗里发布
委托中介	打印成文稿，盖上公章快递给中介公司发布
猎头	提供电子版本，由猎头公司发布
其他	企业网站发布、企业报纸杂志等刊物发布、企业广告平台发布等

四、招聘渠道的选择

可供企业选择的招聘渠道有很多。选择哪一类型的招聘渠道,根据企业招聘任务的紧迫性、经济条件的许可、操作的方便性及操作人手的多少而定,没有统一标准可言。

五、筛选简历

(一)如何筛选简历

招聘信息发布之后,会收到很多简历。如何筛选简历?可以用"二看一分类"办法处理。

1. 一看应聘者的基本信息

应聘者的基本信息是:姓名、性别、出生年月、身高、体重、视力、健康状况、政治身份、学历、学位、毕业学校、所学专业、培训记录、特长和个人联系方式等。

从应聘者的个人基本信息中读出"符合企业用人标准的基本条件要求"。

2. 二看应聘者的外在条件

应聘者的外在条件是:工作年限、工作经历、从事工种或岗位、担任职务、工作业绩和社会活动等。

从应聘者的外在条件中读出"符合企业用人标准的任职条件要求"。

3. 简历分类

读取应聘者的简历信息之后,按是否符合企业用人要求进行分类,得出结果。

由于"二看一分类"的筛选简历方法存在大量重复性的工作,尤其是简单的,或是或非的判断性操作。因此,很多大型企业都利用人力资源管理软件中的"建立筛选"功能,由电脑自动操作完成这一筛选工作,节省了大量的人力和时间。这就是有些企业不接收邮寄简历或邮件简历,只接收该企业设置的电子版格式化简历的原因。

(二)筛选简历一定是人力资源管理者的工作吗

回答是否定的。因为有的人力资源管理者对专业知识和专业技能并不熟悉、不精通,有的人力资源管理者由于自身阅历及社会经验方面的局限性,不能完全看懂应聘者简历的内容。所以,一般来讲,对于普通基层操作工之类的应聘者,可由人力资源管理者直接筛选简历;对于中层及高层管理岗位或专业技术岗位的应聘者简历,则需要企业有关专家或高层管理者对简历内容加以识别,并最终确认哪一位可以进入面试和测试阶段。

(三)录用比例应为多少

筛选简历之后,即可确认进入面试和测试的人数。如何确定录用比例?一般岗位采

用单一的"3∶1～6∶1"方法,如图8-5所示:

图8-5 一般岗位录用比例示意图

对于中层及以上管理岗位或者专业技术岗位的录用比例的确定,一般采用复合型的"3∶1"方法,如图8-6所示:

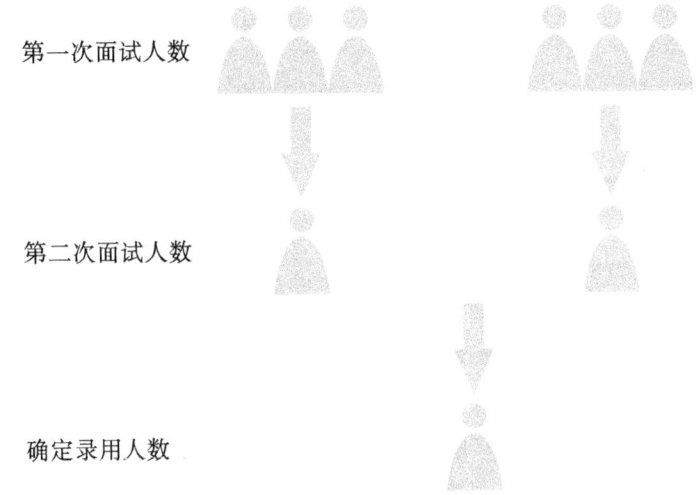

图8-6 中层以上岗位录用比例示意图

六、面试和测试

筛选完应聘者简历之后,就获得了符合基本条件的人选。而单靠查看简历是不能完整确认应聘者的工作能力的,接着就需要人力资源管理者对入围的应聘者的工作能力进行面试和测试。

1．制订面试工作计划

面试工作进行的好与坏，取决于面试工作计划是否完善，以及面试准备工作是否充分。面试工作计划的内容包括：面试通知、面试与测试内容设计、对面试官的要求、面试接待、组织面试、面试记录和面试评估。

2．面试通知

面试通知的内容要完整、清晰、准确。

3．安排面试官

人力资源管理者不可能掌握或精通企业所有岗位所要求的专业知识及专业技能。为弥补这一缺陷，在鉴定应聘者能力的时候，就会由各部门熟悉缺员岗位工作内容及其工作职责的人担任面试官。

4．设计面试和测试内容

判断一个人是否具备胜任工作应具有的能力，可以从掌握知识、掌握技能、做事思路或风格、个人价值观、性格以及体能这几个方面进行评价。面试和测试内容的设计也是围绕这几个方面展开的。

5．安排面试场地与面试接待

面试场地一般选择小型会议室，会议室需要干净、整洁、安静，周围无干扰。

6．准备面试需要的资料

将需要面试的资料准备齐全，是面试效果达标的前提。一般需要准备以下资料：

（1）应聘者填写的应聘登记表；

（2）企业的岗位说明书及相关管理规定；

（3）面试题目；

（4）考试卷；

（5）实用技能测验项目；

（6）面试记录及面试结论表。

7．影响面试成败的因素

面试其实是双方双向选择的过程，企业在选择应聘者，应聘者也在选择企业。双方都在了解和考察对方，双方也都在让对方接受自己的努力。

对于企业而言，影响面试成败的因素主要有以下几个方面：

（1）面试官；

（2）面试流程；

（3）面试内容；

(4) 面试接待；

(5) 面试场地。

8. "中医式"面试法

(1) 望：感受其第一印象、真诚度；

(2) 闻：听其言，闻其心声，判断其起心动念；

(3) 问：询问其最高收入记录、最有感觉的成绩；

(4) 切：判断其就职方向、工作动能、可塑性。

七、常用招聘方法

(1) 伯乐招聘法。由内部员工介绍新员工入职，入职时间满足一定期限，则给介绍人荣誉和物质奖励。

(2) 魅力招聘法。举办招聘说明会，营造热烈、温馨的气氛；增加与新员工对应的岗位描述，做出其职业生涯规划图，设定出岗位的发展方向、薪资的增长方向，使其有很强的挑战性和吸引力。

(3) 现场说法招聘法。让标杆员工分享自己在公司的成长经历。如收入从多少到多少，最高多少，破过多高记录；职位从刚开始的基层员工，用了多长时间，做到什么层级，享受什么待遇；精神方面，获得过什么表彰和荣誉等。

(4) 造场感召法。利用不同的企业文化专场，如晨会、启动会、年会、动员会、分享会和PK场等，邀约优秀的同行员工、外来员工观摩，吸引其加盟。

(5) 新旧结合法。运用微信平台、朋友圈、传统网站、广告媒体、人才市场、校园招聘会和猎头公司等招聘渠道。

八、应聘者能力评估

面试和测试工作结束之后，需要对应聘者的能力进行评估。这个能力评估不能只停留在口头，还需要进行书面评价和记录。

九、录用风险防范

当面试和测试工作结束，已经做出录用决定后，下一步的工作就要注意录用的风险防范。

1. 录用通知书的内容

录用通知书是具有法律效力的文件，某种程度上讲，与劳动合同有同等法律效力。因此，人力资源管理者在填写录用通知书时，其中的内容请务必在自己的权限范围内填写，或者在征得企业高层（总经理或老板）的同意后再填写。

2. 录用通知书的发放

面试应聘者时，应该已经获悉应聘者是离职状态还是在职状态（注意，这个状态必须获悉）。

3. 应聘者逾期未作回应（或者逾期不报到）的处理

为防止应聘者突然改变面试时与企业达成的"口头约定"，可以设置限期回复和限期报到等条件。这样，若超过两天还没有回复的，或者逾期没有报到的，企业就可以及时调整录用通知，通知另一位应聘者。

十、招聘工作结束

招聘工作的结束有两个时间段：一个时间段是以"缺员岗位已经招到人"为准而结束招聘工作；另一个时间段是以"新人的试用期结束，能够按期转正而不需要补员"为准而结束招聘工作。

从招聘工作的主动性角度出发，一般选择把招聘工作结束的时间延至新人按期转正后。

第七节　精益入职管理

一、入职管理的工作流程

第一步：准备工作

这一步是新员工和公司都要做的。

第二步：收取资料

这一步主要是新员工递交其本人的资料，重点是让新员工自己对递交资料的真伪性负责。

第三步：入职培训

这一步的重点工作是让新员工由"一切都陌生"快速转变为"这些我都明白和认同了"。

第四步：订立合同

这一步主要有两方面内容，一方面是确定签订劳动合同的时间，另一方面是制定劳动合同的具体款项。

第五步：领取物品

这一步的工作重点是管理新员工领取工作时的必备物品，包括对员工使用公司物品的行为。

第六步：部门报到

这一步是带领新员工与其上级进行交接工作。

第七步：资料存档

这一步的重点工作是新员工资料的管理和保存。

第八步：结束检查

这一步的工作重点在于检查新员工入职后，管理工作的完整性、准确性和及时性。

二、入职管理的准备工作

在企业决定录用新员工之后，要做新员工报到前的准备工作，具体工作内容如表8－12所示：

表8－12 员工入职流程

执行部门	准备工作
人力资源部	1. 再确认：新员工录用条件、任职岗位、岗位工作内容、薪酬等级及福利待遇、合同期限、试用期限、试用期考核标准等企业的每一项决定的落实情况（必须是书面的） 2. 提前发放录用通知书 3. 劳动合同文本、员工手册、人事规章制度、入职培训资料及考勤卡、工作证、出入证、员工物品领用记录卡、就餐卡、宿舍入住卡等资料的准备
行政部	提供工作设施：工作场地、工作桌椅、工作工具、工作电脑、用餐、更衣柜、工作服及住宿等
网络信息部	准备开通公司局域网系统、ERP系统、OA系统的口令设置及密码等
用人部门	做好新员工的岗前培训、安全培训及工作条件、工作环境等的准备

三、新员工资料的收集与确认

1. 新员工入职需要递交的资料

新员工报到时，需要递交表8－13所列资料的原件和复印件。

表8-13 新员工入职递交资料

复印件	1. 身份证 2. 毕业证书 3. 学位证书 4. 职业资格证书	
原件	5. 离职证明	6. 劳动手册
	7. 体检报告	8. 一寸免冠彩色照片N张
	9. 银行储蓄卡号	10. 原竞业限制说明
	11. 原培训服务期责任说明	12. 社保及公积金转出手续单

2. 要求新员工递交这些资料的原因

在《中华人民共和国劳动合同法》的条款里,明确了因劳动者不符合录用条件或者有过错时,企业依法解除劳动合同是不需要支付补偿金的。而当企业运用这些法律条款时,要对劳动者有过错的事实负举证责任。因此,需要劳动者递交相关的证件、证明及资料。

3. 谁对新员工的资料真伪负责

如果企业采取背景调查的方式核实新员工资料的准确性,那么就由企业负责任,与劳动者无关,事后企业可能就很难再要求劳动者承担这方面的责任。

根据《中华人民共和国劳动合同法》的第二十六条的相关规定,劳动者提供了虚假资料,致使公司违背意愿订立的劳动合同是无效或者部分无效的。所以,必须要求新员工对递交资料的真实性和准确性负责。

4. 如何能证明是新员工自己对资料真伪负责

既然要求新员工对自己递交的资料的真实性和准确性承担责任,那么就要有一定的处理手续,而不是简单的"收纳"。可以请新员工在其递交的所有资料上签署自己的姓名及日期。

5. 新员工资料不齐怎么办

假如缺劳动手册,或者离职证明,或者体检报告等,一定不能先入职后补资料。

四、新员工接待

新员工报到的当天,以及随后的几天,其在公司的所见所闻,以及对工作场所的感觉,会对新员工选择离开或留下起关键作用。因此,用人部门必须要做好以下新员工接待工作:

(1)在新员工到达的前一天,向全公司或全部门的工作人员宣布他的到来,并对他进行详细介绍;

(2) 帮助新员工做好工作准备，看其办公桌上的办公用品是否齐备、完整，工作装是否整洁、合身；

(3) 送给新员工一件公司纪念品，如印有公司标识的水杯、笔或欢迎词条；

(4) 邀请新员工共同就餐、交谈，给予关怀，增进友谊；

(5) 老员工自我介绍时，请他们列出独一无二的优势、亮点。

五、订立劳动合同

与劳动者订立劳动合同的时间有三种：

第一种是未报到入职之前订立；

第二种是办理入职手续的同时，未进入岗位工作前订立；

第三种是入职手续办理完毕，先上岗工作，在一个月的时间内订立。

六、入职培训

新员工入职培训，是每位新员工应有的权利和义务，更是一种必要。一个公司最不负责任的行为，就是不经培训就让新员工上岗。新员工入职培训，可以从以下三方面着手：

1. 公司整体概况、文化和业务介绍

(1) 公司历史与愿景、公司组织架构、主要业务；

(2) 公司政策与福利、公司相关程序、绩效考核；

(3) 公司各部门功能介绍、公司培训计划与程序；

(4) 公司培训资料的发放，回答新员工提出的问题。

2. 公司相关政策解释与说明

(1) 支付薪酬方法；

(2) 升迁政策；

(3) 安全规定；

(4) 新员工福利；

(5) 人事制度（考勤、加班、请假、休假、劳动合同变更、续签、解除、终止及离职办理等相关规定）；

(6) 公司对新员工的心态、意识及行为准则方面的要求。

3. 入职培训后的检查（考试）

入职培训后，新员工是否已经知晓企业的各种要求，可以通过考试来检验。考试的内容包括：

(1) 新员工对公司管理制度的知晓程度；

(2) 新员工对人事制度规定的知晓程度（考勤，加班，请假，休假，劳动合同变更、续签、解除、终止及离职办理等）；

(3) 新员工对公司要求其应具备的心态、意识及行为准则的知晓程度。

七、领取物品的管控

人力资源部可以为每一位在职员工建立一张员工物品领用记录卡，并做出如何使用以及使用过程发生损坏如何处理的规定。当员工离职的时候，需要出具员工物品领用记录卡，公司依据这张卡的内容，一一追溯物品，直至归还，造成损坏的按照规定处理即可。

八、部门报到的交接

新员工的入职手续进行到这一步，需要人力资源管理者把新员工领到部门经理面前，并就相关事项做交代和对接。这步工作需要注意以下几点：

(1) 确认新员工已经签订劳动合同，参加入职培训，领取到相关物品，并确定其对规章制度的熟悉程度；

(2) 带领新员工前往部门，亲自将新员工交予部门经理；

(3) 将人力资源部对新员工进行的上述几步入职手续的工作内容与部门经理对接和确认；

(4) 提醒和协助部门经理需要继续做好的工作内容：上岗前培训、安全培训、工作任务指标的确认、试用期考核、考勤、休假、请假及劳动合同管理等；

(5) 检查部门接收新员工的准备工作是否还有不当之处，如有，尽快协助解决；

(6) 跟踪新员工进入部门报到后的一周或更长时间，观察新员工是否适应岗位或者人员安排是否有误，及时与部门经理联络，共同解决出现的问题。

九、新员工的资料存档

当把新员工带领到用人部门报到之后，接下来的工作就是将新员工的资料进行整理和保存。具体有下列资料：

(1) 新员工提供的资料（身份证、毕业证书、学位证书、职业资格证书、离职证明、劳动手册、体检报告和一寸免冠照片等）；

(2) 入职培训的各种记录资料（包括入职培训考勤表、考试卷）；

(3) 记录新员工信息的公司人员花名册；

(4) 劳动合同文本及劳动合同送达签收记录表；

(5）新员工招工登记、社保登记、公积金登记、劳动合同档案登记。

十、工作结束检查

整个入职手续结束前的检查工作，可按下列内容开展：

(1）新员工是否按时报到、全部报到？
(2）新员工提供的资料是否齐全？
(3）新员工入职培训是否按标准进行？
(4）新员工对培训内容的掌握程度是否达标？
(5）新员工是否签订劳动合同？
(6）新员工到部门报到是否顺利？
(7）资料是否按规定存档？

十一、牢记新员工成长期

新员工适应期：1～7天；

新员工磨合期：7～30天；

新员工成长期：30～60天；

新员工成熟期：60～90天。

第1～3天，入职培训。

第4～7天，在岗培训。包括：业务技能、工作流程、作业指导书、安全教育、岗位职责说明书、心态培训等。

第7～30天，传帮带。通过熟练的优秀员工实行"一带一"的师徒制度，使新员工明确自己的工作任务，适应新的工作流程，对新的工作不再感到陌生，使其能在最短时间内掌握岗位工作和其他必要信息。另一方面，通过参加初级的沟通游戏、团队协作活动等，使新员工树立团队意识，也使老员工与新员工充分接触、相互交流，形成良好的人际关系。

一带一原则：我做你看、我做你帮、你做我帮、你做我看。这样才能让新员工有家的感觉，有归属感、安全感。

第90天左右，进行阶段总结。安排三个月内入职的所有新员工进行培训（以团队、心灵、感恩内容为主），激发员工的动力，化解阻力，使其满怀信心开始新的职业征程。

第八节　精益劳动合同管理

一、劳动合同管理的工作流程

1. 准备工作

订立劳动合同前的准备工作是很有必要的，如果草草签字盖章，后果不堪设想。具体的准备工作如下：

（1）确认员工的基本信息；

（2）确认公司关于该员工的劳动合同条款的准备决定（包括合同期限、试用期期限、工作岗位名称、工作地点、工作时间、薪资标准、薪资结构、考核标准、解除和终止条件、违约责任及规章制度等）；

（3）确认何时与员工建立劳动关系；

（4）确认劳动合同是固定期限，还是无固定期限；

（5）确认适合该员工的劳动合同文本的类型（主要是指合同内容条款）；

（6）准备发出订立劳动合同的通知书。

2. 双方协商

（1）人力资源管理者将草拟好的劳动合同文本交与员工，让其逐一阅读，并为其解答；

（2）请员工仔细阅读，在"劳动者补充条款约定"中写上意见；

（3）若员工对公司决定的劳动合同条款不接受，则暂停订立，等待再一次的双方确认后订立；

（4）若双方意见依旧不能达成一致，则区别对待（新员工进入不录用环节处理，老员工进入离职环节处理）。

3. 确认签字

（1）意见达成一致后，双方方可签字、盖章（一式两份，同时进行）；

（2）员工必须本人签字，公司必须盖公司的合同章或公章，合同方可生效。

4. 合同送达

（1）填写人事文件接收登记表；

（2）员工领取并签收（必须本人签收）；

（3）将一份签字和盖章生效的劳动合同文本交到员工手中；

（4）另一份签字和盖章生效的劳动合同文本由公司人力资源部保管，进入人事档案柜存档。

5. 履行与变更

这一步主要是由于企业原因或员工原因，需要修改原来约定的条款而进行的协商变更工作。

6. 终止与解除

这一步主要是双方合同期满终止劳动合同，或解除劳动合同的手续处理工作。

7. 资料存档

整理经双方签字、盖章的劳动合同文本，以及各类有关劳动合同的书面材料和人事文件接收登记表等，分别存入不同档案袋（或档案盒）内保管。

8. 结束检查

（1）检查员工是否签署劳动合同文本；

（2）检查员工是否在领取劳动合同时签字；

（3）检查企业是否按规定处理变更、终止和解除劳动合同；

（4）检查与劳动合同有关的资料是否按规定存档；

（5）检查是否建立劳动合同档案管理表。

二、劳动合同订立前的准备工作

订立劳动合同前的准备工作

1. 确认员工的基本信息；

2. 确认公司关于该员工的劳动合同订立条款的准确决定；

3. 确认何时与该员工建立劳动关系。

关于这项准备工作，需要先弄明白几个问题：

（1）劳动关系确立的三个条件。①主体资格：一方是用人单位，另一方是劳动者；②劳动者受用人单位的劳动管理，从事用人单位安排的、有报酬的劳动；③劳动者提供的劳动是用人单位经营业务的组成部分。

（2）事实劳动关系。事实劳动关系是指已经有了从属性劳动，只是没有书面劳动合同文件的劳动关系。

（3）建立劳动关系的时间确认。《中华人民共和国劳动合同法》第七条规定："用人单位自用工之日起即与劳动者建立劳动关系。"

4. 确认劳动合同的期限

劳动合同期限按种类分,有三种:第一种是固定期限劳动合同;第二种是无固定期限劳动合同;第三种是"以完成一定工作任务"为期限的劳动合同。

此外,还有一种可以是口头形式的劳动合同,就是"非全日制用工"的劳动合同。

5. 确认适合该员工的劳动合同文本类型
6. 准备发出订立劳动合同的通知书

三、劳动合同的订立时间

劳动合同的订立时间有三种:
(1)在建立劳动关系的同时订立;
(2)在建立劳动关系前订立;
(3)在建立劳动关系的 30 天内订立。

四、劳动合同的条款内容

人力资源管理者应当知道什么岗位、什么层级的人,适合订立什么条款的劳动合同。下面具体介绍劳动合同中可以约定的具体条款内容。
(1)员工发生紧急情况的通知决定;
(2)试用期的约定;
(3)工作内容的约定;
(4)工作地点的约定;
(5)工作时间的约定;
(6)劳动报酬的约定;
(7)社会保险的约定;
(8)劳动保护、劳动条件和职业危害防护问题的约定;
(9)企业规章制度的内容的约定;
(10)其他条款的约定,如:①法律法规没有规定的情形的约定;②劳动者不提前申请离职的约定。

五、劳动合同的生效及送达

1. 订立劳动合同的双方签字、盖章

(1)双方确认对于劳动合同文本的意见一致,双方方可签字、盖章(一式两份,同时进行);

(2）员工必须本人签字，公司必须盖劳动合同章或公司公章。

2．劳动合同的送达

劳动合同订立完毕，送达时请员工签署一份"劳动合同接收记录"。步骤如下：

（1）填写人事文件签收记录表；

（2）员工（必须是本人）领取签收；

（3）一份签字和盖章的劳动合同交与员工；

（4）另一份由公司人力资源部管理，放入公司人事档案柜。

六、劳动合同的变更

1．劳动合同变更的原因

关于劳动合同的变更，无外乎是企业与员工两方面引起的，一般有三个方面的原因：

（1）因劳动者非因公生病医疗期满，不能从事原岗位工作时，企业对其做出变更岗位的决定。这无须征得劳动者同意，但要注意变更节点及要求如下：①必须在劳动者医疗期满后进行变更；②变更岗位的工作要求，只能是更低标准的。

（2）因劳动者不能胜任工作的变更。对于劳动者经常性出现工作任务完不成的情况，要做好培训安排及考核的相关记录：①给予相关的工作技能培训，再次安排上岗；②在第二次上岗后，仍然不能胜任工作的，调整至劳动者能够胜任的岗位上工作，签署变更合同。

（3）因企业原因，比如经营场地的迁移而需要变更工作地点等。

2．变更的法律效力问题

无论出于何种原因变更劳动合同，都涉及双方的利益。因此，变更的通知及效力有两种操作办法：

（1）当一方通知对方变更，对方逾期不予回复，视为同意变更；

（2）"化变更为履行"：提前将可能发生变更的情况写在劳动合同中，当情况发生时，无须通知对方，按约定情形履行即可。

七、劳动合同的续签

续签劳动合同，是在原劳动合同的终止日期即将出现时进行的。关于劳动合同即将终止，需要提前多少天进行双方的续签或者不续签的确认，法律法规没有具体规定，大家可以依据比较人性化的操作原则办理。如提前30天、20天、10天，可依据需要确定。

八、劳动合同的终止

劳动合同的终止,一般发生在劳动合同约定的终止日期即将出现或已经出现时。

九、劳动合同的解除

劳动合同的解除,是发生在劳动合同有效的履行期内的。一般有两种情况:一种是劳动者提出解除,另一种是企业提出解除。这两种解除都有合法与不合法的情况,人力资源管理者必须弄明白,哪些做法是合法的,哪些做法是不合法的。人力资源管理者只有依法操作的义务,而没有违规操作的权力。

十、劳动合同的文本管理

经双方签字盖章之后的劳动合同文本,一份由员工领取,并由其个人保管,另一份就由企业的人力资源部归档保存。

第九节　　精益工资核算

一、支付劳动报酬的工作流程

1. 准备工作
2. 考勤确认

这一步的工作,其实就是输入考勤工作的结果。人力资源管理者必须获得以下四类文件(除非没有考勤违纪事件发生):

(1)各部门管理者和员工共同签字确认的考勤记录单(或考勤机刷卡、移动考勤打印件或手工考勤记录表);

(2)每个员工上一自然月的出勤天数、请假天数、加班时间等记录,且必须经过书面确认;

(3)各类假期(事假、病假、年假等)的审批单、加班审批等,必须附在考勤表(单)后面备查;

(4)如果出现考勤违纪记录(如迟到、早退、旷工等),也必须再经员工本人签字确认。

3. 核算工资

这一步工作是依据员工的劳动时间长短、劳动成果大小以及休假等情况，计算出员工的劳动报酬。

4. 确认凭证

当工资核算好之后，需要制作成财务支付凭证和员工工资发放单，按下列方法进行：

财务支付凭证的制作和确认，可以根据各企业自己的财务管理要求进行，没有固定的模板格式。

员工工资发放单的制作和确认，有两种可行的办法：

一种是，公司有内部局域网的，每个员工都有一个 ID 口令和密码，员工凭此查阅自己的工资发放明细并进行确认。

另一种是，将员工工资发放单打印成工资条，发放给员工，做好员工签订工资条的记录并保管备案。

这里有几个重点是必须确认的：

①员工的工资标准；
②员工的出勤天数；
③员工的银行卡号；
④员工工资的核算依据及演算准确性；
⑤其他代扣款项的准确性。

5. 发放工资

这一步工作有两种操作方法：一种是通过银行转账方式发放到员工的个人银行账号上，另一种是由财务以现金形式发放给员工本人。

6. 纠错记录

这一步工作是必需的。工资核算难免会出错，多发少发也是有可能的。因此，当工资发放完毕后，发现有错误的，可以采取记录方式进行登记，在下一次核算和发放工资时补缺和退回，并与员工说明原因，一般员工都会谅解的。

7. 资料存档

这一步工作主要是将所有关于工资核算的文件资料，包括考勤表、电子版工资表等都整理分类（电子版的资料注意备份保存），按照档案管理办法，进行装订，编写好档案文件名称及日期等信息，存入文件柜中保存。

8. 结束检查

这一步工作主要是检查前述环节是否有出错的地方。因为，对员工的劳动报酬，是不可以有不支付、不足额支付等拖欠行为的。一旦发现错误,应立刻更正并向相关人员进行解释、说明。

二、工资核算的准备工作

在进行工资核算之前,需要做好以下几方面的准备工作:

(1)准备关于工资核算的国家法律法规和公司所在地政府的规定文件,并注意法规的时效性。

在核算工资时,常用的法律法规有劳动和社会保障部 2000 年颁发的《关于职工全年月平均工作时间和工资折算问题的通知》、《中华人民共和国劳动法》。

(2)整理花名册,确认发放工资的总人数。这一步准备工作需要注意两点:第一,别遗漏新进人员;第二,别计算离职人员。

(3)预先编制一份本公司全体在职员工月工资标准档案表。

(4)预先编制一份本公司全体人员的社会保险缴纳档案袋。

(5)预先编制一份本公司全体人员的住房公积金缴纳档案袋。

(6)根据本公司福利管理规定,预先编制一份在职员工福利待遇表。

(7)准备好员工的考勤记录及确认的考勤结果。

(8)准备好员工的绩效考核结果,并确认是给予奖励还是惩罚。

(9)根据国家关于个人所得税的管理规定,找出个税抵扣公式。

(10)整理出因上一个月员工工资核算出错,需要本月纠错的事项。

三、出勤(加班)工资的核算

1. 出勤工资核算的计算公式

公式一:月出勤工资 = 月工资标准 ×(1 – 1 ÷ 21.75 × 事假天数)。

公式二:月出勤工资 = 月工资标准 ÷ 21.75 × 事假天数。

一般来讲,公式一适合请假天数少的在职员工;公式二适合新员工和请假天数大于出勤天数的员工。

(2)加班工资的核算

关于加班工资的计算,还是要依据国家劳动法规规定及当地政府的有关规定进行。

注意,国家法规比较宏观,涉及具体操作的,一般可以依据公司所在地政府的规定处理。

四、各类假期工资的核算

1．事假工资核算的操作办法

员工请事假，可按公式一计算并扣除事假工资：

月出勤工资＝月工资标准×（1－1÷21.75×事假天数）。

2．病假工资核算的操作办法

（1）员工请病假，则病假工资的核算办法必须依据国家和当地政府的相关法规规定操作。

（2）员工病假工资的计算方式是：

公式三：病假工资＝月正常工资×70%÷21.75×P×病假天数。

公式四：病假工资＝基本工资÷21.75×P×病假天数（适合劳动合同和集体合同有约定基本工资的企业）。

其中：P是指政府规定的病假工资核算支付比例。

3．婚假、护产假、丧假、探亲假假期工资核算的操作办法

婚假、男员工护产假、丧假、探亲假等假期的工资核算比较简单，按基本工资核算即可。

五、女工"三期"工资的核算

女工"三期"期间的工资核算，还是依据国家和当地政府规定处理。

要注意的是，是按正常出勤工资，而不是基本工资计发产假工资。

六、非全日制用工工资的核算

关于非全日制用工工资的核算，还是比较容易操作的。可以依据相关法律法规的规定执行。

对于非全日制用工人员劳动报酬的支付时间，最好分为15日和30（31）日两次，由财务以现金方式支付，比较稳妥，而且合法。

七、工伤停工留薪期间工资的核算

根据《工伤保险条例》第三十三条规定，一旦发生劳动者工伤事故，在停工留薪期间，是必须按正常出勤的原工资福利待遇口径核算其工资的，操作也是很容易且很简单的。

八、停工停产期间工资的核算

企业因经营不善而停工停产，企业内员工的工资可以依据当地政府文件规定处理。

九、年终奖的核算

关于年终奖是否需要兑现，这个确实没有相关法规加以硬性规定，这就看企业是否在劳动合同、集体合同或者规章制度中有相关的约定和规定。对于有些问题，需要制定可操作的规定，并且要让员工知晓，不然就容易发生劳动争议事件。

十、"做六休一"的工资结构设计

一些企业仍在实行"做六休一"工作制度。所谓"做六休一"工作制度，就是每周工作六天，每天工作 8 小时，每周休息一天。这种工作制度，按照劳动法的规定是合法的。

"做六休一"工作制的问题，不是出在工作时间上，而是出在劳动报酬的支付操作方法上。

十一、"不定时"和"综合计时"工资的核算

实行"不定时"和"综合计时"工资制，需要到当地政府人社部门申报，批准后方可实施。

十二、社会月平均工资的应用

各地政府每年度都会在某个时间段，发布社会月平均工资数据。这些数据事关企业的社会保险缴纳基数、公积金缴费基数、生育津贴发放、经济补偿金支付等很多人事事务性工作的具体操作。

十三、最低工资标准的应用

关于企业支付劳动者的劳动报酬，有最低工资标准的限制，而最低工资标准的数值是根据各地政府规定执行的。

（1）月工资总收入不得低于最低工资标准；
（2）加班费计算的基本工资基数不得低于最低工资标准；
（3）非全日制用工的小时工资不得低于最低工资标准；
（4）特殊用工的工资不得低于最低工资标准；

(5) 试用期工资可以约定为转正工资的 80%，但不得低于最低工资标准。

十四、个人社保、公积金的代缴代扣

员工个人缴纳的社会保险和住房公积金，是由企业代替缴纳的。企业可以从员工个人的劳动报酬中作代缴代扣处理。

十五、个人所得税的核算

国家关于个税的扣税标准及计算方法如下：

工资、薪金所得是指个人因任职或受雇而取得的工资、薪金、奖金、年终加薪、劳动分红、津贴、补贴以及与任职、受雇有关的其他所得。

工资薪金，以每月收入额减去费用扣除标准后的余额为应纳税所得额。适用于超额累进税率计缴个人所得税。"三险一金"是指社会保险、医疗保险、养老保险和住房公积金。

计算公式是：

个人所得税 =（总工资 – 三险一金）× 税率 – 速算扣除数

十六、工资明细表及汇总表的制作

1. 企业实行标准工时制的工资表制作

部门：　　　　　　　　　　　　　　　　　　　　　　　　单位：天、元/月

序号	姓名	银行账号	月工资标准				考勤记录			加班时间			出勤工资A	绩效工资B	加班费			补贴/津贴			应付工资F	代缴代扣				实发工资K
			基本工资	绩效工资	其他	总额	出勤	事假	病假	平时(H)	双休(H)	法定(H)			平时C	双休D	法定D	餐费	交通	通讯		个税G	社保H	公积金J	小计J	
1		D5	E5	F5	G5	H5	I5	J5	K5	L5	M5	N5	O5	P5	Q5	R5	S5	T5	U5	V5	W5	X5	Y5	Z5	AA5
2																										
3																										
4																										
5																										
本页合计																										

制表日期：　　　　　　制表人：　　　　　　审批批准：

制表说明：

（1）在 Excel 文档中按上表的格式制作一份空白表。

（2）在"序号 1"那行里，在需要设置计算公式的空格内，按下列方法填入计算公式：

A."月工资标准"一栏，分别填入公司与员工订立的劳动合同中约定的基本工资、绩效工资、其他（比如岗位津贴、技术津贴等）和总额。

B."考勤记录"一栏，分别填入经过员工确认的出勤天数，有请假的则填入事假、病假等天数，没有请假则为零。

C."加班时间"一栏，分别填入平时加班时间、双休加班时间和法定假加班时间，没有加班则为零。

D."出勤工资"的计算公式：A＝月工资标准－缺勤（事假）工资＋病假工资。可以在表格中设置计算公式：

A（N5）＝（D5＋F5）－（D5＋F5）÷21.75×（I5＋J5）＋D5÷21.75×P%×J5（其中，P%根据劳动者的工龄按享受病假规定比例填入）。

E."绩效工资"一栏，即 B（O5），可根据各个部门经理对员工实际绩效考核结果对应的奖惩兑现结果填入。

F."加班费"一栏，计算公式可以设置为：

平时加班费 C（P5）＝D5÷21.75÷8×1.5×K5

双休加班费 D（Q5）＝D5÷21.75÷8×2×L5

法定假加班费 E（R5）＝D5÷21.75÷8×3×M5

G."补贴/津贴"一栏，如果是固定的，则直接填入。若企业是按出勤天数核计的，则可以设置计算公式：

餐费（S5）＝W×H5（其中，W 为企业规定的每人餐费补贴标准）；

交通费（T5）＝Y×H5（其中，Y 为企业规定的每人交通费补贴标准）。

H."应付工资"一栏，可以设置计算公式：应付工资＝出勤工资＋绩效工资＋加班费＋补贴/津贴，即 F（V5）＝N5＋O5＋P5＋Q5＋R5＋S5＋T5＋U5。

I."代缴代扣"一栏，一般为个税、社会保险和公积金，可以设置计算公式，分别如下：

个税 G（W5）＝ROUND｛MAX（（V5－X5－Y5－3500）｝×0.05×｛0.6, 2, 4, 5, 6, 7, 9｝－5×｛0, 21, 111, 201, 551, 1101, 2701｝, 0), 2)

社保 H（X5）＝个人社保缴纳数额

公积金 I（Y5）＝个人公积金缴纳数额

代扣代缴小计 J（Z5）= 个税 + 社保 + 公积金 = W5 + X5 + Y5

J．"实发工资"一栏，可以设置计算公式：实发工资 = 应付工资 – 代缴代扣，即 K（AA5）= V5 – Z5。

（3）可以利用 Excel 文档的"拖动"功能，将每个计算公式复制到下一行。

（4）依次输入员工姓名、银行卡号、月工资标准、考勤记录（含出勤天数、事假天数、病假天数）、加班时间、绩效工资、社保和公积金等具体数据。

（5）由于事前已经设置了计算公式，因此，当这些数据输入完毕后，工资表中的出勤工资、加班费、补贴/津贴、应付工资、个税和实付工资，电脑都将自动核算出来。

（6）利用 Excel 的"Σ"功能，进行该部门人员工资的各项合计（即本页合计行）。

（7）填写制表时间、制表人、共几页、第几页。

（8）同理，用复制的方法制作企业其他部门的工资表。

（9）检查保存。

2．企业实行综合计时制的工资表制作

部门：　　　　　　　　　　　　　　　单位：天、元/月　　制表日期：

序号	姓名	银行账号	月工资标准				考勤记录				加班时间		出勤工资 A	绩效工资 B	加班费		补贴/津贴			应付工资 F	代缴代扣				实发工资 K
			基本工资	绩效工资	其他	总额	早班	晚班	事假	病假	平时(H)	法定(H)			平时 C	法定 E	餐费	交通	通讯		个税 G	社保 H	公积金 J	小计 J	
1							H5	I5			L5	M5	N5	O5	P5	R5				U5	V5	W5	X5	Y5	Z5
2																									
3																									
4																									
5																									
本页合计													S1	S2	S3	S4	S5	S6	S7	S8	S9	S10	S11	S12	S13

制表日期：　　　　　　　制表人：　　　　　　　审批批准：

综合计时制企业的工资表的制作，与标准工时制企业相比，主要还是考勤天数和加班时间有区别，具体如下：

（1）假设企业实行每班 12 小时，早班一天、晚班一天、休息一天的轮班作息时间，那么在一个自然月里的考勤记录里，就有 X 个早班，Y 个晚班。将 X 和 Y 的值填入"考勤记录"一栏，即 H5 = X，I5 = Y。

（2）在"加班时间"一栏的"平时"里设置计算公式：L5 =（X + Y）× 12 - 20.83 × 8（如果余数为正值，说明有加班；如果余数为负值，说明有缺勤）。

（3）若轮班正好遇上法定节假日（全年有 11 天法定假期），就必须按照法定假加班的办法输入法定假上班时间（M5）。

（4）其他的各项计算公式设置和步骤与标准工时制的工资表制作方法相同。

3. 企业实行"做六休一"制的工资表制作

部门：　　　　　　　　　　　　　　　　　　　　　　　　　　单位：天、元/月

序号	姓名	银行账号	月工资标准				考勤记录			加班时间			出勤工资A	绩效工资B	加班费			补贴/津贴			应付工资F	代缴代扣				实发工资K
			基本工资	绩效工资	其他	总额	出勤	事假	病假	平时(H)	双休(H)	法定(H)			平时C	双休D	法定D	餐费	交通	通讯		个税G	社保H	公积金J	小计J	
1													O5	P5	Q5	R5	S5				W5	X5	Y5	Z5	AA5	AB5
2																										
3																										
4																										
5																										
本页合计																										

制表日期：　　　　　　　制表人：　　　　　　　审批批准：

制表说明：

（1）"做六休一"的企业，已经习惯了工资总额含周六工资的做法。因此，有必要在工资表上真实体现周六加班费已经支出的事实。这是把企业和员工都明白的口头习惯书面化，以防说不明白的做法。

（2）上表中的"双休加班费"就是"月工资标准"里"周六工资"。

（3）其他步骤及计算公式的设置与标准工时制的工资表制作相同。

4. 工资汇总表的制作

部门：　　　　　　　　　　　　　　　　　　　　单位：天、元/月

序号	部门	在职人数	工资标准	出勤工资	绩效工资	加班费	补贴/津贴				应付工资	代缴代扣			小计	实发工资
							餐费	交通	通讯	其他		个税	社保	公积金		
1	市场部															
2	生产部			S1	S2	S2+S4	S5	S6	S7		S8	S9	S10	S11	S12	S13
3	质量部															
4	采购部															
5	技术部															
6	财务部															
7	人事部															
8	其他															
	总合计	C13	D13									N13	O13			

制表日期：　　　　　　　制表人：　　　　　　　审批批准：

制表说明：

（1）按照上表的格式，制作一个空白表；

（2）利用Excel的功能，自动读取"总合计"一栏的数值；

（3）用Excel的"∑"功能，计算出整个公司本月工资发放的总合计数；

（4）检查存档。

十七、工资表的快速审核

（1）检查应付工资总合计数大于、小于还是等于工资标准总额。如果是大于，则说明有加班工资，重点检查加班工资是否计算错误；如果是小于，则说明有缺勤，重点检查事假工资和病假工资是否计算错误；如果是等于，则说明既没有加班也没有缺勤。

（2）核对员工的银行卡号，这一步不能出错。

（3）检查上月出错的工资，本月是否已经做了增加或者减去的纠正。

（4）上述检查确认没有错误后，复制和存档。

（5）将工资表和工资汇总表打印，交与公司总经理签字后，交给财务部，作为发放工资的依据。

（6）将工资表分成每个员工一份的单一工资条，发给员工并请其确认签字。

第十节　精益社保管理

一、社保管理的工作流程

1．准备工作

这一步需要做好的准备工作有以下四项：

（1）查阅国家和企业所在地区政府的社保法律法规政策，依据规定进行社保的具体操作，并注意新法规、新政策的实施与旧法规的废除，以及两者之间的过渡时期的有关规定。

（2）企业开设办理社保的缴纳账户。

（3）员工的户籍类别按农村户籍、城镇户籍进行区分。

（4）建立员工缴纳社保的账户及档案等。

2．开户或转入

这一步是为第一次参加社保的新员工开设缴纳社保账户，以及为刚入职的新员工进行原有社保账户的转入。

3．定期缴纳

这一步是日常社保手续，即每月定期对本企业社保账户上所有人员按缴费定额办理缴纳手续。

4．基数申报

这一步每年进行一次，即对参加社保的员工的缴费基数进行调整申报手续。

5．离职、退休员工停保和社保转移

这一步是待离职员工退出用工之后，将其社保转移出本企业社保账户或进行暂时封存。

6．结束工作

有两种意义上的结束工作，一种是企业社保缴纳周期性的工作的结束；另一种是企业因各种原因倒闭，其社保账户也随之关闭的结束。

二、社保管理的准备工作

1．开设企业的社保账户

2. 确认员工的户籍性质
3. 确认员工第一次缴纳社保的缴费基数
4. 准备企业社保缴纳资金

三、社保缴费操作

1. 社保种类及缴费比例

社保缴纳基数有上限和下限的规定，并且以每年政府公布的社会平均工资为准。

2. 员工社保开户

首次参加工作的员工（应届毕业生毕业后的第一次就业、农村劳动力第一次进城打工等）参加社保要开通社保账户。新员工所在单位的人力资源管理者需带齐资料，到企业所属地区的社保中心的经办机构办事窗口办理手续。也可以在网上操作，按"新近申报"流程为未参加社保的员工开通社保账户。"新近申报"是指对首次参加工作，从未建立过社保个人账户的，现与企业签订劳动合同、建立劳动关系的职工，在与企业建立劳动关系后，由企业依法为职工个人办理缴纳社保的申报操作。

3. 员工社保转入

"转入申报"是指对原已建立过社保个人账户，现与企业签订劳动合同、建立劳动关系的员工，在与企业建立劳动关系的当月，由企业依法为职工个人办理缴纳社保的申报操作。

4. 员工社保转出

"转出申报"是指对跟企业解除、终止劳动合同，劳动合同到期的员工所办理的停止缴纳社保的申报操作。其中，对于发放当月工资的员工，企业仍应为员工代扣代缴当月的社保，并在次月办理转出申报。

5. 员工社保封存

"封存申报"通常有两类情况：一是指企业与员工签订停薪留职协议，在协议中明确停薪留职期间不再缴费的；二是员工被司法机关拘役、逮捕后，在审查期间或失踪期间的，企业可按有关规定，办理职工暂时中止缴纳社保的申报操作。

6. 员工社保补缴

由于卡户（或转入）错过了在当月参加社保的登记时间，需要给员工办理补缴手续的，可以在"补缴申报"页面中进行补缴手续。

7. 员工社保缴费基数调整

根据每年度的社会平均工资以及相关社保缴费基数调整的政府通知规定，企业每年要对员工的社保缴纳基数做出相应的调整。

四、社会保险审计

本书提到的社保审计工作，是指对企业为全体员工参加社保是否符合国家及当地政府的法律法规而进行的一项审核工作。这项审计工作的担当者通常是会计师事务所。社保审计的主要内容一般有以下几点：

（1）企业是否按照国家及政府规定，为全体员工办理参加社保手续；

（2）企业是否按规定缴纳应缴纳的社保费用；

（3）企业是否按规定的社保缴费基数标准进行社保缴费基数申报及调整；

（4）企业是否按规定进行社保的新近、转入、转出、封存等操作。

第九章　精益用人、留人机制构建与执行

企业经营的核心，是经营人。招人、育人、用人、留人是企业每一位经营者面临的永恒课题。而用人、留人不仅是永恒的课题，还是一门永恒的艺术。所谓永恒，是因为企业的"企"止于人，只要企业存在，该命题、该艺术就一直存在。

要想把企业做大做强，需要有最重要的四大关键因素：一是模式；二是制度；三是机制；四是人才。而在这四大关键因素中，又有两大关键因素最为重要的：模式、机制。有一个好的模式，企业才有做大的可能；而有一个好的机制，就可以把消极的人变成积极的人；一个僵化的机制，会把好人变坏，会把勤人变懒。

好的机制造就好人才。机制不合理，执行力就会不到位。企业成功的关键，不在于企业拥有多少人才，而在于其运营机制能不能用好人才和留住人才。一个好的机制能够不断地造就人才，使人才脱颖而出，产生出高绩效。企业应通过一系列"多劳多得""多省多得""多创多得"等机制组合拳，如分配机制、快乐机制、晋升机制、PK机制、成长机制、平台创业机制，挖掘员工潜力，创造一切可能性，为个人和企业创造更大的价值，大家一起创富，一起实现梦想。

综上所述：

人力 + 制度 = 人材

人材 + 机制 = 人才

人才 + 机制 = 人财

第一节　精益用人机制构建

用人的四要原则：一要认同公司文化；二要愿意追随；三要懂得感恩、忠诚；四要相信未来。

第九章 精益用人、留人机制构建与执行

一、用人方法

第一，运用制度把员工的能力、智慧、成长转化为公司业绩；

第二，运用机制正确衡量每个员工对公司的贡献，并转化为他们的收入。

二、用人机制的构建

第一步，建立员工归属感机制。按照雇佣关系来理解，员工与公司的关系是一种平等的商业交换关系，即公司支付员工薪酬换取员工的能力为公司工作。这是一种人工能力资本投资，员工为公司创造的财富就是一种产出，产出与投入的比例是一倍还是十倍，就取决于公司的用人机制和分配机制。因此，公司人力资源部应规范设计让员工敬业的基本制度和机制，让员工在公司有保障，有安全感，有幸福感。

第二步，建立共识机制。通过简介公司的远景、经营目标、核心价值观、经营理念来树立方向，形成凝聚人心机制。以公司的经营目标为例：公司制定的经营目标，应该是全公司努力的方向，由高层制定出框架，然后细分到各部门、各岗位变成行动计划经济，再经过上下级的质询、互动、汇总出公司的经营计划，成为全公司奋斗终生的目标。所有的人不管是在哪个岗位，都应该在这个统一安排的规划中找到自己的定位。只有个体、局部与整体相统一才能更快地达成目标。

第三步，关心员工成长机制。一是培训机制，提高一线员工的专业技能；二是关怀机制，要关心员工的学习和生活；三是晋升机制，要关心员工的成长进步。

第四步，奖惩机制。要奖惩分明，对员工为公司所做出的工作结果，公司要积极给予评价，并根据工作成果进行奖罚。

总结起来，前三步是让员工投入工作，第四步是将员工的工作成果转化为他的收入，其目的是为了让员工更积极地投入工作。这样，便形成了一个管理循环，不断地激励员工，使人才变成人财。

第二节 精益留人机制的构建

一、机制留人

公司之本，贵在用人；用人之源，在于留人。经营管理者在用人上，要坚持"能者上、平者让、庸者下"和"公平待人，公正处事"的原则。而要做到这些，就要建立合理的"薪酬机制""晋升机制""PK机制""绩效考核机制""分红机制""分股机制"等，让亦步亦趋的平庸者下去，大胆起用人才、坚持用人所长，这是使用人才、留住人才的关键。

二、待遇留人机制

待遇留人是公司留住人才最基础的一步。但待遇激励具有一定的时效性，达到一定水平后，其作用会日益减少。

待遇的设置，要因岗、因事、因人而异，比较常见的待遇设置有：基本工资、工龄、福利、提成、奖金、保险等。

创新的有：

（1）在薪酬分配、福利分配的基础上，导入分红分配、期权分配、股权分配（上升到事业留人）；

（2）因为工作年限不同，给予不同的荣誉和待遇：如"元勋奖励""元老奖""十年贡献奖""特别贡献奖项"，分别给予物质和荣誉奖励，如奖金、奖牌、证书、特制服装等；

（3）人单合一结算激励。

三、感情留人机制

感情留人，就是公司在对员工提供直接或间接的待遇时，还要提供足够的职业安全感、归属感、荣誉感，让员工感觉工作环境舒服，人际关系融洽。一个小小的活动可能就代表了一个公司的文化，会强烈影响一个员工对公司的根本看法。

具体操作：如举办管理人员聚会、员工生日庆贺、旅游、节日家访、各种交流会、员工子女夏令营、亲子游和亲属恳谈会等。

四、事业留人机制

事业留人，首先要让员工知道努力的方向和公司的发展前景。其次，要给员工充分的职业生涯发展通道。最后，经营管理者要带领着员工完成不可能完成的任务，使团队成员对公司领导和公司的经营管理能力有信心。

公司除了帮助员工建立职业生涯规划外，在事业留人方面，还应设立以下机制：

（1）实行项目制人单合一经营的，可实行项目组织架构裂变制，从A项目裂变为B项目后，A项目经营管理者可以持有B项目股份。

（2）当员工做到一定级别和贡献时，可分配公司期权或股权。

第九章 精益用人、留人机制构建与执行

(3) 建立合伙人机制：员工自己有项目，公司可以出资金，大家一起干事业，一起分红。

综上所述，待遇留人、感情留人、事业留人，三个方面是递进关系，它们的基石，就是"机制留人"。

第三节 精益用人、留人机制执行操作

一、新员工入职机制执行操作

新员工入职公司时，许多单位都是直接办理入职手续就完事了，做个自我介绍就开始上班了，新员工要花好几个星期才能和老员工融入一起。如何解决？

1. 具体操作

(1) 新员工办理入职手续之后，人数较多时，由公司统一举办新员工入职欢迎仪式，人数少时由部门举行简短的欢迎仪式；

(2) 由老员工依次做自我介绍，最后再由新员工自我介绍；

(3) 欢迎的形式由各个部门或者公司决定；

(4) 欢迎仪式可简短一点，约十分钟即可，但一定要有；

(5) 欢迎仪式中给新员工发放工作用品，安排工作地点；

(6) 如果是技能性岗位，直接参照新员工选师带徒机制执行。

2. 注意事项

(1) 根据新员工入职人数，决定欢迎仪式的正式程度；

(2) 在快乐的氛围中欢迎新员工，不要弄得太沉重。

二、新员工选师带徒机制执行操作

为了让新员工能够更快地融入公司，建立新员工选师带徒机制：

(1) 新员工任职的当天必须在公开的会议上做自我介绍，并做简短的职业规划。

(2) 由公司选出两名以上能力较强，具备带徒能力的老员工，作为新员工的师父；然后由两名师父介绍自己的工作资历，承诺带好新员工；然后由新员工来选择做谁的徒弟。

(3) 新员工入职一周后，能够适应工作的立即办理入职手续，并给予师父所在团队荣誉奖励；如果 3 个月之后新员工能够胜任工作，给予师父一定的奖励（如 200 元奖金）。

（4）一年之内，带徒弟最多的师父，公司要给予一定的现金奖励，并颁发荣誉证书，以"优秀带头人"的身份加入公司文化墙。

（5）徒弟进入项目部一个月之内离职的，所有奖励收回。

三、新员工考核机制执行操作

新员工入职后是否胜任工作，是否认可公司文化，入职 3 个月之后（依据劳动合同法签订劳动合同 2 年以上，可约定试用期 3 个月）应对新员工进行考核。

考核内容：

（1）对公司文化的理解；

（2）对个人岗位的认知；

（3）对部门（项目、班组）重要性认知；

（4）公司产品基础知识的了解；

（5）对自己的职业发展规划；

（6）对自己薪酬的满意程度。

以上内容以书面形式考核，由部门负责人评分，对于不合格的员工，由公司按照劳动合同试用期间的约定解除劳动合同。

四、个人成长日精进机制执行操作

个人成长最快的通道，就是日日精进。

企业要想员工从根本上成长起来，就必须实行全员日精进制，不仅让员工从思想上立起来，更要在行动上立起来。

日精进制，就是要求员工把一天的经历与体验的精华总结和沉淀下来，坚持每天进步一点点，就会发生奇迹。

日精进，就是让员工自己成长起来，同时也帮助别人成长起来。

1. 日精进的要素

（1）当天我在哪个点上有成长，分享出来；

（2）当天我在哪点上有不足，如何改正，请大家指导监督；

（3）于今天来说，是否对自己感到满意；

（4）今天谁帮助我成长了。

2. 具体操作

（1）建立交流平台，微信群之类；

（2）必须每天分享自己的日精进；

（3）不能借用别人的体验，必须是自己的原创；

（4）每周总结自己的日精进；

（5）每月总结自己的月成长；

（6）经常关心别人的成长。

3. 注意事项

每日写日精进前，都先"三问三省"，当连续写到100天时，奇迹就会发生。

清晨三问：（1）我的终极人生目标是什么？（2）我要用什么样的心态来迎接今天？（3）我今天如何比昨天做得更好？

成长三问：（1）我今天体验到什么？（2）我今天练习到什么？（3）我要如何用？

夜晚三省：（1）我今天做的事与我的目标有关吗？（2）我今天有没有在一个点上深入？（3）我今天在哪个点上显现了我的价值？

问自己：谁是我的老师？我从他/她身上学到了什么？

日精进举例：

今天我体验到……

（1）我今天做了什么？做到什么程度？有没有完成昨天的计划？

（2）今天我体验到什么？（我哪方面有成长？）

（3）明日我的计划是什么？

五、员工晋升机制执行操作

问题：员工来了留不住；留住了不努力；努力了一段时间又变得普通或跳槽。

原理：人都希望有一个清晰明确的方向去前进。

具体操作：

（1）首先在职业称呼上要让员工有神圣感：如助理、顾问、主管、经理、总监、专家等。

（2）在行政线、技术线建立清晰明确的晋升通道，同时设定相应的晋级标准。

案例：如某培训公司，一星业务代表晋升二星业务代表的条件为：

第一、进入公司3个月以上；

第二、熟知公司价值观文化体系，并能就此分享5分钟以上；

第三、每月平均业绩在3000元以上；

第四、能够帮助公司导入早会，并对文化墙提出可操作方案；

第五、部门主管同意。

总结晋升必备条件元素：业绩、入职时间、群众基础、文化认同和技能。

（3）制定晋升机制的核心要素是：负能量的人不能走到领导岗位上去。

（4）市场说了算，经营愿望，提供结果。公司领导不做暗示，不做动员。

（5）能自动升降（有点底线，有条件）。如连续3个月业绩下降自动免职。嘴要硬，心要软，牺牲一个人，成就一群人，而不是牺牲一群人，成就一个人，心中有爱，下手无情。

（6）巧用见习制，储备人才多元化。

（7）任命仪式要隆重，如项目负责人任命书、隆重造场。

（8）任职要有期限，连任有条件。

六、职能部门晋升机制执行操作

(一) 实习生晋升为一级员工/跟单（底薪＋绩效）

（1）入职3个月以上；

（2）能够独立地跟踪本质工作；

（3）能够独立地处理问题；

（4）部门主管同意。

(二) 一级员工晋升为二级员工/跟单（底薪＋绩效＋人单合一结算）

（1）入职半年以上，能够认同公司的企业文化；

（2）熟悉工作流程；

（3）年平均行为绩效在95分以上；

（4）部门主管同意。

(三) 二级员工晋升为三级员工/跟单（底薪＋绩效＋人单合一结算）

（1）一年以上工作经验；

（2）能够独立制定工作计划；

（3）能够独立处理突发问题；

（4）熟悉本部门的业务流程；

（5）年平均绩效在95分以上；

（6）部门主管同意。

(四) 三级员工晋升为组长或专员（底薪＋绩效＋人单合一结算＋分红）

（1）2年以上本行业的工作经验；

(2) 能够独立制定工作计划；

(3) 熟悉本公司的业务流程；

(4) 能够独立处理突发问题；

(5) 年平均绩效在 95 分以上；

(6) 能够独立召集相关人员开会；

(7) 部门主管同意。

（五）组长或专员晋升为主管（底薪＋绩效＋分红）

(1) 3 年以上本行业的工作经验；

(2) 能够独立制定工作计划；

(3) 熟悉本公司所有业务流程；

(4) 能够独立处理突发问题；

(5) 年平均绩效在 95 分以上；

(6) 能够独立地召集、主持相关人员开会；

(7) 能够独立思考地议价、谈判处理本部门日常业务；

(8) 晋岗 PK 合格及公司主管领导同意。

（六）主管晋升为经理（底薪＋绩效＋分红）

(1) 3 年以上本行业的工作经验；

(2) 能够独立带领团队制定工作计划、预算；

(3) 熟悉本公司所有业务流程；

(4) 能够制定本部门业务工作机制及执行操作；

(5) 能够独立地处理突发问题；

(6) 年平均绩效在 95 分以上；

(7) 能够独立地召集、主持相关部门协调会议；

(8) 能够独立思考地议价、谈判处理本部门日常业务；

(9) 晋岗 PK 合格及公司领导班子同意。

七、生产部门晋升机制执行操作

（一）试用期员工晋升为正式员工（实行试用期工资）

(1) 入职 3 个月以上；

(2) 能够独立完成班（组）长交代的工作任务；

(3) 能够发现问题；

（4）班（组）长及主管同意。

（二）一级计件工晋升为二级计件工（底薪不低于政府最低工资标准＋计件）

（1）入职6个月以上，能够认同公司的企业文化；

（2）熟悉操作岗位生产流程；

（3）能够发现问题和解决问题；

（4）班（组）长及主管同意。

（三）二级计件工晋升为组长（底薪＋绩效＋小组生产量计件）

（1）一年以上岗位操作经验；

（2）能够认同公司的企业文化；

（3）能够独立制定生产计划；

（4）能够独立安排生产；

（5）能够独立处理生产和产品质量问题；

（6）熟悉本班组的产品工艺流程；

（7）班长及项目主管同意。

（四）组长晋升为班长（底薪＋绩效＋班生产量计件）

（1）2年以上岗位操作经验；

（2）能够认同公司的企业文化；

（3）能够独立制定班组生产计划和编制预算；

（4）能够独立安排班组生产和运用《经营会计》管控预算；

（5）能够独立处理本班的生产和产品质量问题；

（6）能够独立召集、主持班组会议及评审；

（7）年平均绩效95分以上；

（8）项目主管及项目负责人同意。

（五）班长晋升为主管（底薪＋绩效＋各班综合生产量计件）

（1）3年以上生产管理经验；

（2）能够独立制定项目部生产计划和编制预算；

（3）能够独立组织各班开展生产和运用《经营会计》管控预算；

（4）能够独立处理项目部的生产和产品质量问题；

（5）熟悉本业务项目的生产程序；

（6）能够独立召集、主持各班会议及评审；

（7）年平均绩效95分以上；

(8) 项目负责人及公司主管领导同意。

(六) 主管晋升为项目负责人/总监（底薪+绩效+各班综合生产量计件+分红）

(1) 3年以上生产管理经验；
(2) 能够独立制定本项目组织生产计划和编制预算；
(3) 能够独立指导各班组制定生产计划和编制预算；
(4) 能够独立组织各班组开展生产；
(5) 能够熟练运用《经营会计》管控本项目组织预算；
(6) 能够独立处理本项目组织的生产和产品质量问题；
(7) 熟悉本业务项目的生产程序；
(8) 能够独立召集、主持项目组织的会议及评审；
(9) 年平均绩效95分以上；
(10) 晋岗PK合格及公司领导班子同意。

八、市场营销部门晋升机制执行操作

(一) 实习业务员（底薪）

(1) 能够认同公司的企业文化；
(2) 3个月营销业绩达到××元。

(二) 实习业务员晋升为正式业务员（底薪+绩效）

(1) 入职3个月以上，能够认同公司的企业文化；
(2) 能够独立跟踪业务单；
(3) 熟悉公司业务产品；
(4) 年均营销业绩达到××万元，达不到降为实习业务员；
(5) 业务部长及项目负责人同意。

(三) 一级业务员晋升为二级业务员（底薪+绩效）

(1) 一年以上市场营销经验；
(2) 熟悉公司所有业务产品及销售术语；
(3) 能够独立制定营销计划；
(4) 年均营销业绩达到××万元，达不到降为一级业务员；
(5) 业务部长及项目负责人同意。

(四) 二级业务员晋升为业务部长（底薪+绩效）

(1) 2年以上市场营销经验；

(2）能够独立制定部门营销计划与预算；

（3）能够独立制定营销方案；

（4）能够独立召集、主持业务部会议及评审；

（5）能够独立处理本部门业务员的各种跟单问题；

（6）能够带领部门做到年均业绩××万元，做不到降为二级业务员；

（6）项目负责人及项目总监同意。

（五）业务部长晋升为项目负责人（底薪＋绩效）

（1）能够独立制定项目部营销计划与预算；

（2）能够独立拟制各种招投标方案；

（3）能够独立召集、主持项目部会议及评审；

（4）能够独立处理各个部门的各种营销问题；

（5）能够带领项目组织做到年均业绩××万元，做不到降为业务部长；

（6）项目总监及公司领导班子同意。

（六）项目负责人晋升为项目总监（底薪＋绩效）

（1）能够独立指导各个项目组织制定营销计划与预算；

（2）能够独立拟制各种招投标方案；

（3）能够独立召集、主持各个项目组织的会议及评审；

（4）能够独立处理各个部门的各种营销问题；

（5）能够带领营销部做到年均业绩××万元，做不到降为项目负责人；

（7）公司分管副总经理及公司领导班子同意。

九、内部竞岗岗位机制执行操作

竞岗的目的，是让愿意创业、奋斗的人成为公司的主人，更大地发挥员工才能。

1. 具体操作

（1）竞岗岗位：班（组）长、主管、业务部长、项目负责人、项目总监、公司副总经理等一类职位。

（2）确定竞岗人员的岗位要求。如班长岗位：全员竞聘；业务部长/主管岗位：从班（组）长中竞聘；项目负责人岗位：从业务部长/主管中竞聘；项目总监岗位：从项目经理中竞聘；公司副总经理岗位：从项目经理/项目总监中竞聘。

（3）公布竞岗岗位。

（4）有意愿的人员在3日内上报竞聘的岗位。

（5）择日进行公开竞争：①竞聘班长，全班人员参加；②竞聘业务部长/主管，项目组织 50% 以上人员参加有效；③竞聘项目负责人/项目总监/公司副总，公司 50% 以上人员参加有效。

（6）由竞岗人员阐释下一年的工作计划和目标。

（7）参会人员举手表决，或无记名投票。

（8）公示 3 日，如果没人有异议，正式聘任定期上岗。

（9）如果在过程中出现岗位空缺，仍然采用以上方式公开竞争。

2. 注意事项

（1）公开竞争的人员必须符合岗位要求；

（2）竞岗的岗位可以是所有岗位，前提是在中层岗位上先试用，效果出来之后再全部推广。

十、降级机制执行操作

职位应遵循"能上能下"原则，降级机制对应晋升机制。根据级别不同，设置考核期限：（1）班长，以 3 个月为考核期限；（2）业务部长，以 6 个月为考核期限；（3）主管/项目负责人，以一年为考核期限；（4）项目总监/公司副总，以 2 年为考核期限。

以班长、业务部长、主管、项目负责人为例，考核标准如下：

（1）不能完成既定经营计划目标及经营收入目标的 80% 以上；

（2）员工满意度低于 70%；

（3）出现客户重大投诉事件；

（4）其他约定的条件、标准。

出现上述任何情况之一，则降一级，进入下一级别待遇。

第十章 精益人单合一结算管理

第一节 人单合一结算概念

人单合一结算，在这里"人"与"单"特指薪酬分配时的计量单位。其中的"人"既指单个人，包括公司领导、中层干部、项目负责人、主管、业务部长、班（组）长和普通员工等各个层级员工；也指在无法以"单个人"计算工作量、业务量时，把一个小组或一个班当作"单个人"来计量。其中的"单"，既指能按件、箱、吨和时计价的量，也指以年度、月度、周为时间单位，向公司承诺应完成的经营收入指标或销售指标。

人单合一结算，是指企业将员工所完成的工作量和创造的价值，按公司规定的单价或双方约定的单价，以周、以月、以季度或以年度为时间节点，进行人单合一结算，发放劳动报酬。因此，人单合一结算，既是劳动报酬分配的一种创新，也是企业财富分配的一种新的分配模式。

人单合一结算，在结算模式上，可分为两种结算模式：

第一，以团队为计量单位的人单合一结算，即以一个小组、一个班、一个部门、一个项目组织，作为一个独立核算的"人"，再将向公司承诺应完成的经营收入指标、业务量、工作量、工作时间量，作为一个独立核算的"单"，进行人单合一结算。

第二，以单个人作为计量单位的人单合一结算，即以员工个人作为计量单位，再将每日、每周、每月或每年向公司承诺应完成的业务量、工作量、工作时间量，按公司规定的单价或双方约定好的单价，进行人单合一结算。采用以员工个人作为计量单位，进行人单合一结算发放劳动报酬的前提条件是，员工完成的工作任务指标能够按件、按量计量和测算单价。

采用人单合一计酬，又分为两种形式：一是按应完成的任务指标量计酬；二是按超额完成的任务指标量计酬。

第一种形式，按完成任务指标量计酬。

按完成任务指标量，是指公司经营班子、部门、项目组织、班组和员工个人，按照公司事前规定或约定，完成每日、每周、每月、每年度必须完成的任务指标，然后依据所完成的任务指标量和结算单价，进行人单合一结算劳动报酬。比如，公司经营班子、部门经理、项目负责人是实行年薪制的，其人单合一结算，一是每个月依据计划和预算所确定的应完成的任务指标的实际完成量，按照人单合一结算机制，计发月度基本年薪；二是每个年度末依据年初同公司签订的年度目标责任书约定的经营收入指标和利润指标等目标的完成额，计发年度业绩年薪和计发经营分红。再比如，员工个人，每个月末依据部门或班组月初计划所规定的应完成的业务量或工作量，按照实际完成的工作量和单价，计发周薪或月度劳动报酬，即应完成业务量或工作量单价×实际完成量＝完成量劳动报酬。

员工个人应完成的业务量或工作量，一般依据本部门、本项目组织或本班组70%以上人员，都能在规定的时间内完成的工作量的平均数确定。

第二种形式，按超额完成的任务指标量计酬。

按超额完成的任务指标量计酬，是指在完成规定的任务量后，将超额完成的业务量或工作量，用高于应完成任务量单价，结算劳动报酬，即超额业务量或工作量单价×超额量＝超额完成量报酬。

实行按超额完成任务指标量计酬，其目的是鼓励企业各个层级的员工多完成任务量，多为企业发展做贡献。

人单合一结算的核心价值，是经营员工的劳动能力资本和付出，其中包括体力能力资本、技能能力资本、智力能力资本和智慧能力资本的投资和付出。其目的就是让各个层级的员工所付出的各种能力资本，与其所创造的劳动价值，实现可视化计算劳动报酬，从而激发员工更努力地去学习并提高自己能力资本的动力，更愿意将自己的能力资本和激情贡献给自己所从事的工作，更愿意将自己所从事的工作当作创业平台去实现自己的价值，最终达成快乐工作，幸福生活。

第二节　人单合一结算模式与运行机制

人单合一结算，是指将员工已完成的工作结果量与事先确定或约定好的单价，以日、周、月为时间单位结算劳动报酬的一种新型薪酬分配模式。这种新型薪酬分配模式不仅各个项目组织可以实行，公司的各个职能部门也可以实行。

但要真正把这种薪酬分配模式运用好，必须要建立好各种形式人单合一结算的运行机制，才能使这种新型的劳动报酬分配模式，真正起到激励员工的作用。

以下介绍按业务量单价、工作量单价、服务业务量单价和按经济指标结算的四种模式的运行机制。

一、业务部门按业务量单价结算报酬运行机制

（一）确定业务量的运行机制

业务量分为两大类：一是生产业务量；二是服务业务量。

生产业务量计量单位包括但不限：件、张、本、盒、箱、双、辆、公斤、吨等计量单位。

服务业务量计量单位，会因服务行业的不同而不同。但物流行业的计量单位，多数会与生产业务量的计量单位类似，在此就不一一赘述。

1. 生产业务量

可分为：年度生产量和年度销售量、月度生产量和月度销售量、周生产量和周销售量、日生产量和日销售量。

年度生产量和年度销售量的确定：按照公司的年度生产和销售计划确定的生产量目标与销售量目标，层层分解到各部门、各项目组织和各个班组，作为各部门、各项目组织和各班组的年度生产量指标或销售量指标。

部门或项目部季度生产量和销售量的确定：各部门和各个项目组织将公司下达的年度生产量或销售量指标，分解到每个季度，确定本部门、本项目组织每个季度的生产量或销售量指标任务。

部门或项目组织月度生产量或销售量指标的确定，可分两次来确定。第一次是各部门、各个项目组织和各个班组，在确定季度任务指标时，将本季度的生产量指标或销售量指标分摊到每个月，作为每个月度的生产量或销售量任务指标，简称分摊指标。第二次是在每个月底制定下个月的任务指标时，一是要依据上个月的任务指标完成情况来测算下个月需要完成的任务指标；二是要依据上级调整后的任务指标，来调整确定本月度的生产量指标或销售量指标。

周生产量或销售量指标的确定：主要由班或小组来确定。班、组是落实完成生产量或销售量任务指标的载体，因此班组的生产量或销售量指标，必须要细分到每周。

班组周生产量或销售量指标的确定，应分两次来确定。第一次要依据部门或项目组织下达的月度任务指标，将其分摊到每周，作为每周计划应完成的任务指标。第二次是在本周末制定下周的计划任务指标时，应遵循两个依据：一是要依据上周的任务指标完成情况来减少或增加下周的任务指标；二是要依据上级规定的任务指标，来确定下周的

任务指标。

员工日生产量或销售量指标的确定，一般有两种方式。第一，分摊式，即依据项目组织下达给班组的周计划指标，按照每周五天或六天工作制和员工的数量，按日平均分摊到每个员工，作为每个员工每日必须要完成的业务量任务。第二，依据每个员工的技能能力确定员工的日业务量。按照这种方式确定员工的日业务量，首先可采取70%以上员工都能完成的业务量，作为每个员工日生产或日销售的基础业务量，即每个员工每日必须完成的业务量；其次，在基础业务量上再依据每个员工的技能熟练程度，按每个员工的能力再增加超额业务量，实行多劳多得。

2．服务业务量

可分为：年度服务量、季度服务量、月度服务量、周服务量、日服务量。

服务业分为四大领域：第一大领域，消费服务业。包括：餐饮与商贸服务、医疗与健康服务、养老消费服务、儿童消费服务、家政消费服务、信息消费服务；第二大领域，商务服务业。包括：金融综合服务、会计与审计事务服务、投资咨询服务、园区管理服务；第三大领域，生产服务业。包括生产技术服务、设计服务、外包服务等；第四大领域，精神服务业。包括：影视、旅游、文化、出版等。

服务业的计量单位，会因服务领域不同而不同，在此就不再作细分表述了。

服务业务量的确定方法，同生产业务量的确定方法类似，在此也不作详述。

（二）确定业务量单价的运行机制

1．生产量单价的确定机制

（1）确定年度计划需要完成的生产量；

（2）测算确定完成计划生产量所需要投入的原材料成本费用；

（3）测算确定完成计划生产量所需要投入的机器设备维护保养费用；

（4）测算确定完成计划生产量所需要投入的人工成本费用；

（5）测算确定完成计划生产量所需要投入的劳动保护用品费用；

（6）测算确定完成计划生产量所需要投入的安全生产维护费用；

（7）测算确定完成计划生产量所需要投入的劳动力开发成本费用；

（8）测算确定完成计划生产量所需要投入的后勤保障成本费用；

（9）测算确定完成计划生产量所需要投入的各项经营管理成本费用；

（10）最后，将投入的总成本除以总生产量，就得出每生产一件产品的单价。

2．服务量单价的确定机制

（1）确定年度计划需要完成的服务量；

（2）测算确定完成年度计划服务量需要投入的固定劳动力和临时劳动力；

（3）测算确定完成计划服务量所需要投入的人工成本费用，包括工资、社保、公积金、福利费、加班费、培训费、风险金等；

（4）测算确定完成计划服务量所需要投入的辅助工具成本费用；

（5）测算确定完成计划服务量所需要投入的劳保用品成本费用；

（6）测算确定完成计划服务量所需要投入的安全维护成本费用；

（7）测算确定完成计划服务量所需要投入的后勤保障成本费用；

（8）测算确定完成计划服务量所需要投入的各项经营管理成本费用；

（9）最后，将投入的总成本除以总服务量，就得出每一个服务量的单价。

（三）按业务量单价结算劳动报酬的运行机制

1. 按日业务量结算劳务报酬运行机制

（1）由员工个人和班组统计员，统计员工当日完成的业务量；

（2）由统计员依据员工完成的业务量统计数据，按业务量单价核算劳务报酬，制作劳务报酬申领单；

（3）由统计员持业务量统计表和核算好的劳务报酬，与员工当面进行复核确认，经确认无异议后，由员工在业务量统计表和劳务报酬申领单签名确认；

（4）由员工持劳务报酬申领表，到班（组）长处审批签名；

（5）由员工持经班（组）长审批签名后的劳务报酬申请表，到财务部门领取报酬。

2. 按周业务量结算劳务报酬运行机制

（1）由员工和班组统计员，每日共同统计已完成的业务量；

（2）统计员依据每日统计表，汇总统计每一位员工一周内完成的业务量（实行5天工作制的按5天统计，实行6天工作制的按6天统计）；

（3）由统计员将汇总统计好的每位员工一周完成的业务量，与员工当面进行核对确认，员工核对后无异议的，在统计表上签名确认；

（4）员工对统计数据结果有异议的，可向班（组）长提出申诉，要求重新核对确认，班（组）长应责成统计员重新核对，经重新核对无误后，员工应在统计表上签名确认；

（5）统计员依据员工确认的业务量数据，按单价核算劳务报酬，并填写周劳务报酬申请表，与员工核对金额无异议后，由员工签名确认；

（6）统计员将所有员工的劳务报酬申请表汇总，制作劳务报酬总表报班（组）长审核签名；

(7) 统计员将经班（组）长审批后的员工劳务报酬总表报项目负责人审批；

(8) 统计员将经项目负责人审批后的员工劳务报酬总表报财务部门，财务部门采用银联卡、支付宝、微信支付或现金等方式支付给员工，并由员工本人签名确认。

3. 按月度业务量结算劳动报酬运行机制

按月度业务量结算劳动报酬，其薪酬结构如下：

基本工资（不低于当地政府规定的最低工资标准）+ 行为绩效工资 + 按人单合一业务量单价结算（应完成的业务量单价 + 超额业务量单价）

按月度业务量单价结算的运行机制：

(1) 按70%以上员工都能完成的业务量，确定员工月度必须完成的基本业务量及单价；

(2) 确定超额完成的业务量单价；

(3) 由班组统计员和员工，统计当日员工应完成的基本业务量和超额完成的业务量，并由员工在班后进行签名确认；

(4) 统计员依据每日统计的业务量数据，于每周末制作《员工周业务量统计表》，并由员工签名确认；

(5) 员工对周统计数据有异议的，可以向班（组）长提出口头或书面申诉，要求重新核对数据，班（组）长接到员工申诉后，应立即责成统计员在本周末与员工当面进行核对，并对核对后的数据重新进行签名确认；

(6) 统计员依据每周《业务量统计表》统计的数据，汇总制作《员工月度业务量统计表》，并由员工签名确认；

(7) 员工对月度业务量数据有异议的，可以向班（组）长或项目负责人提出申诉，要求重新核对数据，班（组）长或项目负责人接到员工申诉后，应立即责成统计员在本月末与员工当面进行核对，并对核对后的数据重新进行签名确认；

(8) 统计员依据经每个员工确认的《月度业务量统计表》统计出来的基本业务量数据和超额业务量数据，按基本业务量单价和超额业务量单价，核算员工薪酬，并由员工签名确认；

(9) 统计员汇总并制作《员工按业务量单价结算工资表》，上报班（组）长和项目负责人审批签名；

(10) 统计员将经班（组）长和项目负责人审批签名的《员工按业务量单价结算工资表》，上报财务部门，财务部门采用银联卡、支付宝或微信支付等方式，发放员工工资，并由员工签名确认。

二、职能部门按工作量单价结算报酬的运行机制

工作量是对职能部门和二线服务部门员工进行人单合一结算，而产生的一种计量单位，分为日常工作量和临时工作量，是指员工已经完成的工作结果数量。

（一）工作量的确定机制

工作量，按时间计量可分为：年度工作量、月度工作量、周工作量、日工作量。

1. 职能部门员工月度日常工作量的确定机制

（1）依据岗位职责和领导布置的工作任务，梳理出年度应完成的工作任务计划；

（2）依据年度工作任务计划，分摊编制每个月度应完成的工作任务计划；

（3）依据上月已完成的工作任务结果，确定下个月应完成的工作任务计划；

（4）依据每日完成的工作任务，结算每周已完成的工作任务，依据每周已完成的工作任务，统计每个月已完成的工作任务结果；

（5）将每月统计汇总已完成的工作任务结果，转化为每个月的工作量。

2. 职能部门员工月度临时工作量的确定机制

临时工作量，是指在日常计划工作之外，由领导临时安排或布置的工作任务，通常也指超额工作任务。

临时工作量的确定，由布置工作任务的领导，依据完成任务结果的满意度来确定。

（二）工作量单价的确定机制

职能部门在公司主要是实施管理职能，属于成本投资中心。因此，职能部门员工的工作量单价确定，应依据职能部门年度应完成的工作任务，以及为完成任务所需要投资的成本预算来测算。

1. 日常工作量单价确定机制

（1）依据部门年度工作任务量，测算年度成本投资预算；

（2）依据部门年度成本投资预算，测算季度成本投资预算；

（3）依据季度成本投资预算，测算月度成本投资预算；

（4）部门将月度成本投资预算，分解、分摊到每个项目组织或项目小组；

（5）每个项目组织或项目小组依据部门领导分摊的月度成本投资预算，再测算完成每一项工作任务需要投资的成本预算；

（6）每个项目组织或项目小组再依据每项工作任务和所需要投资的成本预算，将任务分解到每个员工，形成员工完成工作任务量单价。

2. 临时工作量单价的确定机制

临时工作任务，是公司领导或部门领导临时布置安排的工作任务，是计划、预算外的工作任务，属于预算外成本投资，其工作量单价由领导确定。

（三）工作量单价结算模式

基础工资（不低于最低工资标准）＋行为绩效工资＝应完成工作任务量＋人单合一工作量单价结算

三、二线部门按服务业务量单价结算报酬运行机制

服务业务量是对二线服务部门员工进行人单合一结算而产生的一种计量单位，分为日常服务业务量和临时服务业务量或超额服务业务量，是指员工已经完成的服务结果数量。

（一）服务业务量的确定机制

服务业务量，按时间计量可分为：年度服务量、月度服务量、周服务量、日服务量。

1. 二线服务部门员工日常服务业务量的确定机制

（1）依据一线部门委托或公司领导划分的服务业务任务，制定年度服务业务计划；

（2）依据年度服务业务计划，分摊每个月度服务业务计划；

（3）依据月度服务业务计划，分摊每周服务业务计划；

（4）依据周的服务业务计划，分摊每日服务业务计划；

（5）依据每日完成的服务业务量，统计每周完成的服务业务量；

（6）依据每周完成的服务业务量，统计每个月度的服务业务量。

2. 超额服务业务量的确定机制

超额服务业务量，是指超出月度服务业务计划，由领导另行下达的服务任务，或由一线业务部门在计划外另行委托的服务业务。

超额服务业务量的确定，由下达任务的领导或委托业务的部门与服务部门，依据下达的任务量或委托的业务量进行确认。

（二）服务业务量单价的确定机制

二线服务部门在公司主要是为一线业务部门提供业务保障服务，属于成本投资中心。因此，二线服务部门员工的服务业务量的单价确定，可采用两种方式：一是由公司领导统一编制下达服务业务任务的，由公司人力资源部同财务部和服务部门，从一线业务部门上缴的利润中，测算出服务业务量单价；二是一线业务部门，采用内部购买服务形式，由一线业务部门同二线服务部门共同协商，从一线部门的经营收入中测算出可承担的服

务成本后，再协商确定一个服务量单价。其服务业务量单价的确定机制如下：

1. 存量服务业务量单价的确定机制

（1）由公司下达的存量服务业务量单价的确定机制

①依据公司下达给服务部门的年度存量服务业务量任务，测算出年度存量服务业务量总成本的投资预算；

②依据部门年度存量服务业务成本投资预算，测算出季度成本投资预算；

③依据季度成本投资预算，测算出月度成本投资预算；

④部门依据月度成本投资预算，分解、分摊到每个项目组织或项目小组；

⑤每个项目组织或项目小组依据部门领导分摊的月度成本投资预算，再测算出完成每一项存量服务业务需要投资的成本预算；

⑥每个项目组织或项目小组再依据每一项存量服务业务和所需要投资的成本预算，测算出每一单业务单价；

⑦项目组织或项目小组将测算出来的服务业务量和单价，分配到每个员工，形成员工应完成的日常服务业务量任务和单价。

（2）一线业务部门委托的存量服务业务量单价的确定机制

①一线业务部门依据存量业务收入，测算出存量服务业务所需投资的成本；

②一线业务部门依据测算出来的存量业务服务成本，再测算出需要二线部门提供服务的成本；

③一线业务部门依据测算出来的需二线部门提供服务的成本，与二线部门共同协商委托事宜，签订委托服务协议，确定委托服务业务量和服务价格；

④二线服务部门依据委托服务协议确定的服务业务量和服务价格，组织项目负责人共同测算出每一项服务的单价；

⑤二线部门领导依据一线部门委托的服务业务量和测算出来的服务量单价，再分解、分配到各个项目组织或项目小组；

⑥项目组织或项目小组依据部门领导下达的存量服务业务人员量和单价，再分解给每一位员工，形成员工每月应完成的服务业务量和单价。

2. 新增服务业务量单价的确定机制

新增服务业务量，是指一线业务部门新开发的业务所需要提供的服务业务量。

其服务单价的确定机制，同存量服务业务量单价确定机制类似，不再详述。

（三）服务业务量单价结算模式

基础工资（不低于最低工资标准）+ 行为绩效工资 = 应完成的服务业务量 + 人单合

一服务业务量单价结算

四、按经济指标结算报酬的运行机制

按经济指标结算劳动报酬,是指一些部门和个人能按经营收入指标、利润率指标的完成结果,结算劳动报酬的一种人单合一结算模式。

（一）经济指标任务的确定机制

经济指标,由经营收入指标和利润率指标两部分组成。利润率指标的确定,依据应完成的经营收入指标任务,经测算后确定。

经济指标任务,由存量业务经济指标和新增业务经济指标两部分组成。

1. 存量业务经济指标任务的确定机制

（1）依据已有的存量客户和存量业务,分析、测算应能完成的存量经营收入;

（2）依据能完成的存量业务经营收入,测算完成经营收入需支付的成本,包括人工成本、业务经营成本等;

（3）依据需支付的成本,测算应能完成的利润率指标;

（4）依据测算出来的经营收入和利润率,确定存量经济指标任务。

2. 新增业务经济指标任务的确定机制

（1）依据现有的存量客户,对每个客户所从事的业务进行分析,依据客户的业务特性进行细分,制定细分供给服务模式和服务产品;

（2）依据每个存量客户的细分供给服务模式和服务产品,综合估算可能产生的新增经营收入;

（3）依据每个存量客户可能产生的新增经营收入,测算完成这些经营收入所需要支付的成本,包括人工成本和业务经营成本;

（4）依据测算出来的经营成本,测算出每个存量客户新增经营收入可实现的利润率;

（5）汇总每个存量客户的新增经营收入和利润率,统计估算存量客户可能实现的新增经营收入;

（6）对每个目标客户所从事的业务进行分析,结合客户业务类型拟制定供给服务模式和服务产品方案,估算可能达到的经营收入;

（7）依据目标客户（包括政府机关、事业单位和企业）的招投标公告,拟制定投标方案参与投标,估算中标后可能实现的经营收入;

（8）汇总统计存量客户预估新增经营收入和目标客户预估新增经营收入,作为新增经济指标任务。

（二）按经济指标实行人单合一结算报酬的运行机制

按经济指标完成量结算劳动报酬可以有两种模式：一是按月薪制人单合一结算报酬；二是按年薪制人单合一结算报酬。

按月度经济指标任务完成量结算劳动报酬的对象，包括三个群体：一是业务部门实行月薪制的员工；二是营销部门实行月薪制的员工；三是部分经济规模较小的实行月薪制的项目负责人、项目班（组）长等。

按年度经济指标任务完成量结算劳动报酬的对象，包括实行年薪制的项目负责人、子公司总经理、事业部总经理、区域总经理等。

1. 按月度经济指标任务完成量结算月薪的运行机制

（1）项目组织或部门依据月度经济指标任务，将指标任务分解分配到各班或各项目小组；

（2）项目负责人组织各班（组）长召开班（组）长会议，研究制定存量业务经营收入和新增业务经营收入的人单合一结算标准；

（3）各班或各项目小组依据项目组织分配的月度经济指标任务和人单合一结算标准，将能分解到个人的指标任务分配到每个员工；

（4）员工依据班组分配的月度经济指标任务和人单合一结算标准，制定本人月度经营创收计划，再依据月度经营创收计划制定日、周经营创收计划；

（5）班（组）长依据员工制定的日、周经营创收计划，按周、按日统计员工完成的经营收入量；

（6）班（组）长将员工每周完成的经营收入量，汇总统计员工完成的月度经营收入量，并制作《员工月薪人单合一报酬结算表》，与员工进行确认并双方签名；

（7）班（组）长将员工完成月度经济指标量统计表和经过员工签名确认的《员工月薪人单合一报酬结算表》上报项目负责人；

（8）项目负责人对各班（组）长上报的《员工月薪人单合一报酬结算表》进行审核审批，并指导项目组织助理或主管编制项目组织《员工月薪人单合一报酬结算表》，审批签名后上报公司财务部；

（9）财务部收到各个项目组织上报的《员工月薪人单合一报酬结算表》后，进行统一审核发放。

2. 按年度经济指标任务完成量确定年薪的运行机制

按年度经济指标任务完成量确定年薪的，分为三大类：一是项目负责人的年薪确定；二是事业部、子公司总经理的年薪确定；三是区域总经理和集团总裁年薪的确定。

（1）项目负责人按年度经济指标任务完成量确定年薪的运行机制

现金经营收入达到 150 万以上规模的项目组织，项目负责人可实行年薪制。其年薪的确定机制如下：

①公司总经理依据各个项目组织的存量业务经营收入和预计估算的新增业务经营收入，同各个项目组织负责人协商约定年度经济指标任务目标，并签订《年度经营目标责任书》《奋斗者承诺协议书》；

②各个项目组织负责人依据同公司签订的《年度经营目标责任书》《奋斗者承诺协议书》，编制《项目组织年度经营计划》《项目组织年度经营预算》，并上报公司总经理、人力资源部和财务部；

③公司人力资源部和财务部依据各个项目负责人签订的《年度经营目标责任书》和上报的《项目组织年度经营计划》《项目组织年度经营预算》，依照集团或本公司的年薪制规定，根据各个项目负责人应完成的经济指标量，按档次确定各个项目负责人的年薪，并报公司总经理批准后执行；

④项目负责人依据与公司签订的《年度经营目标责任书》和经公司批准的《项目组织年度经营计划》《项目组织年度经营预算》，再进行细化编制《季度经营计划》和《季度经营预算》，并上报公司总经理、人力资源部和财务部；

⑤公司人力资源部和财务部收到项目负责人上报的《季度经营计划》和《季度经营预算》后，应立即进行审核并提出调整意见，同各项目负责人逐个协商达成一致后，报总经理批准后执行，作为季度经济指标任务完成量结算依据；

⑥项目负责人收到公司批复的《季度经营计划》《季度经营预算》后，再进行细化编制《月度经营计划》《月度经营预算》《月度实施计划行动方案》《月度经营会计报表》，并上报公司总经理、人力资源部和财务部；

⑦公司人力资源部与财务部收到项目负责人上报的《月度经营计划》《月度经营预算》《月度实施计划行动方案》《月度经营会计报表》后，应立即进行审核并提出调整意见，同项目负责人逐个协商达成一致后，报公司总经理批准后执行，作为项目负责人每个月执行五大经营和五位一体管理行为的绩效考核的依据。

（2）事业部、公司总经理按年度经济指标任务完成量确定年薪的运行机制

①事业部、公司总经理依据各个项目组织负责人上报的存量客户、存量业务估算的经营收入量和目标客户估算的新增经营收入量，汇总估算本公司可以完成的年度经营收入量，并在此基础上依据五大经营方向，编制《五大经营分析报告表》上报区域总经理、集团经营管理总部和分管总裁；

②区域总经理、集团经营管理总部和分管总裁，收到各公司上报的《五大经营分析

报告表》和估算可以完成的年度经营收入目标后，应立即进行审核并提出调整意见，同各公司总经理逐个协商达成一致后，报分管总裁批准后执行，作为签订《年度经营目标责任》和编制《年度经营计划》《年度经营预算》的依据；

③各事业部、各公司总经理收到经区域总经理或分管总裁批复的年度经营收入目标后，依据年度经营收入目标编制《年度经营计划》和《年度经营预算》，并报经营管理总部、人力资源总部和财务总部；

④三个总部收到各事业部、各公司编制上报的《年度经营计划》和《年度经营预算》后，由经营管理总部牵头召开相同职能部门协同会议，对各事业部、各公司上报的《年度经营计划》和《年度经营预算》，逐个单位进行会审，并提出调整意见同各事业部和各公司总经理进行沟通协商，达成一致后，再将经审议合格的《年度经营计划》《年度经营预算》报分管副总裁、总裁和董事长审核批准后执行；

⑤人力资源部依据经总裁和董事长批准的各事业部、各公司的《年度经营计划》《年度经营预算》，制作各事业部、各公司总经理《年度经营目标责任书》《奋斗者协议书》；

⑥各事业部、各公司总经理同区域总经理、分管总裁签订《年度经营目标责任书》《奋斗者协议书》；

⑦人力资源部依据各事业部、各公司总经理签订的《年度经营目标责任书》，按签约承诺的应完成的经营收入指标量，依照集团关于年薪制的有关规定按档次确定年薪，并报区域总经理、分管副总裁、总裁和董事长批准后执行。

（3）区域总经理和集团总裁按年度经济指标量任务完成确定年薪的运行机制

①区域总经理（片区集团）年薪的确定，依据所分管片区各公司应完成的经营收入指标总量，按集团年薪制规定的规模档次确定年薪；

②集团副总裁、总裁年薪的确定，由董事会依据集团的经营收入规模，按各自的责任分工确定年薪。

3. 按应完成的年度经营收入任务指标量结算年薪的运行机制

（1）年薪制结算，由基本年薪结算、行为绩效考核结算和业绩年薪三部分组成。

（2）基本年薪、行为绩效年薪和业绩年薪的比例构成，依据经营收入规模分两个档次：

①经营收入规模500万元以下的（含500万），按6∶4比例划分基本年薪和业绩年薪，并从基本年薪中划拨20%作为月度行为绩效考核结算；

②经营收入规模500万元以上的，按5∶5比例划分基本年薪和业绩年薪，并从基本年薪中划拨15%作为月度行为绩效考核结算。

（3）基本年薪，依据每月月度的五大经营计划、行动方案和五位一体管理等行为绩效考核结果发放，每个季度做一次业绩结算。

(4) 业绩年薪,按年度经营收入任务指标完成量发放,即完成70%,按70%发放;完成80%,按80%发放;完成90%,按90%发放;完成100%,按100%发放;超额完成任务指标超额部分,按超额量的不同比例另行奖励。

第三节 超额超量计酬

一、超额超量计酬的种类和形式

超额超量计酬,是指在完成上级下达或约定的任务指标的基础上,通过组织协调和自身努力超额完成任务指标量后,按超额量单价或超额量提取的奖金计算报酬的一种薪酬模式。

按超额超量计算报酬形式,可分为以下两种形式。第一种形式:按超额量单价计酬,即在应完成的任务量单价基础上,再测算确定一个超额量单价,依据超额完成的量,乘以单价,就获得超额完成量的报酬;第二种形式:按超额量计提奖金奖励,即在结算员工劳动报酬时,先按应完成工作量或业务量测算一个按量结算单价,再测算出一个超额完成任务量计提奖金比例,作为超额完成任务的奖金。

两种方式优劣比较:

第一,按超额量单价结算报酬。其优势:报酬结算直接透明,真正体现了多劳多得;其劣势:一是单价测算难度大,二是时间长了可能滋生激励疲劳症。

第二,按超额量计提奖金制。其优势:能持续保持即时激励的激情;其劣势:容易产生奖金分配不公平的现象,挫伤部分员工的工作积极性。表10-1、表10-2是超量奖金发放种类和超量计酬形式,供参考。

表 10-1 超量奖金发放种类

序号	分类方法	细类
1	按周期和次数区分	(1) 月度奖;(2) 季度奖;(3) 年度奖;(4) 一次性奖励;(5) 经常性奖励
2	按单位区分	(1) 个人奖; (2) 以班组为单位的集体奖
3	按奖励条件的考核项目区分	(1) 单项奖,如超产奖、质量奖、节约奖; (2) 综合条件的奖励

表 10-2 超量计酬的形式

类别	形式	备注	推荐程度
按照超额生产利润率指标（扣除税金后），从超额利润中提取一定比例作为奖金	计酬金额 = 超值 × 提点	（1）超值的10%作为计酬总额；（2）若为团队奖励，则驻场管理人员与一线员工分成比例为1∶4	★★★
按照超额完成的件数	计酬金额 = 超量件数 × 每件单价	分两种形式计酬：（1）分段式计价，分为按基本任务完成量计价和超额完成量计价来核定计算报酬；（2）按同一单价计算报酬，然后再对超额量进行奖励	★★★
按照超量的百分比	计酬金额 = 超量/完成量 × 绩效工资	一般情况下，此类别适合基本工资+绩效工资的薪酬结构，且绩效工资要以产量为唯一的考核指标	★★

二、超额计酬的运行机制

（一）超额量的单价确定

超额量分为业务量超额量，服务量超额量，工作量超额量，工时超额量和经济指标超额量。

1．业务量、工作量、服务量和工时量超额量的单价确定

这些都是在规定的工作时限内应完成的业务量、工作量、服务量的单价基础上，按一定比例上浮确定。

2．经济指标超额量奖金的提取

应依据经济收入超额量的贡献额和所耗费的成本，按收入贡献额和利润率，分成若干个等级，按一定比例提取奖金。

（二）按奖金方式结算超额量，应按员工的贡献价值分配

按员工的贡献价值分配，就是要依据各个经营团队和员工个人创造的价值来分配奖金报酬。

在实行项目制人单合一员工自主经营管理模式中，按价值分配应以价值核算和价值

评估结果为基础，包括短期和中长期回报。

价值核算和价值评估对价值分配的作用，主要体现在"奖金提取比例"的核算和价值贡献等级划分上。

1. 价值核算

是指超额量的贡献率，包括两部分：一是对收入规模的贡献，二是对利润率的贡献。在确定奖金提取比例时，应主要依据超额收入量贡献的利润额。

2. 价值评估

是指员工的超额完成量对组织的贡献价值，也包括员工的能力付出价值。通过对组织贡献价值和员工付出价值的评价，形成评价分数，然后转化为百分比，作为奖金分配划分等级的依据。

按奖金方式计酬，只适用于超额完成任务量的团队和员工，不适用于以下类型员工：

（1）业务项目或项目组织在经营中处于亏损期间的，员工只能拿基本工资（不得低于当地政府规定的最低工资标准）和行为绩效考核工资；

（2）业务项目或项目组织在经营中处于保本、无利润的状态，员工月薪计酬 = 基本工资 × 业务完成率；

（3）业务项目或项目组织在经营中完成了一定的利润率，但未达到公司规定标准的，员工月薪计酬 = 基本工资 + 行为绩效考核工资 + 人单合一工资。

第四节　精益绩效管理

人单合一结算，是项目组织经营的一种劳动报酬结算方式，也是一种业务量绩效管理方式。但从项目组织经营的整个绩效管理活动来看，员工的绩效管理除了量的绩效管理，还包括了行为绩效管理、质量绩效管理、生产效率绩效管理、安全绩效管理和成本绩效管理等绩效管理活动。分述如下：

一、精益质量与效率绩效管理

在企业或项目组织的业务项目经营活动中，质量与效率是一个对立统一的矛盾体。只讲质量，不讲效率，就无法完成经营任务指标；光讲效率，不讲质量，就会带来消耗性浪费，使成本大幅增加，甚至会使项目组织经营没有利润。

因此，在项目组织的业务项目经营中，既要强力推行精益效率绩效管理，也要强力推行精益质量绩效管理。所谓精益效率绩效管理，就是要在生产或服务的经营活动中，强化完成任务量的"速度"，用时间期限来衡量和考核任务量的完成率，以体现"时间就是金钱，效率就是生命"精益效率管理；所谓精益质量绩效管理，就是要在生产或服务的经营活动中，强化完成任务量的"质量"，不断消除因质量不合格而带来的浪费，使生产或服务过程中所占用的资源减少至最低限度。

精益质量与效率绩效管理的考核指标有：

（1）废品率考核指标；

（2）生产效率考核指标，包括单位时间产值、人均产量、单位产品所耗工时或单位产品所耗成本等。

（一）废品率绩效考核

1. 废品率定义

是指废品数量在合格品、次品和废品三者总数量中所占的百分数，它是反映产品生产工作质量水平的一个指标。

2. 废品率考核的目的

通过在生产过程中对废次品的有效监督和考核，达到减少废次品、节约成本的目的。

3. 废品率计算公式

废品率 = 废品数量 ÷ （合格品数量 + 废次品数量） × 100%

根据废品产生的原因、产生的责任和废品发现的地点，以及研究任务的不同，可以得出以下四种废品率指标。

（1）综合废品率。是指全部废品占合格品和全部废品的总量的百分比。其计算公式：

综合废品率 = 废品总量 ÷ （合格品量 + 废品总量） × 100%

（2）项目组织责任废品率。是指项目组织责任废品占合格品和全部废品的总量的百分比，它不包括非项目组织责任而产生的废品。其计算公式：

项目组织责任废品率 = 项目组织责任废品数量 ÷ （合格品数量 + 废品总量） × 100%

（3）工废废品率。是指工废废品占合格品和全部废品的总量的百分比，它不包括本项目组织的其他废品和非本项目组织责任产生的废品。它说明项目组织生产工艺方面工作质量的好坏。其计算公式：

工废废品率 = 工废废品量 ÷ （合格品量 + 废品总量） × 100%

（4）内废废品率。是指车间内发现的废品数量占合格品和全部废品的总量的百分比，它不包括车间外发现的废品。其计算公式：

内废废品率 = 车间内废品量 ÷ （合格品量 + 废品总量） × 100%

4. 降低废品率的途径

（1）做好废品的统计分析工作，要建立健全的原始记录，定期召开有关废品的分析会议，通过分析研究找出造成废品的原因，从中吸取教训，采取措施，减少废品。

（2）按照各道工序的质量标准，严格实行工序质量控制，以防止废品的出现。

（3）定期组织生产人员进行培训，使他们树立起严格的质量意识，提高工作水平和技术水平。

（4）认真做好原材料的采购、检验工作，保证投入生产的原材料。

（5）将废品率纳入项目组织、班组考核和员工个人考核中。

（二）效率绩效考核

当业务项目的结算方式，是按业务量单价结算时，对业务项目中的生产、服务效率，按事先约定的时间期限组织进行考核就显得尤为重要。

常见的生产、服务效率的考核指标有：单位时间产值、人均产量、单位产品所耗工时（或单位产品所耗成本）等指标。

1. 单位时间产值考核

单位时间产值，是指以月度为单位时间，以每一项业务收入与支出的费用作为经营单元，对每一个经营单元所产生的差额附加值进行核算，然后再以该附加值除以总的劳动时间，就得出了每小时的附加值。其计算公式：

单位时间产值 =（业务收入 - 支出）÷总劳动时间

2. 人均产量考核

人均产量，是指在单位时间内人均创造的劳动效率。以月人均产值为例，首先计算出人数，然后再以月产出除以人数，就得出月度人均产值。其计算公式：

人数 = 总工时÷标准工时（176小时）

月人均产值 = 月总产出÷人数

3. 单位产品所耗工时考核

单位产品所耗工时，是指单位产量所消耗的工作时间。其计算公式：

单位产品所耗工时 = 月总产出÷总工时

以上生产、服务效率的考核，主要用于评估班组或整个项目组织的经营效益，不适用于员工个人工作效率考核。

二、精益成本浪费考核

控制成本浪费，是各个项目组织在业务项目经营中的一项重要任务，应尽力避免以下浪费。

1. 等待浪费现象

因物料供应或前工序能力不足造成待料;监视设备作业造成员工作业停顿;设备故障造成生产停滞;质量问题造成停工;型号或工序切换造成生产停顿;等等。造成这些等待现象发生的原因:一是计划不合理;二是流程设计不合理;三是设备维护不到位;四是物料供应不及时。

2. 搬运浪费现象

搬运浪费,主要发生在搬运的动作浪费,如搬运的放置动作、堆积动作、移动动作、整理动作。这些动作都有一定的规律和顺序,俗称搬运技术。但有些人认为搬运是一个简单的体力劳动,因此就容易忽略对员工的搬运技术的培训和提升,结果带来搬运放置、堆积、移动、整理等动作的浪费。

3. 不良动作浪费现象

常见的12种不良动作浪费:①两手空闲;②单手空闲;③作业动作停止;④动作幅度过大;⑤左右手交换;⑥步行多;⑦转身角度大;⑧移动中变换动作;⑨未掌握作业技巧;⑩伸背动作;⑪弯腰动作;⑫重复不必要动作。

4. 库存浪费现象

在生产业务项目中,当生产需求一直低于实际生产量,或者生产需求波动较大时,都有可能出现库存问题。而这种库存问题会造成以下浪费现象:当库存量增加时,搬运量将增加,需要增加堆积和放置的场所,需要增加防护措施、日常管理,领用时需要增加额外时间等,甚至盘点的时间都要增加;更严重的是,当库存量增加时,用于生产经营活动的资金会大量沉淀在库存上,不仅造成资金总额增大,还会增加利息和库房的管理费用。

精益生产管理认为"库存是万恶之源"。因此,在精益生产管理中,应制定相关措施直接或间接地消除库存,使实际生产量等于或接近生产需求。

关于员工成本意识的精益生产管理可以从以下四个阶段进行:

	第一阶段	第二阶段	第三阶段	第四阶段
成本意识	●设定降低成本目标,指导员工逐步实现 ●建立成本控制管理体系	●对于降低成本目标的达成,提出改善方案,并组织实施 ●发现现场存在的浪费问题并向上级汇报,提出自己的改善建议	●正确理解降低成本目标 ●配合上司对浪费现象进行分析 ●每月能针对降低成本提出两条以上改善提案	●逐步掌握、理解降低成本目标 ●每月能针对降低成本提出至少一条改善提案

三、精益绩效管理的持续改进

（一）持续改进生产流程的方法

持续改进生产流程的方法主要有以下几种：

（1）消除质量检测环节和返工现象；

（2）消除零件不必要的移动；

（3）消灭库存；

（4）合理安排生产计划；

（5）减少生产准备时间；

（6）消除停机时间；

（7）提高劳动利用率。

（二）员工行为和工作事件的考核

（1）对员工在日常工作中有优秀表现的，包括技术/管理/工艺的改进、成本降低、合理化建议及其他美德，班（组）长应及时向项目负责人申请，给予员工相应物质奖励。

（2）对员工在日常工作中有不良表现的，包括发生失责事件、工作出错、违纪行为、恶意的行为及其他不良表现，班（组）长应及时组织召开班组会议，开展批评与自我批评，进行检讨；对严重违纪行为，应报告项目负责人，给予违纪员工适度行政处罚。

第五节　精益员工人文关怀管理

一、对员工的人文关怀措施

精益员工人文关怀，是"以人为本"的重要组成部分。对普通员工的人文关怀，主要体现在两个方面：一是以员工的权益保障、体面劳动为本，这个方面已经运用人单合一计酬方式予以保障。二是以员工的需求为本，包括职业发展需求、学习需求、技能提升需求、子女学习与工作需求、娱乐需求、婚恋需求等等。这方面是员工人文关怀的主要内容。各个项目组织应根据自身的实际运营情况，选择合适的员工人文关爱方式，以激发员工的工作激情。具体的员工人文关怀措施如下表所示：

表10-4 员工人文关怀措施表

员工人文关怀	措施	执行人员	周期	成本维度	适合人员	业务项目类型
子女工作安排	员工的子女有工作需要，可根据子女的情况安排就业，并安排员工与其子女一起生活	项目负责人	日常	成本低	所有人员	低端服务业、生产制造类行业
员工家属关爱	若员工家属有意向到城市工作，项目经理应根据其家属的工作经验和工作意愿安排员工的家属就业，使其家属得到合理的安置	项目负责人	日常	成本低	所有人员	低端服务业、生产制造类行业
员工聚餐聚会	项目负责人、驻场管理员在一定时期内与员工聚餐，项目负责人、驻场管理员在员工宿舍买菜煮饭，与员工一起谈工作谈生活聊家常。谈心聊天，既能与员工沟通工作上的问题，了解他们真实的想法，又能使员工感受到关爱	项目负责人、驻场管理员	月度	成本较高	所有人员	高端服务业、低端服务业、生产制造类行业
员工的生活关怀	在员工居住的场所，给员工配炊具、水杯、饭碗筷子、空调、风扇等生活用品，解决员工食住问题	项目负责人	日常	成本较高	所有人员	高端服务业、低端服务业、生产制造类行业
员工过节福利	遇上节日，如中秋节、端午节、春节等，给员工派发过节福利，如月饼、粽子、饮料等	项目负责人	年度	成本较高	所有人员	高端服务业、低端服务业、生产制造类行业
工作调场关爱	若因工作需要，员工需调动到其他场地工作，应安排接送，给予车费补贴，使员工感受到关怀	项目负责人	日常	成本低	所有人员	低端服务业、生产制造类行业

第十章 精益人单合一结算管理

续上表

员工人文关怀	措施	执行人员	周期	成本维度	适合人员	业务项目类型
网络平台关爱	可以建立QQ群、微信群，让员工在网络上畅所欲言，如遇上节日或生日，则给予短信祝福，使员工感受到家的感觉	项目负责人、驻场管理员	日常	成本低	所有人员	高端服务业、低端服务业、生产制造类行业
日常工作的关怀	当员工有学习、提升技能需求时，应给予支持；当员工在工作上遇到困难或在技术上遇到问题时，要及时帮助解决等	驻场管理员、班（组）长	日常	成本低	所有人员	低端服务业、生产制造类行业

二、精益员工健康关怀

1. 重视员工体检，确保员工身心健康

无论是生产型业务，还是服务型业务，员工的身心健康都需要时刻关注。为降低员工因身体问题和心理问题带来的产量下降、产品质量下降、员工传染病传染等隐性风险，各个项目组织都应重视员工的体检工作。一是要重视新入职员工体检，每个新入职员工都要在入职前，进行入职体检，以确保新员工以健康的身体状态上岗；二是对工作一年以上的员工，每年安排一次年度体检，以掌握员工身体状况是否适宜继续工作；三是对工作环境差，容易对身体器官和内脏造成极大伤害的岗位员工，应定期安排体检（一个季度或半年一次），以预防职业病的发生。

2. 购买商业保险，确保意外事故赔偿

为员工购买商业保险，既能降低风险和成本，又能使员工在发生意外疾病、意外伤害、意外事故时，能得到及时救治和赔偿。各个项目组织可在两种情况下为员工购买商业保险：一是在员工试用期间，可先为员工购买商业意外保险、商业医疗保险和工伤保险，暂不购买社会保险，待员工转正，再为员工缴纳社会保险。二是当业务项目属高危行业或工伤事故率高，在为员工缴纳社会保险后，还应为员工购买商业保险，以确保员工发生工伤事故赔偿不足后的补偿赔付，以及发生意外疾病、意外伤害、意外死亡后的赔偿。

商业保险的险种，一是可购买团体意外险；二是雇主责任险。

第十一章　精益风险管理

项目组织经营，不仅包括了员工劳动关系管理带来的用工法律风险和经济风险，还包括：业务项目承揽外包的认知风险、任务完成风险、质量风险、生产量不足风险、安全生产风险、履约法律风险、行政风险，等等。这些风险都会在业务项目的经营中不同程度地发生，因此，各个项目组织都应在业务项目的运营中运用精益管理的思维、方法和技巧去管理这些风险，通过风险识别、风险量化、风险对策，将不可控的风险转化为可控制的风险，来进行管理和控制。

第一节　业务项目在运营中的风险特性

所有的业务项目在运营中面临的风险，主要表现为法律风险和经济风险。而最后的最终落脚点，是经济风险。

这两大风险的发生，与业务项目的运营和项目组织的内部管理有着紧密的关联，具有以下特性：

一、持续性

持续性表现为两个方面：一是业务项目经营的持续性，即业务项目外包，与客户单位签订的服务期限；二是员工劳动合同的持续性，即与员工签订的劳动合同期限。

（一）对于业务项目经营持续性的把控

关键在于对客户的认知、客户关系的维护和完成业务项目的经营能力。

1. 对客户的认知

包括两个方面。一是在招投标前应对客户的信用度、业务量、结算回款能力进行调研，以免在业务项目运营中发生业务量不稳定或停产导致员工工作安排失当、客户失踪引起的资金风险等；二是当投标前对客户来不及调研，或调研不够深入、掌握的情报不太准确时,各个项目组织应在业务项目运营中通过各种渠道摸查客户的情况,针对预测的风险与客户进行沟通协商,签订补充协议来管控风险。

2. 对于客户关系的维护

关键要处理好与客户的对接,尤其要与业务项目的直接管理部门、直接管理人进行对接,包括定期汇报工作、节假日拜访问候、不定期交流联络感情等,以此实现业务项目的长期稳定合作和业务量的相对稳定,以保证双方的收益持续增长。

3. 对于完成业务项目的经营能力

这是内功的问题。俗话说:"外因要通过内因才能起变化。"要想实现业务项目经营的持续稳定,就必须运用精益经营管理思维、方法和精益劳动管理工具,去提升经营业务项目的能力。

(二)对于员工劳动合同期限风险的把控

关键是要帮助员工提升技能培训,做好薪酬福利、劳动合同管理与争议纠纷的协商,以及伤病等突发事件的处理和关怀,凝聚人心。俗话说"水能载舟,也能覆舟",员工是水,水是有灵性、有感情、有凝聚力的。只要像爱惜水一样爱惜员工,经营好每一个员工的思想理念和劳动能力,员工就会成为做好业务项目经营的强大力量。

二、差异性

各个行业的业务项目,由于所处的行业性质不同,在生产和服务上会表现出不同的需求特征,在经营管理上会表现出不同的特点。这就是差异性。比如,商业零售业和电信服务业,工作技能简单,员工流失率高,如何留住员工和快速补员,就成了经营管理的重点;再比如,生产制造业、电子制造业,是生产线流水作业,生产管理、技术能力和安全管理,就成了经营管理的重点。因此,各个项目组织在业务项目运营中,一定要依据本业务所处的行业性质,把握行业的差异性,针对不同客户的需求,做好经营管理和风险防控。

三、法律法规政策的严肃性

遵守各种法律法规、规章和政策,是做好业务项目经营的底线。自 2012 年《劳动合同法》修订和 2013 年《劳务派遣暂行规定》颁布实施后,国家对劳务派遣用工实行了限制性发展。为顺应法律法规的重大调整,红海创造了劳务承揽用工与业务外包经营模式、人力资源服务外包用工模式,来替代企业的劳务派遣用工。劳务承揽用工与业务外包和人力资源服务外包作为业务外包、服务外包的一种形式,已受到许多央企、国企的关注，甚至有许多企业把这两种外包商业模式作为替代劳务派遣用工的主要灵活用工模式。但由于这两种新的用工模式是民间创造的，是新生事物，属于"摸着石头过河"，在社会上仍受到许多质疑，仍有可能受到政策调整的影响。这是我们必须面对的客观现实。

第二节 业务项目运营流程风险分析与防范

精益经营风险管控，就是通过对业务项目合同签订前、服务执行过程中和服务终止后可预见的风险，进行防范、控制和管理，如图11-1所示。

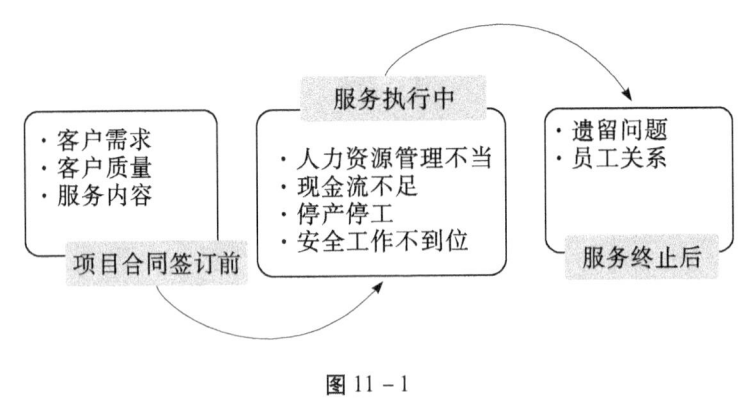

图 11-1

一、业务项目签订及服务存在的风险防范

(一) 业务项目合同签订前存在的风险防范

1. 客户需求如何满足的风险防范

(1) 异地缴纳社保、单缴工伤、包社保的风险防范；

(2) 按业务量计算报酬，可能产生的因业务量供给不足而导致亏损的风险防范；

(3) 客户资金不足或结算周期过长，可能产生的资金垫付量大或时间过长的风险防范；

(4) 承揽的业务项目单价过低，而又无业务拓展空间，有可能导致承揽项目亏损的风险防范；

(5) 承揽的业务项目因工作环境、劳动条件差，而有可能导致员工发生职业病的风险防范；

（6）承揽的业务项目经办人员索要回扣、佣金，而有可能导致廉政问题的风险防范等。

2．服务质量如何保障的风险防范

（1）因员工操作技能不熟练而导致产品质量问题或服务质量问题的风险防范；

（2）因客户单位现场监管人员或上游作业人员人际关系未处理好，刁难、拖延导致材料供应不足、不及时而产生的服务质量问题的风险防范；

（3）因客户单位服务标准过高、处罚过严、罚金过重而产生服务质量不达标甚至出现亏损的风险防范等。

3．服务内容如何完成的风险防范

（1）因员工招聘不及时，供给不足，而导致无法完成工作任务指标的风险防范；

（2）因考勤、工作巡查不严，导致员工劳动纪律松懈而无法完成工作任务指标的风险防范；

（3）因排班不科学，劳动力流转配置不合理，导致无法完成工作任务指标的风险防范；

（4）因员工技能提升培训不足，员工工作能效低下，而导致无法完成工作任务指标的风险防范；

（5）因员工劳动报酬结算不及时，挫伤员工工作积极性，出勤不出力，而导致无法完成工作任务指标的风险防范；

（6）因员工缺乏人文关爱，个人生活问题和家庭困难问题不能及时、有效得到解决，员工工作时不愿意付出，而导致无法完成工作任务指标的风险防范等。

（二）业务项目在服务执行过程中存在的风险防范

1．人力资源管理不当的风险防范

（1）因定岗定员不科学，固定工与临时工的使用比例失调，而导致人工成本投资测算、预算不精细不准确，造成人工成本投资过大的风险防范；

（2）因招聘渠道过少，招聘能力不足，致使员工招聘的合格率、及时率不能满足用工需求，从而不能按时完成工作任务的风险防范；

（3）因劳动合同签订、续签不及时，尤其是短期劳动（劳务）合同签订不及时或回收不及时，导致无固定期限用工或双倍工资赔偿的风险防范；

（4）因员工劳动报酬结算不及时或计算发放错误，而挫伤员工工作积极性或发生劳动争议的风险防范；

（5）因员工按城镇职工社保缴纳不足，或未缴、漏缴、错缴，尤其是农民工缴纳城乡居民社保，个人未写不缴纳城镇职工社保申请或未提交已缴纳城乡居民社保凭据到公司财务报销，而导致员工追索补缴社保或赔偿社保费的风险防范；

（6）因安排员工加班未按国家法定标准支付加班费，而导致劳动争议索赔加班费的风险防范；

（7）因员工工伤等级评定、医疗期间工资待遇发放、工亡待遇赔偿，而导致劳动争议的风险防范；

（8）因员工劳动合同变更或劳动合同终止，未及时友好沟通协商，提供两次以上重新就业机会，或员工违反劳动纪律，未给予行政处分，用解除劳动合同代替行政处分，或停工停产，提前解除员工劳动合同，未提供两次以上重新就业机会等，而导致员工追索经济补偿金的风险防范；

（9）因员工离职，未及时友好进行离职面谈，或未及时严格监督办理工作移交，或未及时办理离职手续，而导致新员工工作接替不上，或导致员工离职后向劳动仲裁部门、法院提起诉讼追索各种利益赔偿的风险防范等。

2. 现金流不足的风险防范

（1）因客户单位生产过剩或订单不足，致使现金不足甚至资金链断裂，而导致大量资金垫付的风险防范；

（2）因客户单位想利用供应商的资金，以领导出差为由故意拖长结算周期，而导致资金垫付时间过长的风险防范；

（3）因客户单位行政办公落后，结算审批环节多、流程长、时间久而导致垫付资金量大、时间长的风险防范等。

3. 停工停产的风险防范

（1）因客户单位产能过剩、大量库存积压、资金不足，而导致停工停产裁员和经营收入结算的风险防范；

（2）因客户单位产品市场拓展战略失败、营销不畅、订单不足，而导致停工停产裁员和经营收入结算的风险防范；

（3）因客户单位投资项目或工程未获得政府批准或未获得相应资质授权，而导致停工停产裁员和经营收入结算的风险防范；

（4）因客户单位生产计划不准确或计划发生重大调整，而导致停工停产裁员和经营收入结算的风险防范等。

4. 安全工作不到位的风险防范

（1）在签订的业务项目承揽合同中，承揽了没有业务资质的经营管理活动，如危险品运输、汽车运输、支线火车运输、水上加油船加油、矿井采矿等等业务的经营管理，而导致非法经营的风险防范；

(2) 在业务项目经营中，因安全制度不健全，而导致发生安全事故的风险防范；

(3) 在业务项目经营中，因安全会议、安全教育、安全提醒未及时做到位，而导致发生安全事故的风险防范；

(4) 在业务项目经营中，因安全设备、安全器材、员工安全防护用品陈旧老化，未及时保养、更换，而导致发生安全事故的风险防范等。

（三）业务项目服务终止后存在的风险防范

1. 遗留问题的风险防范

(1) 经营收入结算回款的风险防范；

(2) 垫付资金全额回款的风险防范；

(3) 客户单位资金链断裂，企业破产，雇主逃逸，而导致经营收入不能结算，甚至导致垫付的员工工资、社保费，需要通过法院诉讼拍卖追索的风险防范；

(4) 剩余辅助工具、原材料、劳保用品处理变现的风险防范；

(5) 员工宿舍退租，以及宿舍内床铺、桌椅、电视机、热水器等用品处理变现的风险防范等。

2. 员工关系的风险防范

(1) 需要继续留用的员工，调整工作单位、工作地点，变更劳动合同的风险防范；

(2) 劳动合同到期的员工，终止劳动合同离职面谈，办理离职手续，以及提供两次以上重新就业机会和计发经济补偿金的风险防范；

(3) 劳动合同未到期的员工，提前解除劳动合同或重新调配到其他劳务承揽项目工作的协商沟通，以及提供两次以上重新就业机会和计发经济补偿金的风险防范等。如表11-1所示：

表11-1 公司性质的可信度评估

公司性质	可信度评估	管控方法
国有企业	★★★★	1. 做好现场调研； 2. 与客户方谈项目时了解清楚劳务承揽的内容；
集团企业、有限责任公司、股份有限公司	★★★	3. 根据现场调研和与客户方沟通的信息，核算好投入成本；
中外合资企业、外商投资企业	★★★	4. 在签订合同时明确说明承担的责任、提供的设备等项目；
私营企业	★★	5. 关注金额、业务量、资金状况； 6. 建议第一年用岗位单价的方法与客户进行结算

此外，项目组织还应调研了解客户的注资金额、业务量、资金状况等，对客户进行资金和信用度评估。

每个客户都有自己的运营管理特质，是注重合法性的稳健型，还是偏好风险性的投机型，是将内部员工视为上帝的员工型，还是追求市场认可的顾客型。从风险防范角度看，那些从不支付员工加班费、劳动关系管理混乱的客户企业，其未来发生劳动争议、滋生违法管理行为的可能性非常大。

3. 规范业务项目承揽合同

业务项目承揽合同，应当约定项目业务量或工作量、项目期限、人员数量、劳动报酬和社会保险费的数额与支付方式，以及违反合同的双方责任等。这些约定，不仅是承揽（外包）项目正常运营的保障，同时还是在服务过程中为细节问题提供解决的依据。其次，要明确货款的结算时间、支付方式，为业务项目的资金运营管理提供风险屏障。最后，双方还应就项目服务的终止条件、终止后的遗留问题的解决方式及划分进行约定，避免在项目服务结束后因遗留问题造成员工群体争议风险的出现。

4. 投资回报警戒线的设置

为避免由于对业务项目经营测算预估不足导致的亏损，各个项目组织应根据业务项目资金可以承受的范围，以及业务项目本身的特点等，设置投资回报警戒线。具体方法：可通过回款时间、回款的金额、项目经营成本超预算的比例，重新考虑是否继续做这个业务项目。

二、业务项目经营过程中的风险

(一) 潜在风险

业务项目合同签订后，项目经营开始运行。这一阶段的风险，主要潜伏在人力资源管理不当、现金流不足、停产停工、安全工作不到位、工作流程标准不规范等。

1. 人力资源管理风险

人力资源管理风险，包括员工招聘管理、入职管理、日常管理三部分。

(1) 员工招聘风险，主要是在配置过程中因员工基本素质能力与工作需求不匹配，导致的效率损失带来的经济成本风险。

(2) 员工入职管理风险，包括员工身体状况、岗前培训、确认到岗时间、用工单位所需材料、签订劳动合同等过程，主要存在于劳动合同的签订时间是否及时、员工基本材料是否全面真实、入职前规章制度等内容的告知是否有效等。

(3) 日常管理风险，主要是女工入职后就怀孕并需要休假生产导致的经济损失。此项风险可以控制，入职前做好体检即可。

2. 安全工作不到位产生的风险

因员工安全意识不足、安全生产知识的培训不到位、管理人员安全管理不到位或安全生产投入不到位，而导致员工工伤、死亡的风险。

3. 现金流不足风险

在业务外包项目经营中，员工的工资、福利、社保、公积金等资金均被纳入项目业务量的结算支付。因此，有可能在业务量的完成、结算时间、资金给付的及时性等方面带来财务管理的风险。其中，最重要的是要防范资金链断裂的风险。因此，要及时、足额与客户做好资金结算，以确保业务项目经营资金不断链。

4. 停工停产带来的成本风险

由于产量下降、客户经营压力大、业务量不足、机械故障、机器设备维修与保养不当、发生非常灾害以及计划压缩产量等引起停工停产风险。并在停工停产期间产生的员工工资、员工福利费以及运营费用等经济风险。

5. 工作标准流程不规范风险

业务项目经营中的工作标准、工序流程设计是决定生产和工作效率的关键。在业务项目的运营中，内部执行流程的风险主要分为营运风险、授权风险、信息技术风险。

（1）营运风险。如客户满意度问题，一旦客户服务做得不到位，就容易造成营业额下降。营运风险还包括生产效率、运作水平、业务中断等其他方面，涉及企业内外部多种因素。

（2）授权风险。授权风险涉及管理职权的分配，如管理职权的范围及限制；也涉及管理者能力的展现，包括其领导能力、对工作的热情以及与员工的内部合作关系等。

（3）信息技术风险。如企业相关信息的使用权限设置不够合理，会造成机密泄漏；企业中多个实体使用的系统不同，造成企业的数据不具整合性，给管理带来困难。

（二）防范措施

针对业务项目运营中存在的潜在风险，在经营中应做好如下风险管控措施。

表 11-2　业务项目在经营中的风险管控措施表

风险种类	表现形式	是否可控	控制措施
员工管理风险	员工入职风险	是	1. 招聘时实行 1-3 小时的试岗，看员工的行为、性格、工作效率是否符合岗位要求 2. 入职前对员工工作经历进行背景调查 3. 对员工证件、学历、身份证进行验证
	员工健康风险		建议员工入职前做体检，对于工作环境较差的项目，建议每年做体检，并为员工购买商业保险
	员工辞退风险		建议要求员工写离职申请书，并与员工沟通
	双倍工资——额外赔偿（未签合同、未休年休假、代通知金）、社会保险的滞纳金		辅助人员（综合管理员、招聘专员、工资员、社保员）的绩效考核放入社保购买、签订合同的时效性指标
	事假、病假和医疗期产生的经济损失		通过合理调岗、轮岗、加班等提高生产效率，降低经济损失，根据行业的性质，可以通过设立顶班费来降低项目的顶班成本，减少员工请假的次数
	女工产假与生育费用		入职前应要求女工验孕检查，女工产假期间给予女工每月基本工资，其报销的生育补贴、生育津贴归项目收入
生产工作不到位风险	生产安全风险以及工伤风险	是	通过流程标准、操作标准，采用连带责任安全互补的绩效考核、培训机制来管控风险
内部执行流程风险	因管理者疏忽的生产安全问题	是	制定流程标准、管理职责标准、绩效考核制度、用培训机制来管控风险，管理人员连带责任考核
	营运风险	是	紧密与客户沟通，关注客户需求
	授权风险	否	通过项目组织的管理指标考核（员工满意度、员工流失率、员工培训率）等对管理人员进行考核
内部执行流程风险	资金风险	否	关注客户的产量、业务量浮动情况，调查其信贷、注资资金、客户方董事长家庭情况等
	信息技术风险	是	电商行业或技术性劳务承揽项目需要与员工签订商业保密协议

第十一章 精益风险管理

续上表

风险种类	表现形式	是否可控	控制措施
停工停产风险	停工停产风险	否	时刻关注客户方的动态信息（如经营状况、资质状况、负面信息）以及最近几个月的产量情况
财务风险	因客户的问题，需要承揽方支出几个月的成本	是	签订合同时确定支付金额的期限，若不能及时支付款项，将收取相应的利息来管控风险
财务风险	资金风险	否	关注客户的产量、业务量浮动情况，调查其信贷、注资资金、客户方董事长家庭情况等
政治（法律）风险	员工投诉、举报和上访的风险	否	通过员工关爱措施以及激励措施，增加员工积极情绪，降低员工的不满情绪，通过各种渠道及时了解员工的心声，并做好思想工作，做好应急方案
政治（法律）风险	社会危机事件，如形象、信誉危机	否	做好危机事件处理
行政风险	政府部门的检查行为和行政处罚	是	熟悉法律法规政策，做好公关工作

三、业务项目终止经营后的风险

业务项目终止经营后的风险，主要是合同期员工的劳动关系转移或在劳动关系解除过程中出现的经济补偿和法律责任问题。此时极易发生的是因群体性争议操作不当而产生的群体性事件的风险。为防止此风险的发生，各个项目组织都要在业务项目经营终止的前三个月，对所有员工的工作意向进行调查。若想继续留在公司工作，可根据其工作内容和工作职责就近安排到其他业务项目工作，若其希望离职，则需要写离职申请，避免赔偿经济补偿金。

第三节 业务项目经营的风险控制

一、风险控制的方向

（1）责任划定清楚，从源头上把控风险；

（2）做好风险的预防工作，工作要具有前瞻性（如制度的完善、流程的完备、宣传工作到位、掌握风险产生的管理节点、加强防范）。

二、具体的风险控制对策

（1）从源头人手，以满足客户需求为主体，精细化需求分析，精益客户的质量；

（2）以流程管理为主体，注重细节，保证流程的规范性、专业性，减少浪费和损失，提高工作效率和效益；

（3）以劳动合同管理为重点，依照法律法规政策规定，注重签订、变更、续订、终止与解除的每个环节，完善每一个工作细节，完善证据的获取及保留；

（4）以人单合一报酬分配为动力，做好员工人单合一报酬结算，经营好员工的劳动能力，将员工"为企业打工"的想法转变"为自己创业"；

（5）以员工管理为关键，开展职业技能培训、企业文化培训等，提高员工的职业化能力，构建一支能打仗、会打仗的员工队伍；

（6）以员工关怀为助力，凝聚人心，激发员工的激情和付出；

（7）以资本管控为保障，明确制度，稳健内部资金运营；

（8）以精益劳动管理平台为支撑，实行精益经营管理，提高经营利润空间，促进项目的持续发展。

三、风险产生后的处理程序

（1）分析风险产生的原因，从本质上剖析问题；

（2）与班组进行积极协调；

（3）与员工进行积极协商；

（4）确定最优的处理方案；

（5）两手准备，做好危机预防的准备工作。

第四节　应急预案管理

一、业务项目经营的应急预案类型

应急预案，是指面对突发事件如自然灾害、重特大事故、环境公害及人为破坏的应急管理、指挥、救援计划等。应急预案应形成体系，要针对各类可能发生的事故和所有危险源，制定专项应急预案和现场处置方案，并明确事前、事发、事中、事后的各个过程中相关部门和有关人员的职责。

1. 治理类

（1）客户方出现重大风险，对业务项目造成重大影响；
（2）客户方与项目负责人存在纷争或出现明显分歧；
（3）客户失踪造成资金链断裂；
（4）其他事件。

2. 经营类

（1）客户方的经营和财务状况恶化；
（2）客户方因重大事故等无持续经营能力；
（3）业务项目涉及重大经济损失或民事赔偿风险。

3. 政策及其环境类

（1）国际重大事件波及客户方以及业务项目的运营；
（2）国内重大事件或政策的重大变化波及客户方及业务项目的运营；
（3）自然灾害使客户方及业务项目经营的业务受到影响；
（4）业务项目运营中发生各类安全事故、交通事故、食品卫生事故、公共设施和设备事故等事故灾难，使业务项目正常经营受到影响。
（5）涉及重大行政处罚风险。

二、应急预案的主要内容

1. 总则

说明编制预案的目的、工作原则、编制依据、适用范围等。

2. 组织指挥体系及职责

明确各组织机构的职责、权利和义务。以突发事件、事故应急响应的全过程为主线，明确事故发生、预警、响应、结束、善后处理处置等环节的主管部门与协作部门；以应急准备及保障机构为支线，明确各参与部门的职责。

3. 预警和预防机制

包括信息监测与报告，预警预防行动，预警支持系统，预警级别及发布（建议分为四级预警）。

4. 应急响应

包括分级响应程序（原则上按一般、较大、重大、特别重大四级启动相应预案），信息共享和处理，通讯，指挥和协调，紧急处置，应急人员的安全防护，群众的安全防护，社会力量动员与参与，事故调查分析、检测与后果评估，新闻报道，应急结束等 11 个要素。

5. 后期处置

包括善后处置、社会救助、保险、事故调查报告和经验教训总结及改进建议。

6. 保障措施

包括通信与信息保障，应急支援与装备保障，技术储备与保障，宣传、培训和演习，监督检查等。

7. 附则

包括有关术语、定义，预案管理与更新，国际沟通与协作，奖励与责任，制定与解释部门，预案实施或生效时间等。

8. 附录

包括相关的应急预案、预案总体目录、分预案目录、各种规范化格式文本，相关机构和人员通讯录等。

参考文献

[1] 王文勇. 资源型企业如何突破发展的资源"瓶颈"[J]. 甘肃冶金, 2012, 34 (0315).

[2] 欧阳超. 公司管理的激励机制研究[J]. 时代报告月刊, 2012 (7).

[3] 云庆康. 海外公司的"本土化"经营和管理[J]. 中国市场, 2011 (31).

[4] 施广庆. 企业经营业绩评价应树立资金成本的理念[J]. 中国农业会计, 2014 (06).

[5] 王泽光. 饭店组织结构变革创新应遵循的原则与思路[J]. 决策与信息旬刊, 2012 (2).

[6] 梁小民. 企业的目标应该是什么[J]. 企业家天地, 2004 (01).

[7] 季良华. A公司胜任素质模型的构建与应用[D]. 成都: 西南交通大学, 2012.

[8] 赵松. 车间会计的成本管理[J]. 商情, 2013 (48).

[9] 稻盛和夫. 阿米巴经营[M]. 北京: 中国大百科全书出版社, 2009.

[10] 支博. 阿米巴经营模式的解读与探析[J]. 中国管理信息化, 2014, 17 (08).

[11] 范启宏, 杨丽. 项目管理之时间管理[J]. 人力资源管理, 2014 (11).

[12] 任雁霞. 企业经营管理探微[J]. 中共银川市委党校学报, 2011, 13 (06).

[13] 梁小民. 企业的目标应该是什么?[J]. 企业家天地, 2004 (01).

[14] 李金华. 关于企业成本控制方面的几个问题探讨[J]. 中国外资, 2011 (17).

[15] 卢立昕. 企业员工工作积极性的问题探析[J]. 科技创业月刊, 2011, 24 (14).

[16] 陈娟娟. 企业如何培养和留住人才[J]. 商品与质量: 学术观察, 2012 (2).

[17] 胡关子. 阿米巴经营与市场型企业[J]. 外国问题研究, 2011 (04).

[18] 吴引红. 中层管理人员360度绩效考核办法[J]. 饭店世界, 2012 (1).

[19] 孙凌鸿. 人力资源能力评估探究[J]. 经济视野, 2013 (1).

[20] 李明斐, 卢小君. 胜任力与胜任力模型构建方法研究[J]. 大连理工大学学报(社会科学版), 2004 (01).

[21] 刘正兵. 2011年注册会计师《财务成本管理》考前展望 [J]. 财会通讯, 2011 (16).

[22] 赵芳. 关于会计人员继续教育的探讨 [J]. 商场现代化, 2007 (06).

[23] 李萌. 浅谈成本与利润最大化的关系 [J]. 三峡大学学报 (人文社会科学版), 2012, 34 (S1).

[24] 刘承元. 学稻盛和夫还是学阿米巴? [J]. 企业管理, 2013 (05).

[25] 秦山, 张赢. 阿米巴经营模式体现的管理会计理念 [J]. 现代营销 (学苑版), 2011 (06).

[26] 覃文钊. 阿米巴经营的四项核心力量 [J]. 市场观察, 2011 (02).

[27] 周晓寒, 贾小明. 精益经营之道 [M]. 北京: 机械工业出版社, 2015.

[28] 周三多, 等. 管理学——原理与方法. 第四版 [M]. 上海: 复旦大学出版社, 2003.

[29] 朱勇, 谢伟. 如何深刻理解完全垄断企业的短期经营亏损 [J]. 时代经贸, 2011 (29).

[30] 迟京涛. 从人力资源管理到人力资源开发 [J]. 中国人力资源开发, 2012 (02).

[31] 丁昭涵. 企业管理五大职能研究 [J]. 邢台学院学报, 2013, 28 (01).

[32] 周永南. 锻造企业推行精益生产的必要性 [J]. 锻造与冲压, 2013 (3).

[33] 张涛, 刘婷婷, 李存斌. 精益人力资源管理体系研究 [J]. 中外企业家, 2012 (11).

[34] 张君超. 盘活人力资源实行精细化管理 [J]. 福建基础教育研究, 2013 (12).

[35] 尤中山, 张方方. 人力资源管理中劳动合同变更法律风险防范研究 [J]. 现代商贸工业, 2011, 23 (20).

[36] 季邵华. 劳务派遣和劳务外包财务处理区别对比 [J]. 新会计, 2014 (07).

[37] 王素芳. 浅议企业成本管理 [J]. 山西财经大学学报, 2011, 33 (s4).

[38] 吴富勇. 浅谈如何进行资金项目的成本控制 [J]. 技术与市场, 2012, 19 (01).

[39] 刘木刚. 生产计划与经营管理 [J]. 科技创新与应用, 2014 (05).

[40] 巴合提加玛丽·朱马泰娃. 财务管理假设出现的问题及解决方法 [J]. 中国化工贸易, 2012, 4 (2).

[41] 姜丽萍. 生产计划的编制与控制 [J]. 机械工程师, 2011 (06).

［42］尹鸣. 中国医药行业人力资源规划与操作分析［J］. 人力资源管理，2011（01）.

［43］段志阳. 正确理解和处理 HSE 管理体系与安全生产标准化之关系［J］. 石油化工安全环保技术，2013，29（04）.

［44］张治. 靠什么来管理学生［J］. 思想理论教育，2012（10）.

［45］宋文娟. 表达情绪的六项原则［J］. 家庭科技，2014（9）.

［46］曹健. 还有什么食物是安全的？［J］. IT 时代周刊，2011（12）.

［47］秦路. 全面预算管理中的预算编制方法［J］. 新会计，2011（4）.

［48］林江. 如何理解安全生产与经济增长的关系［J］. 广东安全生产，2012（19）.

［49］张伟. 精益生产方式下的成本管理方法探讨［J］. 企业导报，2012（12）.

［50］周殿富，陈必伟. 盘活人力资源 助推管理提升［J］. 四川劳动保障，2014（07）.

［51］包文生. 企业员工管理制度建设和员工心态管理［J］. 现代企业文化，2014（6）.

［52］王猛. BH 公司薪酬体系设计［D］. 济南：山东大学，2009.

［53］杨文武，郤鹏. 浅探水库管理包括哪些方面［J］. 科学与财富，2014（6）.

［54］罗静，卢妍燕. 壳牌的人力资源管理［J］. 企业管理，2011（12）.

［55］赵建中，詹群生. 基于信息化的医院成本管控精细化［J］. 中国卫生经济，2011，30（06）.

［56］李森，孟庆风，王克强. 对人力资源管理的看法与建议［J］. 赤子，2012（3）.

［57］姜海燕. 浅谈人力资源成本控制与成本管理［J］. 科技资讯，2014，12（16）.

［58］夏丽萍. 论企业人员的招聘［J］. 科学之友，2011（11）.

［59］王子南，刘欢，王子岚. 企业组织结构扁平化管理的思考［J］. 青年与社会：下，2014（4）.

［60］郭际顺，王传亮. "最值求法"的常用方法和技巧［J］. 数理化学习：初中版，2003（11）.

［61］刘春玲. 办公用品管理现状及对策［J］. 办公室业务，2014（06）.

［62］郭媛媛. 如何对企业新员工进行入职培训［A］. 江苏省南通市委、南通市人民政府. 经济生活——2012 商会经济研讨会论文集（上）［C］. 江苏省南通市委、南通市人民政府，2012.

［63］王焕新. 浅议中小企业员工招聘的法律风险［J］. 中国管理信息化，2011，

14（06）.

［64］唐天兵. 劳务派遣与业务外包对比分析［J］. 黑龙江科技信息，2011（30）.

［65］袁琳. 浅析劳动合同中"二倍工资"的期间［J］. 时代报告：学术版，2013（2）.

［66］谭胤荀. 企业核心员工激励机制中薪酬管理［J］. 现代商业，2011（29）.

［67］王红英，蒲晓羽，雷俊方. 公司新员工培训项目的建设与探索［J］. 中国电力教育，2014（22）.

［68］司运善. 企业核心人才能力与核心竞争力［J］. 企业活力，2004（01）.

［69］张财. 劳动者能否同时与两单位存在劳动关系？［J］. 劳动保障世界，2014（06）.

［70］周燕. 浅析精益管理生产中的七大浪费［J］. 企业经济与管理. 2014（06）.

［71］张亚光. "金融"一词的由来［J］. 中国金融家，2011（11）.